顾　　问：叶重耕

主　　编：周　旻

副 主 编：李　桢

编辑部主任：詹朝霞

副 主 任：王　海

编委会成员：

主　　任：周　宁

名誉委员：蔡望怀　舒　婷　洪卜仁

委　　员：（按姓氏笔画排列）

　　　　DAIVD WOODBRIDGE（英）　　王　斑（美）　　王日根

　　　　乐　钢（美）　　白克瑞（美）　　李　桢　　　　李启宇

　　　　陈　石　　　　　陈怀群　　　　　陈仲义　　　　何丙仲

　　　　邵建寅（菲）　　张　侃　　　　　周　旻　　　　林丹娅

　　　　龚　洁　　　　　黄碧珊　　　　　盛　嘉　　　　谢　泳

　　　　萧德洪　　　　　彭一万　　　　　曾立人（美）　鲁西奇

鼓浪屿研究

第一辑

JOURNAL OF RESEARCH ON GULANGYU

主编 周旻

厦门市社会科学界联合会
厦门大学人文学院
厦门市社会科学院

合 编

目　录

	创 刊 词	
		一
1	邢尊明 詹朝霞	体育历史地段研究：鼓浪屿体育文化历史遗产发掘与整理
25	David Woodbridge	鼓浪屿历史 ——早期洋人居住的相关资料
41	王日根 余　丰	由鼓浪屿走向世界 ——以19世纪以来白氏家族的海洋发展为例
49	王　海	战前日本在厦人口状况（1926—1937年）
58	Chris White	援救可怜之人：民国时期厦门的婢女救济
		二
79	陈娟英	闽台诗钟与林尔嘉的诗坛成就
112	何书彬	"闽侨救乡运动"：鼓浪屿归侨精英的一次社会改良梦
122	龚　洁	了闲别墅与《了闲分坛鸾章全集》
125	何丙仲	鸦片战争期间鼓浪屿若干史实的考证
		三
133	周　旻	《厦门历史名人画传》导言
145	李启宇	从周摩西到周慕西 ——厦门第一个留德博士史料考辨
		四
149	马约翰	竹树脚下
203	H. A. 翟理斯	鼓浪屿简史
		五
224	厦门市委党校课题组	重塑鼓浪屿人文社区，再造人文版美丽之岛

创 刊 词

  鼓浪屿自然风光旖旎,人文底蕴深厚,历史地位独特。近年来,随着鼓浪屿综合治理的深入,加强鼓浪屿研究的呼声与日俱增。在多方努力和推动下,《鼓浪屿研究》学术辑刊应时而生。

  溯其远因,可上溯到20世纪80年代中期,习近平总书记时任厦门市副市长。在他主持的《1985—2000年厦门经济社会发展战略》之附件报告《鼓浪屿的社会文化价值及其旅游开发规划》中,曾指出:"考虑到我国城市风景区的建设中,能够把自然景观和人文景观十分和谐结合在一起者为数不多,因此很有必要视鼓浪屿为国家的瑰宝,应该在这个高度上统一规划其建设和保护。"

  作为国家瑰宝之鼓浪屿,虽弹丸之地、一岛孤悬,却历史沧桑、不同凡响。从19世纪中叶到20世纪中叶的百年历史中,在鼓浪屿不足两平方公里的土地上,经历了全球化发展初期世界多国文化的交汇。在多元文化交融碰撞的过程中,海岛景观、自由生长的城市空间结构和与之有机结合在一起的丰富社区功能、风格多样并带有强烈时代特征的建筑样式,共同构成了鼓浪屿独特的人文社区环境特征,使其成为20世纪初亚太区域内国际化现代社区的特殊实例。

  甲午战争以后,厦门和鼓浪屿成为台湾名士内渡的首选地。辛亥革命以来,更是革命志士和南洋华侨传播革命主张,从事革命活动的重要枢纽地。民国时期,鼓浪屿更是人才辈出,人才济济,由此走向世界的学者专家大有人在。一些大家和名人都曾经在鼓浪屿留下痕迹。抗日战争爆发,抵御外侮的仁人志士,避居鼓浪屿,表现了鲜明的民族气节。在推翻腐败的国民党统治,解放厦门和鼓浪屿过程中,许多英烈献出生命。

  百年激荡,沧海巨变;仰望星空,河汉灿烂;令人景仰,让人怀想。更为重要的是,目前中国的南海问题、中日关系问题、华侨问题、两岸关系问题、中西文化交流问题、英文与闽南话双语传播问题等等,都可以在鼓浪屿研究中获得相关重要启示。因此,研究好鼓浪屿这个样本,可谓意义重大。

  2014年7月2日,由厦门市社科联、厦门市社科院与厦门大学人文学院合作创办的鼓浪屿国际研究中心隆重成立。福建省委常委、宣传部长李书磊对此高度重视，厦门大学、厦门市委对鼓浪屿研究也是鼎力支持。创办《鼓浪屿研究》学术辑刊，开展真正具有学术价值的专题研究，就是鼓浪屿国际研究中心的开篇之举。

那么，《鼓浪屿研究》到底能给我们奉献什么？

首先它追求国际性。鼓浪屿的国际性可以说与生俱来。早在上世纪20年代，鼓浪屿就已经是以"财富最集中，富人最密集"而著称于世的国际居住区。因此，鼓浪屿研究一定要置于国际化视野下。英国、美国、日本、荷兰等国，大量鼓浪屿历史文献资料可寻可探，是尚待挖掘的宝藏，是鼓浪屿研究的基础性资源。

其次它强调学术性。目前关于鼓浪屿的书籍与文章数量之大，种类之多，难以计数，但多数为普及与旅游读物。厦门市社科联、社科院过去一段时间，也着力进行了地方历史文化研究，出版了社科丛书，包括鼓浪屿研究系列十种，口述历史等。地方文史工作者长期致力于鼓浪屿的相关研究，但从深度和系统以及国际化的角度，成果还不够多，影响力还不够大。因此深度学术性研究亟待开展。

最后它具有包容性。多元性与包容性是鼓浪屿百年历史所形成的文化特色。对于这一研究，更应具有胸怀与气魄。资料无分中外，视角尽可多样，研究者更可以各尽其才，以本土地方文史专家之长，以海外学者之广，以资深学者之深厚，以青年学者之活力，不拘一格，但凭学术。只要言之有理，论之有据，斐然成章，《鼓浪屿研究》皆求贤若渴，海纳百川。

唯此，才是学术之本意。唯此，才具有强大生命力。

让历史照进现实，以现实反观历史。重视鼓浪屿研究，让我们更有文化自信，行走在通向未来的路上。在经济社会进入新常态的今天，有关鼓浪屿研究更应积极应对新常态、适应新常态，也期望《鼓浪屿研究》能够呈现新气象、展现新作为！

中共厦门市委常委　宣传部长

叶重耕

2015 年 3 月

体育历史地段研究:鼓浪屿体育文化历史遗产发掘与整理

邢尊明　詹朝霞[*]

【摘要】　体育"历史地段"(Historic Areas)是指蕴含着浓厚体育历史文化信息和人文价值的特定街区。体育历史地段所具有的历史场所感及独特的人文气质是研究体育社会发展、文化进化的重要路径、例证和源泉。本研究以体育历史地段——鼓浪屿(1840—1950)的体育发展历史为研究对象,通过系统地考察西方原始文献和实证研究,以西方体育传入所导致的鼓浪屿社区思维方式的变化、文化心理维系模式的变更以及体育自身的传承发展规律为学理依据,从成就论、来源论、演进论三个维度对鼓浪屿独特的体育人文历史进行了系统探索及挖掘。该研究深入探索诸多体育项目传入的时间考证、地理源考、人物追溯等方面的问题,皆有新的发现。

【关键词】　体育历史地段　鼓浪屿　历史遗产　发掘整理

引　言

　　历史地段研究是文化遗产保护及历史问题研究的重要内容。[①] 体育"历史地段"[②](Historic Areas)是指蕴含着浓厚体育历史文化信息和独特人文价值的特定街区。体育历史地段所具有的历史场所感及独特的人文气质是研究体育社会发展与文化进化的重要路径、例证和源泉。体育"历史地段"不同于单一的运动项目信息挖掘及人物追溯,而是从社会文化综合维度深入挖掘特定区域的独特体育人文历史风貌、遗产及规律。体育"历史地段"的信息立体性决定了其所获知识内容具有清晰的具体历史逻辑和内在透视功能,是深入和系统揭示体育人文历史及其发展规律的重要研究视角和路径。我国诸多散布的极富价值的体育"历史地段"是体育人文历史研究的重要学术资源,也是深层推进体育史学研究的重要路径和创新范式。

　　鼓浪屿(Kolangsu)是我国非常重要的富含体育人文历史研究价值的"历史地段"。鼓

---

[*] 邢尊明:福建省厦门市华侨大学体育学院　福建　厦门　361021
　　詹朝霞:福建省厦门市社会科学院　福建　厦门　361000
[①] Tim Heath, Steven Tiesdell, Taner. *Revitalizing Historic Urban Quarters*. England:Terworth Heinemann Press:1996,p.23.
[②] Ashworth G J, Tun bridge J E. *The tourist-historic city*. London:Belhaven Press,1990,p.19.

浪屿是我国近现代体育的重要发源地,其早期丰富的西方体育文化生态及体育人文成就具有重要的学术研究价值和现实启示意义。鼓浪屿面积仅1.78平方公里,却培养出了现代体育之父马约翰、国学大师林语堂、我国现代妇产学科奠基人林巧稚等一大批声名卓著的优秀学者。体育情结深、音乐素养好、外语能力强是鼓浪屿培养出来的学者最为显著的特征。[①] 马约翰被誉为现代体育之父,[②]是我国现代体育的文化启蒙者,为我国现代体育及教育事业做出了开创性的卓越贡献;林语堂是圣约翰大学划船队的队长,学校一英里赛跑纪录的创造者,曾代表中国参加过远东运动会,喜爱网球、足球、棒球,体育爱好广泛。[③] 林巧稚是鼓浪屿中学运动健将、学校篮球队长。[④] 鼓浪屿早期浓郁的现代体育文化启蒙与影响,在社会、文化及教育等各个层面都可寻见深刻的文化痕迹。实际上,早在中国大陆其他地区远未听闻"体育"之时,鼓浪屿即已开始了如火如荼的西方现代体育实践。然而,除却广为人知的马约翰教授之外,鼓浪屿丰富的体育人文历史遗产均都尚未进入体育学者的学术视野,其丰富的体育人文历史及成就亟待挖掘。

因此,本研究以鼓浪屿(1842—1950)体育发展历史为研究对象,从"历史地段"的视角,采用西方外文原始文献追踪和实证研究等方法,以西方体育传入所导致的鼓浪屿社区思维方式的变化、文化心理维系方式的变更以及体育自身发展的传承规律为学理根据,从成就论、来源论、演进论三个维度,系统探索及深入挖掘了鼓浪屿独特的综合体育历史文化遗产。与既往同类研究侧重中文历史文献分析不同,本研究主要以历史当事人——鼓浪屿西方传教士严谨的古文献著作作为考证依据,这是本研究的重要特色之一。该研究在诸多体育项目传入的时间考证、地理源考、人物追溯等方面皆有较大的学术突破,对于拓展和规范体育学科基础知识内容具有重要价值。鼓浪屿近现代西方体育文明传播的路径、成就及其历史经验,对于思考和审视我国当代社会体育及学校体育发展所面临的问题,反思文化理念及政策方式也都具有重要的启示意义。

一、成就论:鼓浪屿近现代体育历史遗产发掘

鼓浪屿面积1.78平方公里,位于厦门岛西南隅,与厦门岛隔海相望。鼓浪屿原名圆沙洲、圆洲仔,因海西南海岸处有海蚀洞受浪潮冲击,声如擂鼓,明朝更名鼓浪屿[⑤]。鼓浪屿是著名的国家级旅游风景名胜,有"万国建筑博览馆"之称。1840年以后,由于特殊的地理位置、天然的深港条件和特定的历史背景,在西方现代体育文明兴起后,鼓浪屿成为国外传教士及各国领事最早的登陆地和开放通商口岸。在西方传教士、英美领事人群及陆续登陆的水兵等多种因素的推动下,鼓浪屿现代体育的发展几乎紧随西方现代体育的兴起步伐,成为中国近现代体育发展的重要发祥地,由此造就了鼓浪屿独特的体育人文历史,奠定了鼓浪屿

---

① 洪仁仆、詹朝霞:《鼓浪屿学者》,厦门大学出版社2011年版,第1页。
② 潘维廉:《老外看老鼓浪屿》,厦门大学出版社2010年版,第103页。
③ 史立峰:《林语堂休闲体育思想研究》,《体育文化导刊》2010第6期。
④ 洪仁仆、詹朝霞:《鼓浪屿学者》,厦门大学出版社2011年版,第1页。
⑤ 洪仁仆、詹朝霞:《鼓浪屿学者》,厦门大学出版社2011年版,第1页。

在中国近代体育发展中的独特地位与价值。

（一）体育文化遗产：近现代西方体育运动项目的重要发源地

1. 鼓浪屿是我国现代足球的重要发祥地之一

"19世纪90年代末至20世纪初，我国一些沿海城市的教会学校先后开展了足球活动"①是描述我国大陆地区现代足球起源的学术通式，而关于足球传入我国的具体时间及地点考证，还没有形成较权威的学术共识。从足球教科书中的历史记述到相关的历史文献，都鲜有现代足球传入我国的具体历史细节的准确考证。

该学术细节的模糊性，也在经验认知层面得到了调查印证。以部分足球专业教授（6人）、体育核心期刊主任编辑（2人）、相关专业博士（8人）为调查对象，采用电话及邮件方式实施的"经验及认知"调查显示，"足球传入中国内陆的时间及地点"这个学科基础问题竟然如此模糊（见表1）。"19世纪末20世纪初足球在沿海地区教会学校开展"的观点出现之后，多数后续相关研究多不经考证就直接引用，是造成这一学科基础细节一直模糊的重要和直接原因。

表1 足球传入信息调查情况一览表
Tabl Survey Information List of Football

	足球专业教授						期刊编审		体育学博士						
	A_1	A_2	A_3	A_4	A_5	A_6	B_1	B_2	C_1	C_2	C_3	C_4	C_5	C_6	C_7	C_8
1	√				√					√						
2			√									√				√
3		√		√		√		√					√		√	
4							√		√		√		√			

注：1：19世纪末20世纪初，上海；2：19世纪末20世纪初，北京；3：19世纪末20世纪初，广东梅州；4：不清楚、说不准

从部分文献及经验调查层面，关于"足球传入中国内陆的时间及地点"传播较为广泛的观点有1873年的广东梅州和1881年的天津。从时间维度看，关于足球传入中国的历史最早文字记载是《五华县志》。《五华县志》（第四编第六章第二节学校体育）中记载："同治十二年（1873），德国、瑞士巴色传道会在长布区源坑乡开办中文馆，开设了体育课程，设有单双杠及体操、球类等项目，并有篮球场、足球场设施，从此县内开展了现代体育，成为梅县地区现代足球运动的发源地。"②该资料被学界诸多专题新闻、期刊文献引为佐证足球运动传入中国的时间及地点的重要考据。事实上，该记述可能与历史事实具有较大出入。首先，从记述内容文字本身看，其中提到篮球场地，而篮球于1891年才由美国的春田市基督教会青年教师詹姆斯·奈史密斯发明，因此1873年的源坑乡开办中文馆不可能有篮球场地。事实上，1873年仅是源坑乡中文馆的创建时间，并非足球的开展时间。《五华县志》中关于1873

---

① 刘捷：《近现代中国足球发展的历史及其启示》，《体育学刊》2011年第3期。
② 五华县地方志编纂委员会：《五华县志》，广东人民出版社1947年版，第156页。

年足球传入中国梅县的历史时间不能作为严谨的学术证据进行时间佐证,足球运动传入中国的时间还有待进一步的科学考证。

1881年北洋水师学堂的体育课开始设有足球项目的学术证据同样存疑。据文献考证,北洋水师学堂是1880年8月19日经直隶总督兼北洋大臣李鸿章奏请朝廷,于1881年8月正式落成的。研究发现,此处将北洋水师学堂开展足球的时间记录等同于学校建立的时间,足球开展具体时间并没有直接的历史文献佐证和其他学术证据。另一佐证信息主要基于回忆及口述史,"1894级水师学堂学生王恩溥先生曾在1985年的回忆中说,当时北洋水师学堂的体育课内容,已有击剑、刺棍、木棒、拳击、哑铃、足球、跳栏比赛、三足竞走、羹匙托物竞走、跳远、跳高、爬桅等项目,此外还有游泳、滑冰、平台、木马、单杠、双杠及爬山运动等等"①。从时间及年龄看,1894(级)到1985年时间跨度91年,即使12岁入学也已100多岁,并非严谨的口述史研究,此信息也缺乏前后学术证据链条印证。

综上可见,上述两处关于足球传入我国内陆地区的时间信息都缺乏严谨的文献支持及实物证据,都存在将足球本身开展时间等同于所在单位创建时间的现象。而鼓浪屿关于足球运动开展的确切历史信息及严谨的学术证据可以追溯至19世纪90年代。在美国学者Jerald F DeJong所著的 *The Reformed Church In China:1842—1951* 中记载"In the later 1890S, The Local British consul and other gentlemen presented the Middle School (Kolangsu:鼓浪屿) and the boy's elementary school with sets of cricket gear and footballs (译:板球和足球器具) to further encourage Physical development as well as sports"②。该书清晰记载,在19世纪90年代美英国长老会及一些绅士向鼓浪屿中学赠送了足球、板球等现代西方体育器材。该记载表明,在19世纪90年代足球已经开始进入鼓浪屿的学校教育之中。而足球进入鼓浪屿西方人士社群的时间则要早于进入学校的时间。"鼓浪屿是中国最早的足球起源地、有中国第一块足球场地及足球是鼓浪屿一宝"等这些鼓浪屿导游口耳相传的观点,竟在鼓浪屿西方传教士的历史著作记述中找到了可靠佐证,并可在各类早期西方传教士的历史文献中追踪到丰富的历史线索和清晰的历史发展链条。John Macgowan③(1897)记录"在鼓浪屿冬季的那几个月,草地上的运动变成了曲棍球、**足球**和板球(原文:varied by hockey, **football** and cricket),这些运动也是整个社区吸引力的源泉。这种热情的本身就是对板球运动(原文:cricket)的一种赞颂"。鼓浪屿足球开展的具体历史时间肯定要早于这本出版于1897年的著作者见闻及记述时间。Philip Wilson pitcher④(1912)记录"1908年,为迎接美国舰队而精心策划的欢迎活动进展顺利,项目包括官方访问、招待会、午宴和晚宴,还有棒球、**足球交流**等其他田径运动(原文:also baseball **football** and other field sports)"。邱玉崑(1980)记录"1910年,英华中学足球代表队组训成军,由洪显理带队。学校内部成立若干球队,足球氛围十分活跃"⑤。至1930

---

① 洪仁仆、詹朝霞:《鼓浪屿学者》,厦门大学出版社2011年版,第1页。

② Jerald F De Jong. *The Reformed Church In China:1842—1951*. Michigan: WB Eerdmans Publishing CO. 1992, p.141.

③ John Macgowan. *Pictures of Southern China*. London: Religious Tract Society. 1897: pp.149~150.

④ Philip Wilson Pictcher, *In and about Amoy:Some Historical and other Facts Connected with One of the First Open Ports in China*, Shanghai: The Methodist Pub Nabu Press, 1912, pp.55~56.

⑤ 刘捷:《近现代中国足球发展的历史及其启示》,《体育学刊》2011年第3期。

年厦门已经有若干届全厦足球锦标赛(见图1)。综上信息可以发现,足球运动传入鼓浪屿有直据可考,学术证据的历史时间为1897年。然而,根据历史信息记述的滞后性,鼓浪屿足球运动传入及开展的时间可推至1880年以前。这也是现代足球传入我国内陆地区时间及地点的唯一确切考证。

图1 鼓浪屿英华中学足球队全厦公开赛锦标纪念
Fig1 Championship Memorial of Anglo middle school football team in Kulangsu

注:图片标有"英华足球队获全厦足球公开比赛锦标纪念"及前方摆设的足球冠军杯上写有1930字样。

在鼓浪屿西方传教士的英文早期文献记载中,关于鼓浪屿的足球开展信息也有诸多可考记录(见表2)。

表2 鼓浪屿足球运动开展的主要历史信息及线索
Tab2 The Main Historical Information and Clues of Football in Kulangsu

时间	地点	内容及出处
19世纪90年代	鼓浪屿男子寻源学堂及男子小学堂	鼓浪屿英国领事、绅士向寻源学堂及男子小学堂赠送足球及板球用具(原文:sets of cricket gear and footballs),鼓励学校向身体及运动(原文:physical development as well as sports)方面发展。 虽然这些孩子们不算是最高明的板球手或足球运动员(原文:Crack cricket players, or even football kickers),但是我肯定他们从这些运动(原文:sports)中获得了极大的乐趣——特别是足球(原文:especially football),他们也让观看者们感到非常有趣。当踢球者飞起一脚用力踢向球时,飞上天去的可能是他的鞋子而不是足球。 The Reformed Church In China:1842—1951, by Jerald F DeJong, page141.

续表

时 间	地 点	内容及出处
1897年前	鼓浪屿公共草地运动场；原蕃仔球埔，今鼓浪屿人民体育场（马约翰广场旁）	冬季的那几个月，草地上的运动变成了曲棍球、**足球**和**板球**（原文：varied by hockey, **football** and cricket）。最后一项运动是最喜欢的也是整个社区吸引力的源泉。这种热情的本身就是对**板球运动**（原文：cricket）的一种赞颂。 Pictures of Southern China, by John Macgowan. 1897, page150～151
1908年	靠近鼓浪屿附近的演武场	这个精心策划的欢迎活动进展顺利，项目包括官方访问、招待会、午宴和晚宴，还有棒球、**足球交流**等其他田径运动（原文：also baseball football and other field sports）。 In and about Amoy, Philip Wilson pitcher, page55.
1910年	鼓浪屿英华中学	1910年，英华中学**足球代表队**组训成军，由洪显理带队。学校内部成立若干球队，足球氛围十分活跃。 鼓浪屿文史资料，《英华足球史话》，邱玉崑，345页。
1937年	鼓浪屿英华中学	香港圣士提反书院师生访问鼓浪屿英华书院一周，开展**足球友谊比赛**。 鼓浪屿文史资料，《英华足球史话》，邱玉崑，348页。

注：外文文献检索发现，"鼓浪屿"在国外文献中有三种译法：Kulangsu、Kolangsu 和 Koolangsu。

1880 年或者 1897 年以前鼓浪屿足球运动开展的相关信息追溯与鼓浪屿的"番仔球埔"有关，即现今鼓浪屿马约翰广场对面的人民体育场。倘若你有幸偶游至此，一定会听到导游向络绎不绝的游客骄傲地介绍："鼓浪屿人民体育场是中国第一个足球场。"矗立在马约翰先生的铜像旁边，鼓浪屿导游的观点引起了我浓厚的兴趣和探索欲望。从口述史研究及相关文献[①]间接线索推断，在足球传入鼓浪屿学校之前，就已经在鼓浪屿西方人群中开展。然而，由于历史记述侧重的原因，却再难以找到在 1880 年之前鼓浪屿社区开展足球的直接文献证据。关于鼓浪屿番仔球埔的历史线索可以追溯至 19 世纪 60 年代。鼓浪屿番仔球埔的起源与一位 1866 年至 1872 年间驻厦门鼓浪屿的美国领事李让礼有关。李让礼，法裔美国人，1866 年出任美国驻厦门领事[②]。李让礼个性活跃，在官方公文中被尊称为"大合众国钦命陆路提督、兼管全台通商事务、驻厦正领事官"。不谙中文的李让礼能高效

---

① Hersisters Meta. *The Life of Jessie M. Johnston for Eighteen Years in Amoy*. London：T. French Downie 21 Warwick Lane, E. C. 1907, p. 69, p. 190. John Macgowan. *Christ Or Confucius, Which? — The Story of the Amoy Mission*. London：London Missionary society. 1889, p. 139.

② Philip Wilson Pictcher, *In and about Amoy: Some Historical and other Facts Connected with One of the First Open Ports in China*, Shanghai：The Methodist Pub Nabu Press, 1912, pp. 55～56.

地参与厦门地方事务,得益于当时的一位名为林针的翻译。林针,厦门人,曾于1847年至1849年受聘赴美教习,被称为"近代中国赴美第一人"。历史充满偶然,个性活跃和性格强势的李让礼与具有西方文化背景和语言优势的林针,为西方诸多文化及项目的顺利落地创造了重要的人力和组织资源条件。其中,西方体育运动即是其中一项重要的内容。当时的西方人士多居于环境优美的鼓浪屿。据记载,李让礼在厦门任职6年(1866—1872),曾经在鼓浪屿永租了大片土地。其中,他向8位中国业主永租了坐落在鼓浪屿上、土名为"鸡毛尾"的9块山地田园,将鼓浪屿日光岩下的约1600平方米土地,围筑矮墙,铺上草皮,整合形成一大块绿地,这便是番仔球埔的雏形。据 Philip Wilson Pictcher 在1912年所著的 *In and about Amoy*: *Some Historical and other Facts Connected with One of the First Open Ports in China* 中记载,"李让礼通过合约将此产业归于名下。合约中有条款规定,若该土地不再用于体育运动及娱乐目的,将被政府收回"①。在"番仔球埔"建立初期,在部分早期西方文献中就可隐约发现关于"洋人追着小球乱跑"的景象与信息,但是目前还没有发现关于足球的直接、明确的文献信息描述。然而目前的考据资料却清晰显示,鼓浪屿"番仔球埔"的运动场地性质可以追溯至19世纪60年代。这或许也是我国"体育公共服务用地"的最早记载和案例。

2. 鼓浪屿是壁球运动传入中国的最早地区

壁球诞生于19世纪初伦敦老城中心的"舰队监狱"。为了锻炼身体、打发枯燥乏味的囚禁时光,当时的犯人们创立了一种对着墙面击打小球的运动,这就是壁球运动的前身。真正意义上的壁球运动诞生于1830年前后英国历史悠久的著名贵族学校哈罗公学。因球在猛烈触及墙壁时发出类似英文"squash"的声音而得名。1864年,第一块专用打壁球的场地在哈罗修建,这也成为了壁球运动正式创立的标志。

而在我国的体育专业相关文献资料中,对于壁球运动何时传入中国,鲜有相关的记述。在翻阅鼓浪屿相关的古文献历史资料时,在一张摄于1868年的鼓浪屿老照片中,一座明显不同风格与结构的建筑引起了笔者的注意。根据其外形结构比例特征、地理位置定位与相关历史文献记载进行交叉印证,可以确证该建筑是一座专门用于壁球运动的壁球馆(见图2、3、4)。

图2　1868年鼓浪屿的壁球馆
Fig2　The Squash-Court of 1868 in Kulangsu

注:这张注有"Kulangsu1868"字样的照片及相关古文献显示,早在1868年鼓浪屿即已有了专门的壁球馆。

---

① Philip Wilson Pictcher, *In and about Amoy*: *Some Historical and other Facts Connected with One of the First Open Ports in China*, Shanghai: The Methodist Pub Nabu Press,1912,pp. 55～56.

图3　鼓浪屿早期壁球馆
Fig3　The Squash-Court before 1868 in Kulangsu

图4　鼓浪屿早期壁球场
Fig4 The Squash-Court in Kulangsu

　　图片中鼓浪屿上的这栋建筑是壁球馆的推断也得到了文献佐证。在著名汉学家、时任英国驻厦门领事翟理斯(Herbert Allen Giles)1878年出版的 *A Short History Of Koolangsu* "娱乐"一章中记载:"Attached to the club is a small theater, in which a number of excellent performances are given during the winter season, many of the ladies kindly lending their assistance. The racquet-court（译文：壁球馆）stands alongside of the theatre, and is an inexhaustible source of health.（译文：紧挨着俱乐部有一座小剧场……与剧场并排的是壁球场,对所有能坚持这种剧烈运动的人来说那是无穷的健康之源）。这也是目前所能找到的、有文字记载的、最早的中国壁球发展史料。翟理斯(1845—1935),1867年以英国驻华使馆医生身份来华,是著名的汉学家和翻译家,治学严谨,被季羡林先生誉为中国近代"东学西渐"中值得注意的两个外国人之一,另一位为卫礼贤 Richard Wilhelm[①]。因此,此史料具有

---

① 何丙仲:《近代西人眼中的鼓浪屿》,厦门大学出版社2010年版,第165页。

极高的可信度。

3. 鼓浪屿是板球、网球、保龄球等诸多西方现代体育的最早传入地

除却足球与壁球之外,早期的鼓浪屿呈现出丰富的西方体育文化生态。通过研究鼓浪屿西方传教士关于鼓浪屿的历史著述,我们得出了鼓浪屿在近现代早期关于各类西方运动项目的最早历史线索和学术证据。这部分西方古文献皆是治学严谨、声名卓著的汉学家和翻译家在鼓浪屿的亲身经历,具有极高的学术可信度。同时,由于厦门独特的深港登陆条件和历史文化基础,厦门甚至鼓浪屿成为近现代外国传教士登陆中国的最早基地之一,也成为西方中国传教史记述的主要对象。如 Jerald F DeJong 所著的 The Reformed Church In China:1842—1951,虽然标题为"归正教在中国:1842—1951",但实际上绝大多数内容却是"归正教在厦门(鼓浪屿)"。因此,基于西方古文献为学术线索所寻建的鼓浪屿西方现代体育项目开展的历史信息,具有较好的针对性和学术可信度。鼓浪屿近现代体育项目的诸多学术历史信息,可以得到西方图片资料及学术记载的交叉印证,如在康奈尔大学(Cornell University)图书馆发现的一张拍摄于 1880 年的照片明确记有"1880,Cricket Ground, Kulangsu"的信息(见图5)。19 世纪中期以后,鼓浪屿陆续开展的现代西方体育项目还有网球、板球、曲棍球、高尔夫、台球、保龄球等(见表3)。

图5　鼓浪屿1880年的板球场地
Fig5　The Cricket Ground of 1880 in Kulangsu

注:康奈尔大学图书馆资料,确切标注了"1880,Cricket,Ground,Kulangsu"。

表3 鼓浪屿运动项目西方文献信息及线索数据
Tab 3 The English Information and Datas of Every Sports in Kulangsu

项目	可考年份	原文内容	出处
网球、板球	1885年以前	昨天晚上,在回家的路上看到几个女孩子打**网球**回来(原文:tennis),她们向我们展示了她们用来梳头发的工具。 此处最重要的建筑是兴贤宫(现今鼓浪屿的马约翰广场),其坐落在**板球场地**(原文:cricket ground)一角的两棵大榕树下。	*The life of JessieM. Johnston for eighteen years in Amoy, China.* By Hersisters Meta and Lena,1907,Page 69、190.
网球、板球、草地网球	1897年以前	在**娱乐场地**(原文:recreation ground)的不远处,在冬日的季节可以看到精彩的**板球比赛**(原文:goodly cricket may be seen)。**草地网球**(原文:Lawn Tennis)在公共草地和私家草坪都可以进行。 **网球**(原文:Tennis)是这个地方最为人熟悉的重要项目。一年九个月,人们乐此不疲。这样发展起来的项目也培养了一些优秀选手。**与国内(英国)最优秀的选手比赛**,他们会取得好名次。	*A History Of Koolangsu.* By Herbert Allen Giles, 1878, Page 33. *Pictures of Southern China.* By John Macgowan, 1897, Page 149、150.
足球、曲棍球、板球	1897年以前	冬季的那几个月,草地上的运动变成了**曲棍球、足球和板球**(原文:varied by hockey, football and cricket)。最后一项运动是最喜欢的也是整个社区吸引力的源泉。这种热情的本身就是对**板球运动**(原文:cricket)的一种赞颂。	*Pictures of Southern China.* By John Macgowan, 1897, Page 150、151.
攀岩	1867年以前	**攀岩**(原文:Rocking Climbing),小岛正中央的小山是由巨大的花岗岩堆成的,向上凸起约两百英尺,形成一块圆形巨石。几个外国人试图爬上这块高不可攀的巨石,但是获得成功的记录只有一个,他是位英国皇家海军的指挥官。	By MGayers and Dennys, 1867, Page 269.
高尔夫	1887年以前	比赛的消息迅速传遍了俱乐部。比赛的**高尔夫**(原文:Golf)选手应该有信心在厦门球场打败厦门本地的选手,这样的想法似乎让人觉得相当有趣。(注:载有详细的比赛记述)	By TT. T. Surgeon and R. N. Jeans,1887.
赛马、竞走等	1871年	厦门的比赛(1871年)一月九日进行,很有乐趣。都是一些矮种马在跑,有些马跑得非常出色。我们的医生也参加了比赛,并且赢了两场。这让我们所有的水兵都很开心。**赛马**,或者说矮种马比赛过后,是**竞走**(原文:foot race)和**布袋跑**(原文:running in sacks),相当有趣。	BBax. 1875.

续表

项目	可考年份	原文内容	出处
台球、保龄球、网球、板球等	1876 年	鼓浪屿上俱乐部成员现在使用的那座宽敞的大厦建于 1876 年。大楼里面有一个不错的图书馆,一间相当棒的阅览室,有一间**台球室**(原文:billiard-room),里面有两张**台球桌**、一条**保龄球道**(原文:**a bowling-alley**)……**网球场**在剧院的旁边。对于那些能够承受剧烈运动的人来说,它无疑是一个取之不尽、用之不竭的**健康资源**(原文:inexhaustible sourse of health)。健身场距俱乐部不远,在凉爽的季节里,人们能在那里看到精彩的**板球比赛**(原文:whereon some goodly cricket may be seen)。	A Short History of Koolangsu. By Herbert Allen Giles,1878,Page 32、33.
赛马	1867 年	厦门有一个非常不错的**赛马场**,(原文:horse race course)跑马场建在一个小平原上,从海滩一直延伸到外港及城镇所在的小山岗。每近年关都有**赛马**(原文:**Races**)。	By MGayers and Dennys,1867,Page 255.

注:为了避免翻译过程的贻误,在关键线索词汇处标注了英文原文。

(二)学校体育遗产:开启我国现代学校体育基础教育之先风

1. 学前教育中的身体训练:鼓浪屿怀德幼稚园(1898)

鼓浪屿基督教"三一教堂"附近的日光岩幼儿园早期被称为"鼓浪屿怀德幼稚园"。据考证,此园确实是我国历史上第一所正式的学前教育幼儿园①。从有据可查的史料看,紧随"鼓浪屿怀德幼稚园"之后的是 1903 年建立的武昌"湖北幼稚园"和北京"京师第一蒙养院"。始于 1898 年 2 月的"鼓浪屿怀德幼稚园"由英国的牧师娘韦艾莉正式创办。由于鼓浪屿独特的西方传教士文化和外国使馆文化背景,与后期中国创办的幼稚园具有鲜明的日本文化特点不同,"鼓浪屿怀德幼稚园"具有明显的西方文化印记。西方先进的教育思想及育人理念在鼓浪屿幼儿教育中得到应用和传播。德国福禄贝尔、意大利蒙台梭利等现代幼儿教育先驱,及美国教育家杜威的教育思想对鼓浪屿幼儿教育产生了深刻影响,园内教具也多从西欧运至,并鲜明地体现了西方现代儿童教育的思想特质。② 在"鼓浪屿怀德幼稚园"早期的历史资料中非常鲜明地体现了"重视身体教育"、"尊重幼儿、关注幼儿个体的自由成长、教育即生长"、"身体感知觉训练"等教育痕迹(见图 6、7)。我国著名的妇科专家、被誉为"万婴之母"的林巧稚等一批著名学者都得益于该所幼儿园优质的启蒙教育。

---

① 许十方、陈峰:《鼓浪屿教育》,厦门大学出版社 2012 年版,第 39 页。
② 许十方、陈峰:《鼓浪屿教育》,厦门大学出版社 2012 年版,第 39 页。

图 6 鼓浪屿怀德幼稚园的课间操
Tab 6　Class-break Setting-up Exercise in Kindergarten of Kulangsu

图 7 鼓浪屿怀德幼稚园的体育活动
Tab7　Sports Activities in Kindergarten of Kulangsu

2. 中学教育中的体育教育：辉煌的学校体育教育成就

与中国大陆地区其他几个西方现代体育发展较早的"历史地段"不同，由于鼓浪屿面积较小、海岛地理环境相对独立，丰富的西方现代体育及早期有意识的学校体育的开展，对鼓浪屿学校教育育人成就的取得产生了重要影响，是观察学校体育功能的极好样本。鼓浪屿早期的教会学校可追溯至 19 世纪中叶。1869 年美国归正公会传教士创建了男子学堂寻源斋，在寻源斋开办不久之后他们就意识到需要另一个层次的教育，一种类似美国中学阶段的教育，继而创办寻源书院。寻源书院和创于 1898 年的英华书院，对体育都非常重视，并专门开设"体操科目"（见图8）。鼓浪屿寻源中学教学体系中的"体育课"可追溯至 1896 年，彼时的小学已经开始让学生一大早做半个小时的体操。据 *The Reformed Church In China* 记载,鼓浪屿的施和力医生、牧师在其日记中写道:"这样的活动不仅促进学生维持良好健康必要的体育锻炼(原文:Sports),还能培养学生早起和集体活动的习惯"。当时,鼓浪屿的英国领事和一些绅士向寻源堂和鼓浪屿的男子小学赠送了一些足球和板球用具,以鼓励学校在体育运动方面的发展。一名当时学校的教师记述①,"虽然这些孩子们不算是最高明的棒球手或足球运动员,但是我肯定他们从这些运动中获得了极大的乐趣——特别是足球,他们也让观看者们感到非常有趣。当踢球者飞起一脚用力踢向球时,飞上天去的可能是他的鞋子而不是球,因为你知道中国人的鞋子和我们的不一样,是没有鞋带的"。"除军训之外,所有学生必须每周至少参加三个小时以上的体育锻炼(原文:athletic excises)。学校设计了一整套的计划以使每个学生有机会学习田径运动和其他大众运动项目,如篮球、足球、排球(原文:basketball, football, volleyball and tennis)。为了满足学生的运动需求,学校建有两个篮球场、两个排球场、一个网球场、一个足球场和跑道及沙坑(原文:Two baseball courts, two volleyball courts, jumping pits, a football field and a running track supply our athletic needs)"。鼓浪屿英华中学的足球更是声名远播、影响广远。1897年,鼓浪屿英国伦敦公会在鼓浪屿创办英华书院。由于鼓浪屿既有的足球基础,在英华中学建校初始,即已重视足球活动。1904年,出身英国贵族并毕业于爱丁堡大学的洪显理(Henry J. P. Anderson)到鼓浪屿英华书院任教,任英华书院英文教师、足球教练兼领队,在书院里组织开展体育活动,教学生们踢足球。据记载,其时英华书院的"虎、豹、狮、象"四个队每周三和周六下午集训。足球,在洪显理的大力推进下,成为英华书院引以为傲的传统。1910年,洪显理带领英华足球代表队前往泉州、汕头、福州等地与当地的友校进行交流。20世纪40年代,英华足球队远征台湾和东南亚,屡战屡胜,蜚声海内外②。鼓浪屿走出的诸多卓越学者都出自鼓浪屿这两所学校。

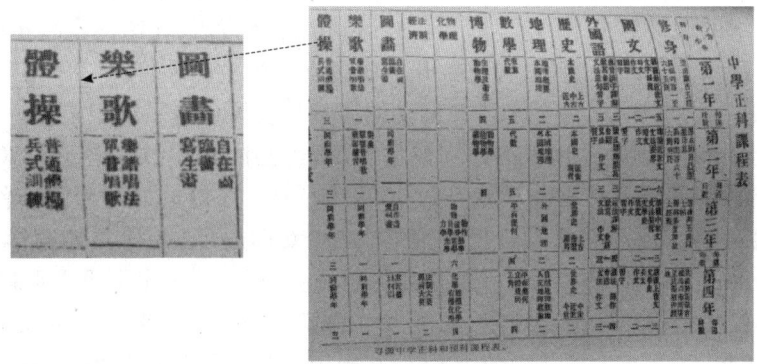

图 8　鼓浪屿寻源学堂课程表中的体育课程
Fig 8　The Sports Curriculum in Sim Goan Chai's Curriculum Table of Kulangsu

"西方体育素质教育"使得早期的鼓浪屿人才辈出,且多具有体育爱好情结、广泛的体育兴趣及良好的运动习惯。体育情结深、音乐素养好、外语能力强成为鼓浪屿走出来的学者

---

①　Jerald F De Jong. *The Reformed Church In China*:1842—1951. Michigan:WB Eerdmans Publishing CO. 1992,p. 141.

②　鼓浪屿文史资料委员会:《鼓浪屿文史资料》(第四辑),1995年刊印,第66页。

最为显著的文化标签,也是鼓浪屿导游赖以向游客展示的骄傲。我国现代体育之父马约翰、体育兴趣广泛的国学大师林语堂、曾任鼓浪屿学校篮球队长的著名妇科专家林巧稚等诸多优秀人才都是鼓浪屿丰富现代体育文化及学校体育教育的受益者和代表者。

3. 女子体育开展:鼓浪屿开创了我国女子体育教育的先河

国内关于我国早期女性体育发展历史的专题研究较少。在中国早期女性体育参与方面,鼓浪屿成绩卓著。资料考证显示,鼓浪屿为中国女子体育发展的主要"开创性"贡献集中在以下三个方面。

(1)最先提出"反缠足"运动,为女子体育运动开启了基础生理条件

无论是身体的训练还是身体的娱乐,体育在人们的观念中一直就是一种身体的运动[①]。作为人的肢体承载和参与的主体能动行为,身体活动确实是体育最重要的本质属性。足,作为以"有意识的大肌肉群运动为基本形式和特征"的体育活动的基本承载,无疑具有特别的意义。现代西方体育最显著的特征就是对身体自由权利与诉求的特别关注。然而,在中国近现代发展史上,女性缠足曾经是禁锢中国女性参与体育运动的基本社会桎梏。"打破女性缠足,鼓励女性接受教育和参与体验运动"是鼓浪屿体育发展及女子教育最重要的文化标签之一。1874年,鼓浪屿伦敦工会的马约翰牧师夫妇在厦门首次召开妇女大会讨论妇女禁缠足问题。会上,马约翰牧师就四个论题做了精辟的演说,组织了自愿加入的组织——"天足会",与会者共同订立了一个反对女性缠足的誓约,其宗旨是"反缠足"、"戒缠足"和"放足"[②]。1879年,自愿加入"天足会"的人员已经有80多人,1894年发展到800余人,并快速传播到福州、北京、上海、河北等地。马约翰牧师继而认为在中国需要成立一个全国性的组织,并得到了上海的英国商人立德夫人(Mrs. Archibald Little)的赞同和支持。在立德夫人的努力下,全国性的"天足会"于1895年在上海英国皇家亚洲委员会的会所举行成立大会。在该组织的积极努力下,随着妇女解放运动的蓬勃发展,光绪三十一年(1905年),清政府终于颁布法令禁止妇女缠足,从此拉开了中国女性解放的序幕。

(2)最先建立女子学堂,为女子体育运动的启蒙与发展创造了组织条件

同时,鉴于当时中国令人忧虑的妇女权益状况,美国的归正教工会于1870年在厦门建立了一所女子学堂,时名为"培德学堂"[③]。1879年,为了获得更加便利的条件和有利于学生健康的环境,培德女子寄宿学堂迁址鼓浪屿。与"女性放足"一样,"培德学堂"是中国近现代有据可考的最早的女子学堂之一,为中国的女性教育事业做出了重要贡献。在1870年鼓浪屿女子学校建校初始即已经规定,女子入学的基本条件之一就是"非缠足"。时至1907年,清政府才颁布了《奏定女子小学堂章程》,并规定凡是女子学堂学生,一律禁止缠足。相比鼓浪屿对女子入学禁止缠足的要求,整整晚了近40年时间。由于鼓浪屿女子学校的办学及管理主体是西方人士及团体,包括女性也应参与体育运动在内的男女平等接受教育的思想,也渗透在女学教育和管理之中。得益于鼓浪屿社区现代体育的影响及男子学校体育的

---

① 熊欢、张爱红:《身体、社会与体育:西方学者视野下的体育》,《体育科学》2011年第6期。

② Jerald F De Jong. *The Reformed Church In China:1842—1951*. Michigan:WB Eerdmans Publishing CO. 1992,p.141.

③ Jerald F De Jong. *The Reformed Church In China:1842—1951*. Michigan:WB Eerdmans Publishing CO. 1992,p.141.

带动,女子学校的体育活动也相继展开。在一张摄于20世纪初鼓浪屿女子中学的照片中,更发现了当时"体育教师"指导学生打篮球的场景(见图9)。

图9 鼓浪屿毓德学校女子篮球队
Fig 9 Girls Basketball of Yude School in Kulangsu

注:鼓浪屿毓德女子中学学生在打篮球,并发现我国最早的身穿长衫的体育教师之一。

(3)率先开展女子运动,为女性参与体育运动的开展与推广提供了内容条件

早在19世纪中后期鼓浪屿现代体育传入之后,就同步出现西方女性参与网球等现代体育运动的场景(见图10、11)。由于鼓浪屿的海岛面积较小,在岛上西洋文化、闽南文化及南侨文化的多元交织与融合下,形成了清晰而富有效率的跨文化体育思维影响链条,以及浓郁的西方体育文化社会生态。在鼓浪屿浓郁的西方现代体育文化氛围的影响和在男子学堂学校体育的引领下,鼓浪屿在女子学校中也开设了体育课程,并组建了各类运动项目的学校训练队伍(见图12)。当年鼓浪屿的一位传教士在1926年写的一份报告中这样描述鼓浪屿学校女性学生体育运动的开展:"In time, **Physical education** was also introduced in the girls school. Seven years ago, a large athletic meet was held in this city, and there was not one girl student who took part in the meet. Last fall a similar athletic meet was held and about one of every four participants was from some girls school."[①](译文:此时,体育也引入了女子学堂。7年前,在厦门举行的一场大型运动会上,没有一个女学生参加;而在去年秋季一次规模相当的运动会上,有四分之一的参赛选手是来自女子学校的学生)。作者也在文中感叹地指出,这是中国妇女逐渐获得解放的又一例证。由此可证,鼓浪屿女子学堂早在20世纪初就已经开始社会化的女性体育运动了。

---

① Jerald F De Jong. *The Reformed Church In China*:1842—1951. Michigan:WB Eerdmans Publishing CO. 1992,p. 141.

图10　1920年鼓浪屿女子游泳
Fig10　Women's Swimming in Kulangsu

图11　1920年鼓浪屿女子网球运动
Fig 11　Women's Playing Tennis in Kulangsu

图 12 鼓浪屿毓德女中的篮球队
Fig 12 Girls Basketball Team of Yude School in Kulangsu

(三)体育人才遗产:我国杰出的体育教育家——马约翰教授

马约翰(1882—1966)是我国著名的体育教育家,被誉为中国现代体育之父①,是中国体育界的一面旗帜②。鼓浪屿人民体育场旁建有马约翰广场,铸有以国家名义竖立的纪念雕像。马约翰毕业于上海圣约翰大学,1914年至清华大学任教,在清华工作52年,为中国近现代体育事业发展做出了重大贡献。

虽然马约翰体育思想领域的研究论著颇丰,但是关于马约翰的成长背景、体育成才规律等视角的研究却极为鲜见。尤其是关于马约翰1900(18岁)年以前的历史资料极少。马约翰于1882年10月10日出生于鼓浪屿的一个基督教家庭,他3岁丧母,7岁丧父。由于家境贫寒,至13岁才入读鼓浪屿的"福音小学",18岁小学毕业。在此,需要指出,在鼓浪屿地方文史资料中③,记为马约翰13岁入读"福民小学",实为历史误读。"福音小学"于1844年由英国伦敦会宣教士施敦力夫妇在鼓浪屿创办,为鼓浪屿最早的西式学校,也是中国近代最早传授西方文化的学校之一。1898年戊戌变法后,伦敦会教友陈希尧在"福音小学"附近的乌埭角租民房兴办了"民立小学"。为了便于管理,1909年福音小学和民立小学合并,新学校从两校名中各取一字,称"福民小学"。即不管是1898年成立的"民立小学",还是1909年合并成立的"福民小学",其成立时间都在马约翰13岁入读小学的1895年之后。因此,实际上马约翰于1895—1900年间就读于鼓浪屿英国伦敦会宣教士施敦力夫妇所创办的"福音小学",其后赴上海求学。马约翰鼓浪屿西式学校教育经历的历史考证,对于研究马约翰体

---

① 潘维廉:《老外看老鼓浪屿》,厦门大学出版社2010年版,第103页。
② 袁枚:《我国体育界的一面旗帜——马约翰教授》,《北京体育学院学报》1985年第3期。
③ 鼓浪屿文史资料委员会:《鼓浪屿文史资料》(第四辑),1995年刊印,第66页。

育思想的形成具有重要价值。

据考证,马约翰 18 岁即 1900 年以前,身体、个性、观念及习惯等的形成及接受基础教育的关键阶段都生活于鼓浪屿。马约翰的造就有其活泼爱动的天性基础,但更得益于当时鼓浪屿"福音小学"中丰富、浓郁的现代西式科学及有意识的体育教育活动的培养。19 世纪 90 年代,包括马约翰所读的"福音小学"在内的鼓浪屿西式小学中已经开始了包括足球、板球等在内丰富而有意识的现代西方体育教育实践。在美国学者历史学家 Jerald F DeJong 所著的 The Reformed Church In China:1842—1951 中记载"In the later 1890S, The Local British consul and other gentlemen presented the Middle School[Kolangsu] and the boy's elementary school with sets of cricket gear and footballs to further encourage Physical development as well as sports..., he Physical education instructor obviously had his work cut out for him"[①](译文:19 世纪 90 年代后期,鼓浪屿的英国长老会及其他一些绅士向鼓浪屿的中学和男子小学赠送了板球和足球器具,以鼓励学生参加身体运动及体育活动……体育教师或者体育指导者的工作显然是特意安排的)。可见,在 19 世纪 90 年代后期鼓浪屿的西式小学内已经开始了有意识和较为系统的西方现代体育教育活动,并已经有了明确的"Physical Education"。马约翰的成长与造就,也得益于鼓浪屿独特而浓郁的西方现代体育文化及实践。早在 19 世纪 60 年代,西方现代体育项目就因传教士、英美领事人员及不时登陆的英国水兵传播至鼓浪屿。马约翰在 1882 年至 1900 年间一直生活在鼓浪屿,深受岛上现代西方体育运动的浸染。13 岁入读的鼓浪屿教会学校——福音小学,也与当时体育之风浓郁的寻源中学、英华中学等紧邻。虽然,当时的鼓浪屿还没有中文"体育"的概念,但是"Physical Education"在以英文为主要日常语言的马约翰心中早已萌芽生根。马约翰教授的诸多现代体育思想如体育普及观念、终身体育理念、科学体育认识[②]等的形成,都能在鼓浪屿的社会及现代体育文化实践中找到相应的痕迹(见图 13),甚至从马约翰各个时期的历史照片中可以发现,其着装十分西化,非常清晰地体现着马约翰深受鼓浪屿中西方多元文化影响的印记(见图 14)。

二、来源论:鼓浪屿近现代体育文化的历史源考

(一)西方各国传教士是鼓浪屿近现代西方体育文化的意识启蒙者

在电讯及网络科技出现之前,在中西方跨文化知识传播中,不管是以书籍为主的知识形式还是活态经验,知识传播的主要载体是"人"。在当时的历史背景下,国外传教士成为跨文化传播中的重要活态知识载体。鼓浪屿特殊的地理位置及天然的深港登陆条件,使得鼓浪屿成为近现代西方传教士最早登陆及传播西方近现代文明的地区之一,为鼓浪屿现代西方体育的发展创造了技术条件。同时,彼时在华的西方传教士一般都受过系统的西方高等

---

① Jerald F De Jong. The Reformed Church In China:1842—1951. Michigan:WB Eerdmans Publishing CO. 1992,p. 141.
② 韦庆媛:《马约翰体育思想述论》,《福建师范大学学报》2011 年第 3 期。

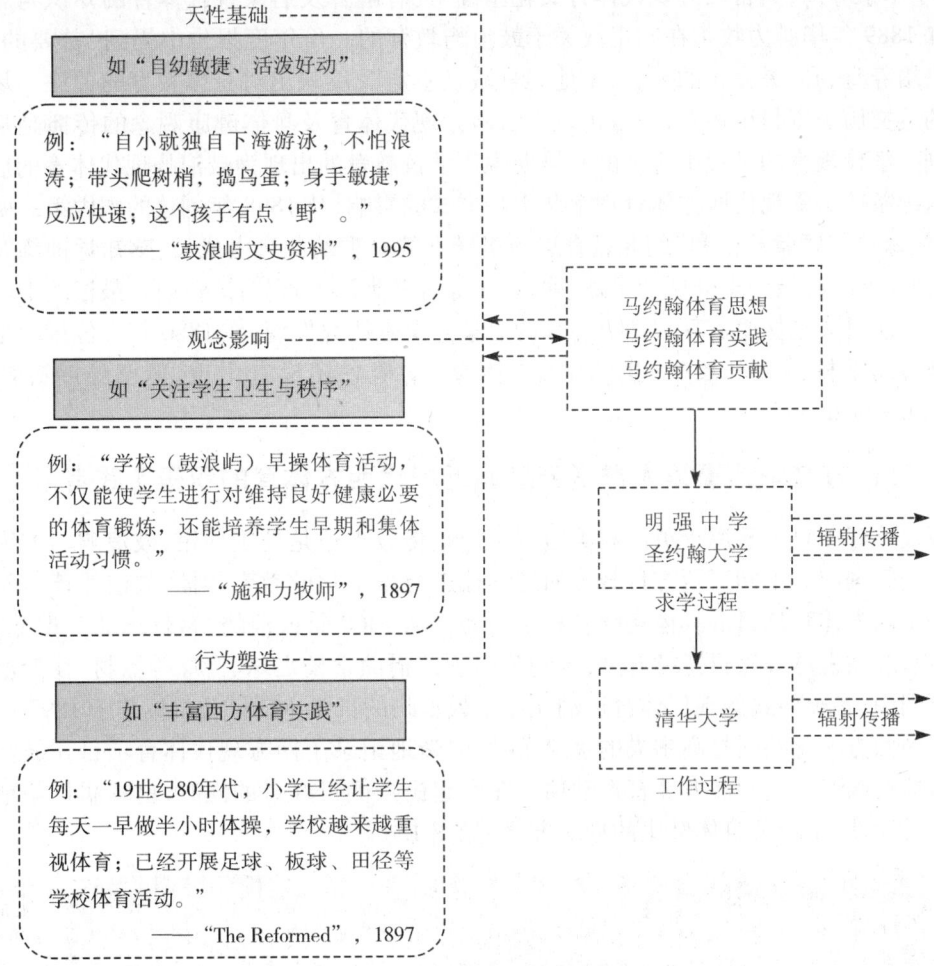

图13 马约翰体育思想及实践形成及传播逻辑示意图
Fig 13　The Sketch Map of Formation of Sport thoughts and practice of Ma-John s

图14 马约翰西式运动服饰
Fig 14　Ma-John's Western Sports Wears

教育,学术素养高,具备西方现代体育文化基础,具有解释及启蒙现代体育的知识与思想条件。如1889年毕腓力牧师在归正教关于鼓浪屿教育的一份年度报告中提到"首要的是,我们想去培养身、心、灵完善的人,希望他们真诚且坚定",反映出对身体教育的关注。从西方近代的英文历史资料记述看,西方传教士对西方现代体育及身体健康观念的传播是从其传教及创办学校教育的过程中实现的。早期现代学校教育的出现为鼓浪屿现代体育的启蒙创造了组织条件。受现代西方体育理念及生活方式的影响,从1898年创建的国内第一所幼稚园中"福禄贝尔暨蒙台梭利"幼儿教育思想指导下的尊重幼儿自由成长、感知觉训练及身体教育,到鼓浪屿各级中学开展的足球、网球、篮球等各类西方现代体育项目,鼓浪屿上的未成年人都耳濡目染地接受着现代西方体育的启蒙。文献研究发现,在1880年一位传教士所描述的鼓浪屿学校体育开展时,虽然中文"体育"的概念还没有出现,但已经明确使用了"Physical education"一词。

(二)西方驻华领事馆人群是鼓浪屿近现代西方体育的积极实践者

现代体育项目多起源于英国和美国。不论是传教士还是外国使馆,鼓浪屿西方人群主要是英美等国家。不同于西方传教士通过学校进行组织化的教育传播,鼓浪屿英美领馆人士主要是西方体育项目的具体实践者和传播者。从1860年鼓浪屿"蕃仔球埔"、壁球馆,到网球、板球、曲棍球等项目持续开展,再到英国领馆捐助学校足球、棒球等器材,在鼓浪屿的社会氛围中,各类西式的现代体育运动充斥着鼓浪屿的日常生活。几幅标作于1897年的鼓浪屿上中西方人士共同打高尔夫的手绘漫画,清晰地记录了西方现代体育项目在鼓浪屿发展和传播的画面。这些西方体育运动项目在引起民众侧目好奇的同时,也耳濡目染地改变了国人对运动、生命及身体健康的理解方式(见图15)。

图15　鼓浪屿高尔夫球运动漫画(标有"作于1897年"字样)
Fig15　Cartoon about Golf in Kulangsu (Painted in 1897)

(三)西方各国的登陆水兵是鼓浪屿近现代西方体育的持续传播者

1840年鸦片战争后,厦门成为最早开放的通商口岸之一。在鼓浪屿西方现代体育项目发展和兴起的过程中,不时登陆造访或者补给物资的海军、水手及其与鼓浪屿居民进行的体育比赛对鼓浪屿体育的发展提供了持续的知识及技术动力。如在 Philip Wilson Pitcher 所著的《In and about Amoy》中记载,1908年清政府邀请美国舰队到访厦门,在其接待事项的各类活动中,就专门安排了棒球、足球比赛及其他户外活动等内容①。在诸多西方关于鼓浪屿的历史文献中,散落着诸多关于西方水手、士兵与鼓浪屿居民间开展体育比赛的记录。正如鼓浪屿英华书院的菲律宾校友胡国藩所记述的,"当时英国乃欧洲先进足球王国,其球技广泛普及,经常有巡回队前来鼓浪屿,每一队中均有足球队,时常登陆与吾校学生作友谊比赛;说诚实言,鼓浪屿英华足球之进展,成长快速,皆因大量吸取英人宝贵之经验,加以运用,学生从'水手'学习甚多踢球之基本功夫,诸如攻守战略之运用,整体严密之配合,及人盯人、控球步法、头球突击、盘球劲射、长抽短拐、随机应变、举足轻重等个人技术,胜似聘请外国教练,临场示训,无怪英华足球雄师,一向驰骋福建全省"。这也清晰地说明了西方各国登陆水兵对鼓浪屿运动项目的技术进步和持续发展起到了重要作用。

三、演进论:鼓浪屿近现代体育发展的历史演进机制

以马约翰体育思想及实践为代表的鼓浪屿现代体育社会、教育及文化成就,清晰地显示出西方现代体育并非远离鼓浪屿居民生活实践的异域"庙堂身体文化与艺术",而是融入本土民众精神思维、文化心理及日常生活实践的"客观实在"。在鼓浪屿的现代体育文化演进历程中,体育所具有的天然的、超国界和超文化的身体文化力量,远超中西方文化与语言上的藩篱及意识形态的差异。从大量史料的综合记述来看,从外国领事人群及传教士群体为主的西方体育项目异质性文化,到鼓浪屿自然融合的多元体育文化生态,期间经历了近30年的时间。从相关历史文献的梳理来看,鼓浪屿对西方体育项目从最初的好奇,到岛上社会及学校的全面参与,显示出清晰的历史演进链条。对西方现代体育项目传入的"好奇",引起鼓浪屿人思考身体与生活思维方式的变化,逐步进行个人化的现代体育体验。随着鼓浪屿现代体育以个人体验与转变为基础的扩展传播,"对西方现代体育体验,对生命及身体理解的变化"呈现出规模化及社群化趋势。在鼓浪屿现代体育规模化及社群化的基础上,引发了社会性的体育文化心理维系模式的集体性社会变更。鼓浪屿上的中国人,对于平安与健康的生命理解,逐渐由传统的烧香庙拜祈求身体安康,转向西式体育运动的科学强身健体,形成了新式的社会体育文明,进而与鼓浪屿早期现代学校教育相互交融,创造了卓越的社会体育及学校体育成就,形成了丰富、多元的西方现代体育文化生态(见图16)。

(一)西方现代体育传入为鼓浪屿现代体育启蒙奠定了物质基础

由于特殊的历史背景及鼓浪屿自身的深港登陆条件,随着各类西方人群的到来,近现代西方体育也随之传入,为鼓浪屿近现代体育的兴起奠定了物质基础。从历史考据来看,1840年后陆续进入鼓浪屿的西方现代体育项目十分丰富,包括足球、壁球、网球、橄榄球、曲棍球、保龄球、高尔夫等。这些体育项目通过西方教会及领事人群与本地的交流而逐渐内化传播。鼓浪屿早期的学校教育也成为理解和接纳西方现代体育的有效组织载体,为鼓浪屿现代体育的启蒙奠定了物质基础和组织条件。

---

① Philip Wilson Pictcher, *In and about Amoy: Some Historical and other Facts Connected with One of the First Open Ports in China*, Shanghai: The Methodist Pub Nabu Press, 1912, pp. 55~56.

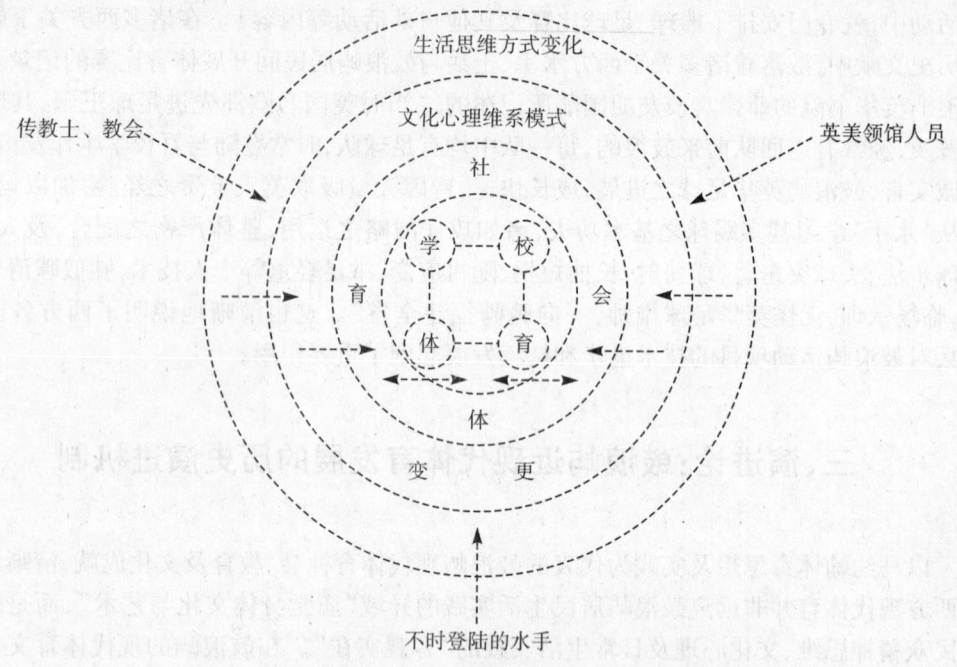

图 16 鼓浪屿体育发展的历史演进机制
Fig 16　The Mechanism of Historical Evolution of Sports History in Kulangsu

（二）生命思维方式的变化为鼓浪屿现代体育开端创造了前提条件

思维方式是人类认识活动的前提，是看待事物的角度、方式和方法。在对待自身的身体意识层面，传统文化所造就的身体认知思维方式，对身体观念、态度及日常生活具有决定性作用。鼓浪屿人的身体观念与中国传统的身体观念类似，对待身体的病老康福大多寄希望于神灵崇拜。在鼓浪屿文史资料的记述中，敬贤宫、三和宫、种德宫等各类庙所，以及具有久远年份的大树（树神）、山头（山神）等都成为人们祈福安康的精神载体。鼓浪屿西方现代体育融入本土社群，是从西方现代体育对个体的基本思维方式的触动开始的。这在鼓浪屿老人的口述及部分历史文献中，能得到深刻的感受：19世纪60年代，在鼓浪屿日光岩下筑有围栏、铺有草皮的绿地上，虽然铁网和绿篱隔断了视线，但洋人追着小球乱跑的景象，对当时在马路对面的"兴贤宫"里烧香求拜，在烟雾缭绕中祈福身体安康的中国人形成了极大的心理冲击。就是对这"不明所以的奔动"的好奇，悄然改变着中国人对身体与生命的传统认知与理解，也为鼓浪屿现代体育的开端创造了思维条件。

（三）心理维系模式的变更为鼓浪屿现代体育传播提供了持续发展动力

对西方现代体育项目的"好奇"，是引起鼓浪屿人现代体育兴趣并逐步进行个人化体验与尝试的基本诱因。随着鼓浪屿现代体育个人体验与尝试的扩展，在现代体育尝试逐步规模化及社群化的基础上，逐渐升华为稳定的社会体育文化心理维系模式。学校走出的新一代青年不再像其父辈一样喜欢烧香拜佛，而是奔驰于鼓浪屿的各个运动场地之间，享受现代体育带来的健康与欢愉。鼓浪屿现代体育的社会及教育影响也初见成效，英文语言好、体育情结深、音乐素养高成为鼓浪屿学者的最大特点和显著标签。以深受西方近现代体育影响的马约翰为代表的一代青年,走出鼓浪屿,将鼓浪屿现代体育文明传播至全国各地。鼓浪屿早期的足球、网球等项目,通过不断地参加各种区域交流活动,也逐渐传播至各地。从传播学的视角来看,国内早期学校体育的现代启蒙,都能在早期的鼓浪屿找到相应的历史痕迹和文化路径(见图17)。

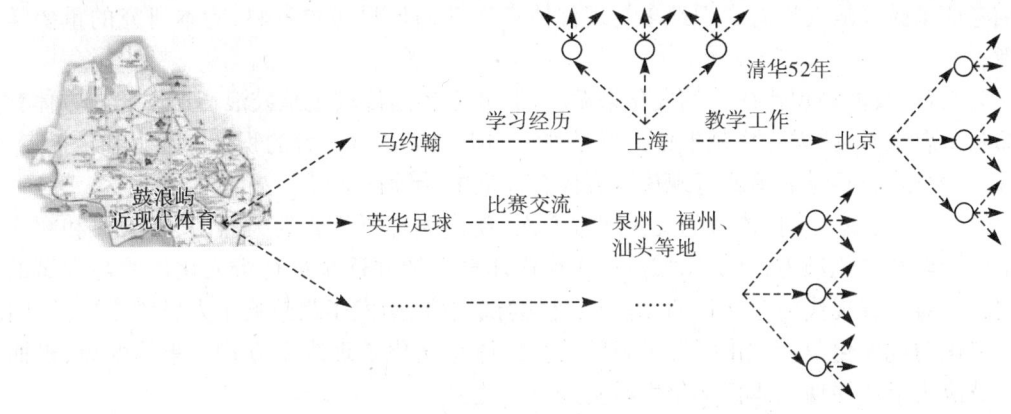

图17　鼓浪屿近现代体育传播路径
Fig 17　The Communicating Path of Kulangsu Modern Sports

(四)宽松自由的社会氛围为鼓浪屿现代体育发展提供了重要文化保障

鼓浪屿早期现代体育的发展是一种自发秩序的文化融合与生长,而非有意识的、理性的政府制度建构。在鼓浪屿的研究资料中,不同宗教、文化及阶层之间的和谐共融是鼓浪屿最为显著的文化特征。一路之隔的不同宗教文化、洋人与本土居民、学校同班级里富人与穷人的孩子、比邻的富家与穷人,一切都相互尊重与包容。正是这种开放包容的文化特质,使得鼓浪屿体育文化得以社会化的传播与成长,这也为当今社会体育及学校体育的发展中"精英理性建构主义"的政策干预提供了反思性的参考。

结　论

体育"历史地段"是体育人文历史及其内在发展规律研究的重要视角和可行路径,具有进一步纵深推进体育史学及体育社会学的创新性研究范式意义。我国诸多散布的极富价值的体育"历史地段"是体育人文历史研究的重要学术资源,对于丰实体育学科基础内容、规范体育学科基本知识都具有重要的教科书意义。本研究以鼓浪屿为体育"历史地段",主要立足于鼓浪屿西方传教士的各类英文记述性历史文献信息,深度挖掘和立体透视了体育"历史地段"鼓浪屿(1840—1950)的历史文化遗产及规律,主要结论如下:

第一,科学甄识并系统研究我国散布的、富有历史及学术价值的体育"历史地段",是研究体育人文历史、完善体育学科基础知识和内容的重要任务,也是进一步夯实体育学科基础,推进体育社会学术研究的重要路径。

第二,在体育人文历史遗产及成就方面,鼓浪屿是我国现代足球运动的重要发祥地之一,鼓浪屿足球传入的时间及地点考证具有可考的历史资料佐证,因而具有可靠的学术可信度,是本研究的重要发现之一;鼓浪屿是我国壁球、网球、高尔夫球等多个运动项目的最早传入地,尤其是壁球馆的发现及学术考证,是我国在相关学术研究领域的重要突破;鼓浪屿也是我国开创女子体育及学前身体教育的最早地区之一,在女性体育发展史领域,本研究首次详细考证了鼓浪屿女性有意识地参与现代体育运动的最早历史资料,为本研究的重要学术发现。

第三,在鼓浪屿现代体育的文化来源方面,西方各国传教士是鼓浪屿近现代西方体育文化的意识启蒙者,西方驻华领事馆人群是鼓浪屿近现代西方体育的积极实践者和传播者,西方各国的登陆水兵是鼓浪屿近现代西方体育发展的持续推动者。

第四,在鼓浪屿现代体育的文化演进方面,现代体育所具有的天然的、超国界和超文化的本质特点及文化魅力,是引起鼓浪屿人现代体育兴趣并逐步进行个人化体验与尝试的基本诱因。对西方现代体育项目的"好奇"及"尝试体验"引发了鼓浪屿个人思维方式的变化,个体变化的规模化及社群化引发了新的社会性体育文化心理维系方式的集体变更,进而形成了鼓浪屿丰富的现代体育文化生活实践及文化生态。

第五,在鼓浪屿体育历史文化遗产启示方面,鼓浪屿多元宽容的社会文化氛围、体育文化发展的社会性自发秩序特征及令人赞叹的体育教育成就,对反思当代社会体育及学校体育发展中存在的问题,重新审视以政府部门主观决策为主的、"精英理性建构主义"的政策干预具有重要的启示意义。

The study of Sports Historic Areas: Excavating and Integrating for Historical Heritage of Sports Culture on Kulangsu

Xing Zunmiing Zhan Zhaoxia

Abstract: Sports Historic Areas refers to a specific district which contains rich sports history information and culture humanistic values. Sports Historic Areas with historical Place sense and unique cultural temperament is important path, examples and source, For the study of sports social development and cultural revolution. This study, taking Sports Historic Areas - Kulangsu's sports development history (1840—1950) as the research object, making the Changes of the way in thinking, cultural psychology maintaining pattern and its inheritance and development of sports as the theoretical basis, from three dimensions of achievements, sources, evolution, systematically explored the unique sports humanistic history of Kulangsu. The study not only has many great academic breakthrough of t sports incoming time, geographical reference, important years etc, but also has important significance for textbook contents, further understanding of China's modern sports development. Meanwhile, it is very useful for the development of China's current social sports and school sports.

Keywords: Sports Historic Areas; Kulangsu; Historical Heritage; Excavating and Integrating

鼓浪屿历史——早期洋人居住的相关资料

David Woodbridge 著 王 梅译*

【编者按】本文为英国曼彻斯特大学历史学博士、厦门大学人文学院博士后 DAVID WOODBRIDGE 在考察大英图书馆与英国国家档案馆史料的基础上写成。史料多为手写体,难以为华人学者辨识,DAVID WOODBRIDGE 博士已将它们打成印刷体。为保存史料的原初性,我们特意保存了原文,以供研究者参考。

The modern history of Gulangyu began following the First Opium War (1839—1842), as a result of which Xiamen was opened to foreign trade. This article contains extracts from a selection of sources, held in archives in the UK, that help to shed some light on the early years of foreign settlement on Gulangyu. In particular, they help to show why Gulangyu became the preferred place for foreigners to live, and they provide some insights into the conditions on Gulangyu at this time. Many of the sources were handwritten, and so extracts from them have been transcribed and reprinted. There were a few words in the original documents that could not be accurately identified. In the transcriptions below, these words are indicated by the sign "[ ]".

鼓浪屿的现代历史始于第一次鸦片战争(1839—1842),其后果是厦门对外贸易开放。英国档案馆中选取的一些资料为本文提供了鼓浪屿早期洋人居住者的信息。更为重要的是,这些资料也向我们展现了当时的鼓浪屿,说明了它缘何成为洋人定居的首选地。因大批相关资料为手写,抄写或重印后的文本中有些文字难以确认,所以这些地方将以"[ ]"标记。

'Sketch of the island of Kolingsoo and part of the city of Amoy from the heights on which the British were bivouacked the 26th August 1841' (Original: lithograph, 185×320mm).

During the First Opium War, Xiamen was captured by British forces during the Battle of Amoy, which took place on 26 August 1841. The source below dates from

---

* 【英】David Woodbridge:厦门大学人文学院 福建 厦门 361005
  王梅:山东大学文学院 山东 济南 250000

around this time. It was originally part of a group of sketches and maps owned by Hugh Gough, 1st Viscount Gough (1779—1869), who was one of the commanders of the British forces at the Battle of Amoy. It is a sketch of Gulangyu, viewed from a hill in Xiamen where some of the British troops were garrisoned (or 'bivouacked' as the title on the sketch puts it). Several ships can be viewed in the harbour area between Xiamen and Gulangyu, some of them British, and some Chinese. A few figures in Chinese dress can be seen on the hill near to where the artist was sitting. Gulangyu had been settled prior to the arrival of the British, and a couple of clusters of residences can be seen in this sketch. Nevertheless, the arrival of the foreigners would lead to a new period of settlement and development that would transform the appearance of the island. This source therefore captures an important moment in Gulangyu's history, just as this transformation was beginning.

第一次鸦片战争期间，英国军队通过1841年8月26日的战斗占领厦门。以下资料正来自这一时期，原为当时英军将领之一的第一代郭富子爵·郭富（Hugh Gough, 1st Viscount Gough）(1779—1869)收藏的图片及地图集的一部分。这张鼓浪屿速写的取景点为厦门本岛某座小山上的英军驻扎地（或如图片名称所言的"露营地"）。图中，两岛间的海港上帆船点点，既有英国船只，也有中国船只，离绘画者不远的山上，可见数名着中装者。图中还可见几处居民区，这说明在英军到达之前，此处已有人居住。不过，洋人的到来将为之带来改头换面的新聚居和新发展。这一图片恰好捕捉到鼓浪屿将变之际的历史时刻。

©The British Library Board, Add. 69822A.

Letter from 伊里布 to Henry Pottinger, 21 February 1843

The Treaty of Nanjing, between Britain and China, was signed on 29 August 1842. According to the terms of the treaty, Xiamen was to become one of five treaty ports open to foreign trade. The treaty also stipulated that the Qing government had to pay reparations to Britain, and that Gulangyu would be held by British troops until the payments had been made in full, and the arrangements for the opening of the ports completed. The following source addresses the situation concerning the British occupation of Gulangyu. It is a letter, sent on 21 February 1843, by the Qing minister 伊里布 to Henry Pottinger（璞鼎查）, who was the Chief Superintendent of British Trade in China, the highest-ranking British officer in China. In the letter, 伊 requests that British troops be removed from Gulangyu soon, so that a custom house might be established there and Chinese officials be able to commence their work.

伊里布给璞鼎查的信, 1843 年 2 月 21 日

根据签订于 1842 年 8 月 29 日的中英《南京条约》, 厦门将成为五个对外通商口岸之一。条约还规定清政府要向英国赔款, 但在赔款付清、口岸通商之前, 鼓浪屿归英军管辖。以下资料记载了英国占据鼓浪屿的情况。这是 1843 年 2 月 21 日清政府的钦差大臣伊里布寄给英国对华商务总监璞鼎查（Henry Pottinger）的一封信。信中, 伊里布要求英军尽快撤出鼓浪屿, 以便在此修建海关, 借此中国官员也可重新开始办差。

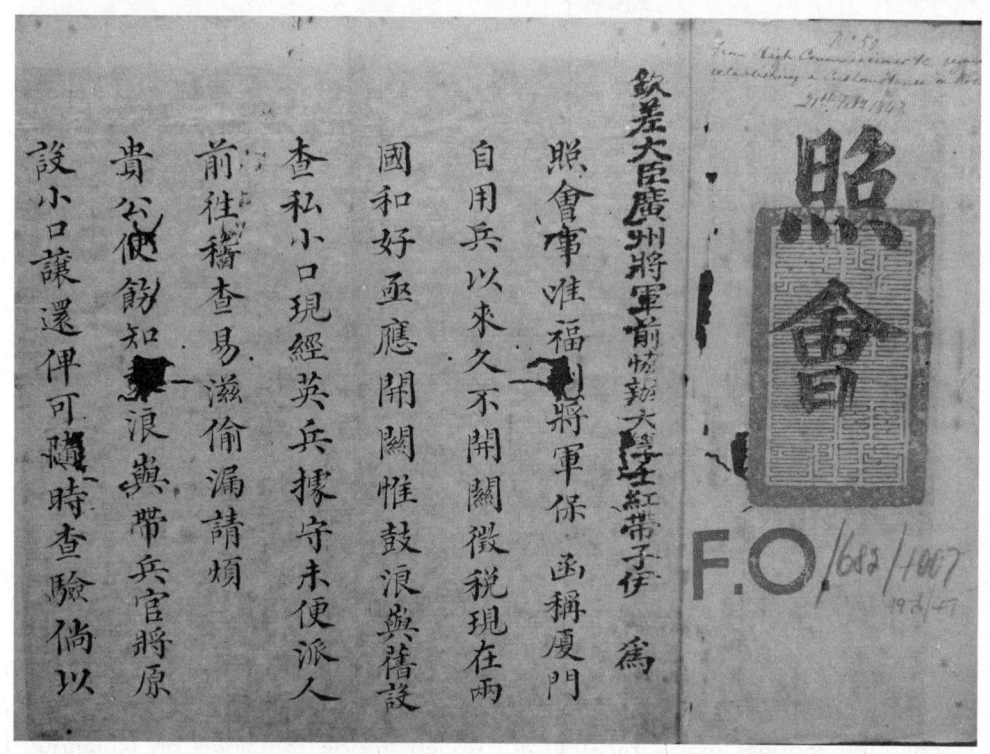

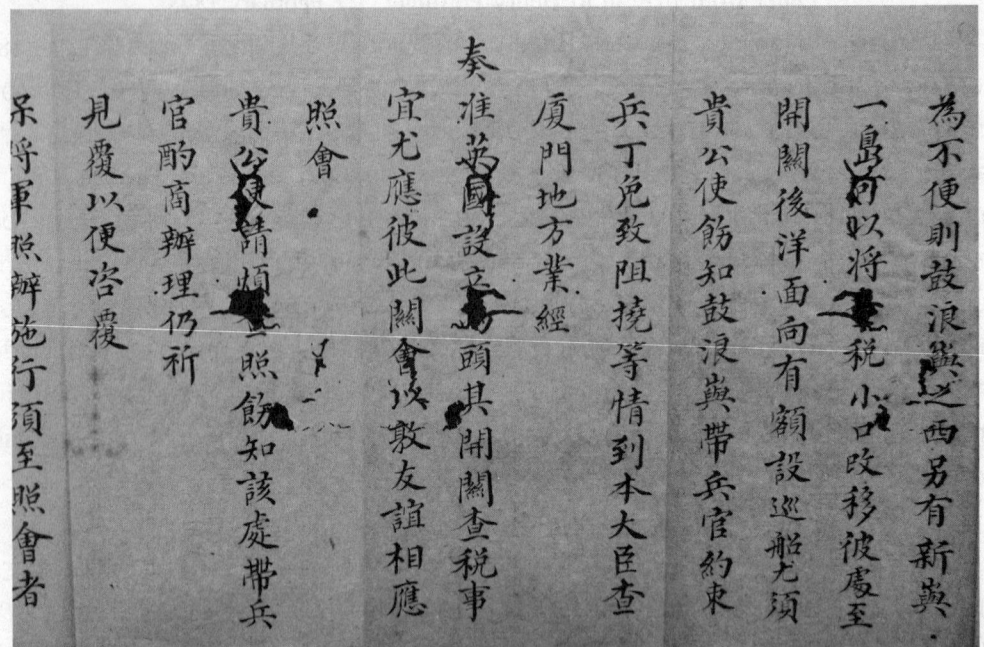

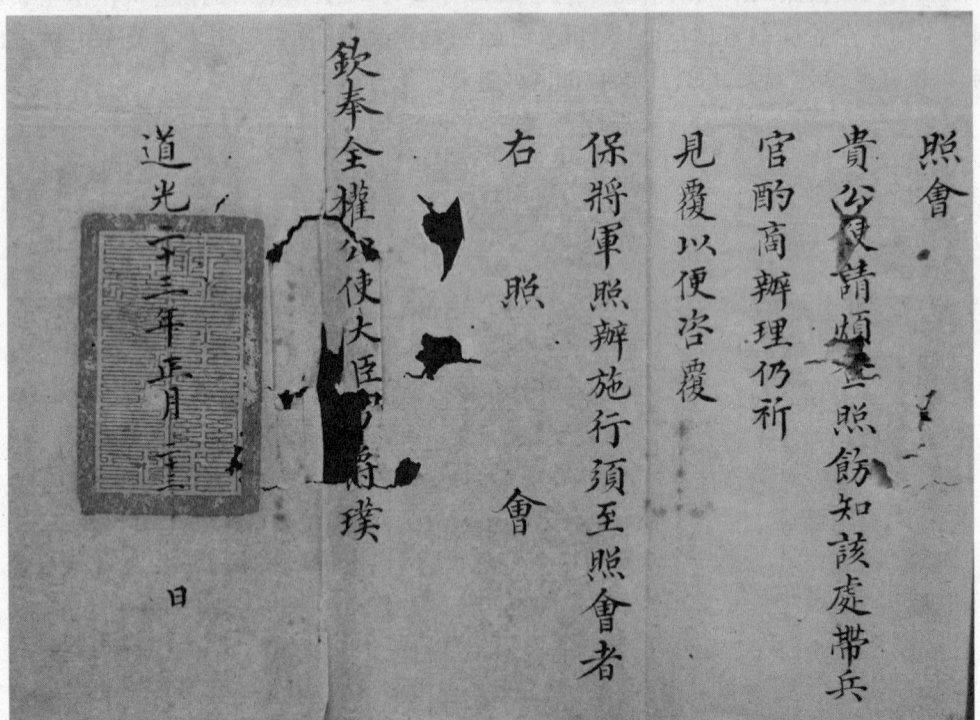

© The National Archives, Kew: FO 682/1976/47.

Records from the Amoy Consulate, 1843

Despite the request made by 伊里布, British troops remained on Gulangyu until 1845. In the meantime, a British consulate and a custom house were established on Xiamen island, located by the shore, opposite Gulangyu. However, it took longer for

British and Qing officials to decide where would be the most suitable place for foreigners to live. The following source provides an insight into some of the discussions being held by British officials as they considered the options available to them. It is from a report written by the consular surgeon, and in it he offers his opinion concerning the most suitable location for residence. First, he considers whether foreigners could simply rent houses on Xiamen island. But he thinks that the city is too dirty and unhealthy for foreigners to live in. Instead, he suggests that they find a new area in which to build accommodation. He considers the possibility of developing the area by the harbour, where the consulate and custom house were located, but he thinks this area may be too small. He then mentions two sites elsewhere on Xiamen island, but says that these locations might be too far away from the harbour. Finally, he considers Gulangyu. He says that, although it would be inconvenient to have to travel across by boat to Xiamen, Gulangyu would nevertheless have many other advantages as a place of residence.

伊里布的要求并未马上使英军撤离鼓浪屿,他们一直待到1845年。同时,在鼓浪屿对面的厦门岛海边,建起了一座英国领事馆和海关。但是,在为洋人选择最佳居住地问题上,英国和清政府则花费了更长的时间。下文资料展示了英国官员在地点选择时的一些讨论。这是一份由英领馆医生写的报告,其中这位医生也据此提出了自己的看法。他提出的第一个问题是:外国人可否直接租住厦门本岛?他认为这座城市对外国人来说太过肮脏和不健康,因此,他建议应重新选址修建居住区。他首先考虑的是位于领事馆和海关附近的海港区域,但又认为此处太过狭小。随后他又提到厦门岛的其他两处地方,但又认为那两处离海港太远。最终,他选择了鼓浪屿,因为虽然乘船往返会带来诸多不便,但鼓浪屿作为居住地仍然有很多优势。

I have been through the greater part of Amoy both within and without the walls and have not seen any locality fit for the immediate residence of Europeans. The streets are narrow - vegetable matters in great abundance are left to decay in them - there is no sewerage or drainage and a most abominable stench prevails throughout the whole place. I have been given to understand that the American Missionaries made every attempt to find a house in which they might be able to reside with some prospect of retaining health, but were compelled to give up the notion.

The consulate is on the water's edge and well open to the S. W. monsoon; and if the five or six neighbouring hongs were occupied as mercantile establishments, buildings or a pier extended to low water mark, the whole properly enclosed and drained, such a "quarter" might then be suitable for the foreign community, though it would still be much confined.

But as such improvement must involve the [ ] of much valuable property as well as many other considerations, (one which is the time necessary for effecting them) it will be perhaps sufficient to state that I think the neighbourhood of the consulate capable of being made one of the best locations in the town of Amoy.

Though several spots beyond the outskirts of the town seem adapted for building they are at a very considerable distance from the consulate and custom house - much farther indeed than

Koolangsoo.

The only objection to residence in Koolangsoo is that the strait must be crossed; but this appears quite trifling when the other advantages are taken into view.

Charles A. Winchester M. D.
Consular Surgeon
Amoy Koolangsoo
11th Nov 1843

ⒸThe National Archives, Kew: FO 228/31.

Many meetings took place, between British and Qing officials, in which the question of foreign residence on Gulangyu was discussed. The following source is a report, written by the American missionary David Abeel, describing one of these meetings. It was attached to a letter dated 4th December 1843, sent from Henry Gribble, the British Consul at Xiamen, to Henry Pottinger. In the early years of the British presence in China, missionaries would often act as interpreters in meetings between Chinese and British officials, as they had a better knowledge of Chinese than many British officials did. In this source, Abeel gives his account of a meeting he had attended between Henry Gribble and a Qing official he describes as the "Hae Hong." During the meeting Gribble had proposed that Gulangyu, or a separate area on Xiamen island, be set apart as an area for foreign residence, that is, be leased as a whole to the British government. The Qing official had rejected this proposal. However, he had said that foreigners would be permitted to rent individual plots of land on Gulangyu, from Chinese landowners, and then to build residences on this land.①

就洋人聚居鼓浪屿的诸多问题,两国政府数次开会商讨。以下资料即美国传教士雅裨理(David Abeel)在一份报告中保存的几次会议记录,这份报告附在英国驻厦门领事纪里布(Henry Gribble)于1843年12月4日寄给璞鼎查的信中。英国人在中国活动的早期,传教士常常充当中英官员间会议的翻译,因为和大多数英国官员相比,他们更了解中国人。在报告中,作为与会者的雅裨理记录了纪里布和清军负责海防的同知的会议,会中纪里布提议将鼓浪屿或厦门本岛一片独立的区域划为外国人聚居地,也就是将之整体上租给英政府。清朝官员拒绝了这一提议,但是允许洋人向鼓浪屿的居民租用私人土地,并可在彼处修建房屋。

The Hae Hong in the conversation of this morning repeated that neither he nor any of the officers at Amoy could assign the island of Kolongsoo to foreigners for a perpetual residence.

---

① For more on the development of legal codes relating to land transactions involving foreigners in Xiamen, see: Yu Chen, Land, Title Deed, and Urban Transformation: Foreigners' Acquisition of Real Property in Xiamen (1841—1945), *Chinese Cities in Transition: The Next Generation of Urban Research*, 7-9 July, 2005, http://mumford.albany.edu/chinanet/events/past_conferences/shanghai2005/chenyu_ch.doc, accessed 27 January, 2015.

He was not unwilling to whisper his private opinion, that after the troops were withdrawn and the place restored to the Chinese, there would be no difficulty in obtaining the consent of the Emperor, to having it permanently occupied by foreigners...

He said we might follow our pleasure in renting a building - that the proprietors of the lands and houses would not be prevented from entering into engagements with us, and that when the Emperor knew that the people were willing to rent us their lands, he would certainly not withhold his consent. When asked whether the local officers were willing to allot a place (on the Amoy side) between the artillery grounds and the water including the hills or some of them, he replied that the graves could not be disturbed, that the ghosts of the departed would avenge the indignity in inflicting calamities upon the living...

Officially, he could only say that neither Kolongsoo nor the place below Amoy could be granted for foreign residences without petitioning the Governor. Privately, he saw no difficulty in getting [ ] former place, neither did he think it incurred much risk in laying out money in building under this expectation.

ⒸThe National Archives, Kew: FO 228/31.

Letter from William Young, 27 August 1846

By 1844 a number of foreign residences had been constructed on Gulangyu, including those of businessmen, missionaries and British consular officials. As the above sources indicate, Gulangyu was considered by foreigners to be a cleaner, more healthy place than the city of Xiamen. However, despite this impression, a number of the new arrivals to Gulangyu were soon experiencing health problems. The following letter was written in 1846 by William Young, a British missionary working for the London Missionary Society. Young had been living on Gulangyu, but in his letter he reports how he had recently left Xiamen and come to Hong Kong, on account of his wife's health. He writes of a "fever" that had afflicted all of the missionaries who had gone to live on Gulangyu. While the male missionaries had eventually recovered, the female missionaries had been worse affected. Out of a total of five female missionaries, three had died, and the other two had now left Xiamen.

用雅各的信:1846 年 8 月 27 日

时至1844年,鼓浪屿上建起了一批洋人居住区,住户包括商人、传教士和英国领事馆的官员。如上文资料显示,对洋人来说,鼓浪屿比厦门本岛更干净、更卫生。但是,尽管如此,相当多的鼓浪屿新居民还是很快就遭遇了健康问题。下面一封信写于1846年,是伦敦传道会(London Missionary Society)的英国传教士用雅各(William Young)所作。他曾居于鼓浪屿,在信中他谈到自己如何因为妻子的健康问题而离厦赴港。他写到一种"热病"曾折磨着所有在鼓浪屿上生活的传教士,而且当男性教士终于康复时,众多女性传教士却病情加重。在五位女传教士中,三位已去世,两位则离开厦门。

HongKong August 27th, 1846

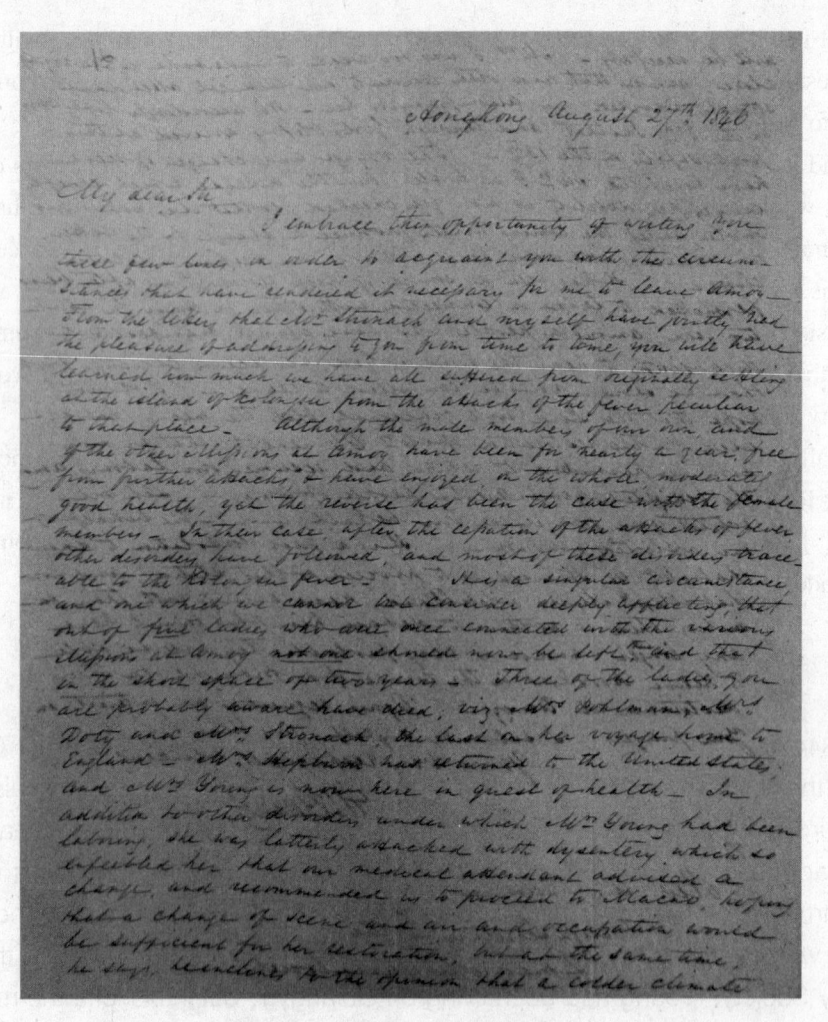

Page from William Young's letter.

My dear Sir,

I embrace this opportunity of writing you these few lines in order to acquaint you with the circumstances that have rendered it necessary for me to leave Amoy. From the letters that Mr Stronach and myself have jointly had the pleasure of addressing to you from time to time, you will have learned how much we have all suffered from originally settling at the island of Kolongsu from the attacks of the fever peculiar to that place. Although the male members of our own, and of the other missions at Amoy have been for nearly a year free from further attacks, and have enjoyed, on the whole, moderately good health, yet the worse has been the case with the female members. In their case, after the cessation of the attacks of fever, other disorders have followed, and most of these disorders traceable to the Kolongsu fever. This a singular circumstance, and one which we cannot but consider deeply afflicting, that out of five ladies who were once connected with the various missions at Amoy not one should now be left there, and that in the short space of two years. Three of the ladies, you are probably aware, have died, viz. Mrs Pohlman, Mrs Doty and Mrs Stronach, the last on her voyage home to

England. Mrs Hepburn has returned to the United States; and Mrs Young is now here in quest of health. In addition to other disorders under which Mrs Young had been labouring, she was latterly attacked with dysentery which so enfeebled her that our medical attendant advised a change, and recommended us to proceed to Macao, hoping that a change of scene and air and occupation would be sufficient for her restoration, but at the same time, he says, he inclines to the opinion that a colder climate will be necessary. Mrs Y was too weak to undertake a sea-voyage alone, and in that and other accounts our medical attendant strongly advised my accompanying her. We accordingly left Amoy on the 3rd instant, and through God's keeping arrived at this port safely on the 13th. The voyage and change of scene have benefitted Mrs Y a little, but the disease which chiefly caused her debility is not yet checked, so that it is not improbable, unless the coming winter produce a change for the better, our medical attendant here will urge our seeking a colder clime. It has been a source of deep upset to us after being permitted to labour in connection with others in Amoy for about two years, among a people who have always manifested a disposition to hear the word of God, and to receive Christian books, that we should now be compelled to leave. I fervently hope that the Lord will graciously bless the means that are used for the restoration of Mrs Y's health, that we may soon be permitted to return and resume our labours among the benighted yet interesting people of Amoy. Let me entreat your prayers on our behalf, and on the behalf of our afflicted mission... I subscribe myself, my dear Sir,

  Yours very respectfully and sincerely,
  Wm Young
  ©SOAS Library: CWM/LMS/16/02/01/044.

Medical and Surgical Journal of Her Majesty's Ship Iris for 1 Oct., 1844 to 2 Oct., 1845

  The next source provides a few more details regarding the illness that afflicted many of Gulangyu's first foreign residents. It is an extract from a journal written by R. Austin Baukier, who was a British Royal Navy surgeon. He travelled on board Her Majesty's Ship Iris, and his journal covers a period from 1 October 1844 - 2 October 1845, during which time his ship travelled between Hong Kong and Zhoushan, visiting various ports in between. The majority of his journal consists of reports of the medical cases he dealt with among the crew of the ship. But he also gives descriptions of the places he visited, including details of their climates and topographies. His account of Gulangyu contains a detailed discussion of the illnesses that had been afflicting its residents.

  Baukier writes that, starting in the summer of 1842, the British troops on Gulangyu had been affected by a type of fever, which had resulted in the deaths of a number of soldiers and officers. This fever continued to affect the soldiers up until the time they left Gulangyu, in 1845. It also affected other foreign residents, to the extent that, according to Baukier, by 1845 they had all left Gulangyu and moved to Xiamen island. After the soldiers had left Gulangyu, many Chinese residents returned, but they too became affected by this fever, and many died. Baukier notes that, prior to the arrival of the British, there were no reports of this type of illness on Gulangyu. He reasons that it was therefore caused by the occupation of the island by the British soldiers after 1841. The residents of Gulangyu, he notes, had previously farmed the land. They were forced to leave when the British arrived, and subsequently the crops in the fields were left to decay. Baukier suggests that it was the large volume of decaying vegetable matter that was the primary cause of the illness. In putting forward this explanation, Baukier was reasoning according to the miasma theory of disease. According to this theory, diseases were caused by miasma, or poisonous air, produced by decaying matter. However, this was a theory that would soon be displaced. During the second half of the nineteenth century, advances in medical science meant that doctors increasingly came to see disease as being caused not by miasma, but by germs. Nevertheless, the fever on Gulangyu seems to have subsided after 1845, and foreigners began again to settle there.

Baukier also provides a detailed and interesting description of the geography of Gulangyu. He describes the size and location of the island, and identifies its rock and soil types. He provides observations about the island's climate, and in particular gives detailed information about conditions during the monsoon seasons. Baukier also discusses the agriculture that had previously been practiced on Gulangyu, with rice and sweet potato being the main crops, and water being supplied by wells, of which many had been dug on the island. He also notes that there was evidence of many burials having taken place on Gulangyu in the past.

下一则资料详述了第一批定居鼓浪屿的外国居民饱受疾病折磨的状况,出自英国皇家海军(British Royal Navy)军医 R. 奥斯丁·博肯尔(R. Austin Baukier)的日记。这本日记记录的起止时间为 1844 年 10 月 1 日至 1845 年 10 月 1 日,这段时间他乘坐英国皇家海军舰艇爱莉丝号(Her Majesty's Ship Iris)正行驶在香港和舟山之间,考察两地间的港口。日记主要记录了船员的病例,同时介绍了所考察港口城市的气候及地形等特征。在讲述鼓浪屿时,他就详细介绍了当地病人的病情。

博肯尔写道:自 1842 年夏,驻扎在鼓浪屿的英军开始饱受一种热病的折磨,大量士兵和军官因此死去,这一状况直至 1845 年军队撤离鼓浪屿才结束。同时,据博肯尔所言,居住在鼓浪屿的其他外国人也没能逃过此劫,而且疾病之严重程度致使他们到 1845 年全部从鼓浪屿撤往厦门本岛。英国军队撤离后,大批中国居民重回鼓浪屿,但他们同样染上疾病,并大量死去。博肯尔注意到,在英国人到达鼓浪屿之前,没有这种疾病的报告,据此他推论病毒是由 1841 年英国士兵到达鼓浪屿后才产生的。他留意到鼓浪屿原有居民以务农为生,英国人到达后,他们被迫离开,尚未收割的庄稼任其烂在田中。他认为大批腐烂蔬菜正是疫病的最初来源,他进一步用瘴气理论来论证自己的推断。他的理论是:腐烂物产生瘴气或有毒气体,瘴气和有毒气体带来疾病。但是这是一种马上就面临被否定的理论,19 世纪后半期,医学领域新的研究成果使医生逐渐认识到带来疾病的是病菌,而非瘴气。1845 年后,热病消退,洋人也再次回到鼓浪屿定居。

博肯尔饶有趣味地描述了鼓浪屿的地理。他提供了岛屿的大小、位置以及岩石、泥土等信息,此外还观察岛屿的气候,并特别详细记载了季风季节的天气。他谈到鼓浪屿原有的农业,发现其主要作物为稻米和马铃薯,淡水则来自岛内打的水井。他还关注到鼓浪屿很多残留的墓葬遗迹。

From the date of the late war-operations, and the occupation of Kulangsu (in August 1841), till the early part of 1845, the English troops, and European residents, lived chiefly on the island afore named; but, since the early part of 1845, all the foreign residents have lived on the island of Amoy.

From the above month in 1841, till June, 1842, Kulangsu [ ] very healthy to our people, but in the summer of the latter year, remittent fever, of a malignant nature, appeared among the troops, had occasioned the death of several officers and men of the detachment of Her Majesty's 18th

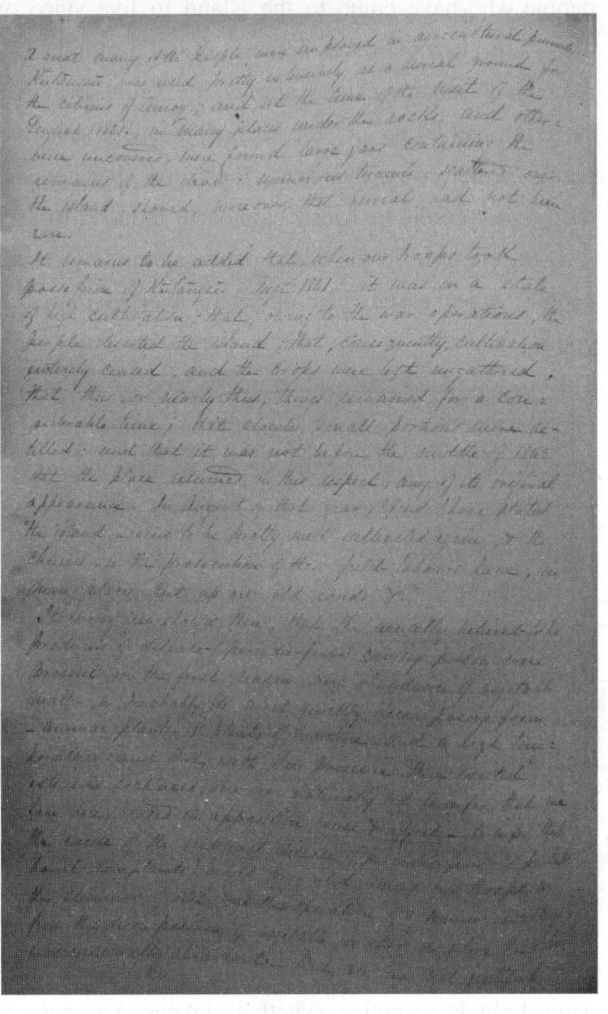

Page from Baukier's journal.

Regiment, there stationed. Decrease in sickness took place in the end of the year. In 1843, however, and in 1844, and in the portion of 1845 in which the troops remained on the island, fever continued to be a common disease: in fact, very few who resided for three or four months on the island escaped the disease: but the pyrexia gradually changed its characters, and, in place of being malignant, it, eventually, caused but little mortality - it lost its urgent, low remittent form, and made a transition, through a not severe remittent, to an intermittent type, the last being the chief form of disease met with in 1844, and in the early part of 1845, down to the time when, indeed, the troops left the locality.

When the British force was withdrawn from Kulangsu (March 1845) many families returned to occupy the long deserted dwellings, and to cultivate the soil; and seventy men were sent over from Amoy, by the local authorities, to take charge of the island. A low form of fever broke out among those people, soon after their arrival, and proved very fatal. Making inquiry into the subject at the end of July, I find I have thus noted the state of things. "Of 400 people who have come to the island to live since our troops evacuated it, one hundred have died; i.e. in a period of between 4 and 5 months". And, again, in September (14th), "there is not now much sickness among the Chinese at Amoy; but on Kulangsu the people are still suffering and dying"; "the seventy keepers sent over to look after the houses, etc, died to a man; 70 more were then sent; they, too, became sickly, from fever, and almost all died. Now the poorest coolie in Amoy cannot be induced to accept the office of keeper"...

In reference to the cause of the sickness [ ] spoken of, it may be stated that the common people, when asked their opinion, averred that it was to be attributed to the "wrath of the gods", and that in this belief, they were daily making propitiatory offerings to their deities. The mandarins, again, when questioned as to the source of the malady, gave it as their opinion that it was owing to the "[ ]below, and the heat alone." In respect of treatment, the Chinese, we were told, exhibited the desire to have the advice of European physicians; and the native practitioners prescribed for the afflicted, it was said, chiefly raw vegetables, as cucumbers, turnips, etc...

But, notwithstanding the amount and nature of the problems which it has been shown took place between the years 1841 and 1845, the belief seems to be pretty generally entertained that Kulangsu is not naturally a sickly place, and the Chinese aver that the island was not unhealthy previously to the arrival of the British troops. The coincidence of it may be remarked, that the wealthier Chinese of Amoy used to reside on Kulangsu during the hot months of the year, before the visit of our people in 1841; and that, after the occupation of the island by the English forces, the Chinese merchants, and others who could afford time from their business, used, in summer, and while there was a prevalence of disease in the city of Amoy, to visit Kulangsu, wander about in the [ ] during the hottest time of the day, and return to Amoy in the evening.

The fact of the existence of the afore-noticed sickness being [ ], and the circumstance being brought to notice that that sickness has been exceptional, in the sanatory history of the island, one naturally turns to make inquiry as to the physical geography of the place, and becomes desirous of ascertaining whether or not any change in its state, either naturally or artificially induced, has occurred.

When first approached, the island does not, certainly, strike a stranger as being a locality likely to engender, and give out, the cause of periodic fever; but, on examination, appearances are found to change, and one is soon convinced that there are many places in the island in which disease-begetting agency, according to the commonly-perceived ideas respecting the origin of miasma, may originate.

Kulangsu is situated nearly at the top of a deep bay which presents in the mainland of China, on the Fukien coast. The latitude of the island is 24°, 31°, N, and the longitude 118°, 3°, 38° E. It is separated from the island of Amoy, on the east side, by a passage not half a mile in width, and several small islands lie in nearly the same proximity on the north and west sides. The tides here are high, and the beaches, consequently, are washed by rapidly running waters. The island is of an irregular, [ ] oblong shape; the longest diameter being about a mile and a half east and west, and the greatest breadth being about three quarters of a mile. The surface is very uneven, and, large masses of black rocks, rising here and there on the summits of the elevations give to the outline a peculiarly rough, and uninviting appearance, in some views of the place. These rocks are granitic and for the most part of a moderately close structure; the rock of the whole island, indeed, is granatic; but in the lower grounds the stone has become much disintegrated, and is readily fractured; or it has decayed so far as to form a coarse, dry soil; or, again, where vegetable matter has become sparingly mixed with it, a finer sandy soil, often of reddish hue, which colour the action of the air on the iron of the felspar soon produces, apparently, in this part of China. In the level grounds, those [ ] but little above the level of the sea, the soil is of a dirty grey colour, with, in many places, chiefly in paddy fields, a considerable amount of black mould, apparently abounding in humus.

In the upper grounds (the highest part of the island being of not greater elevation than 280 feet) in patches between the rocks [ ], the Chinese, previously to the advent of the English forces, cultivated the sweet potato, but the greatest part was overgrown with grass, artemisia, etc., and in the lower ground, wherever the smallest flat offered the opportunity of retaining water, paddy was cultivated. In the level grounds, again, all the fields were devoted to the production of rice. For the growth of paddy, in a small island where no water-courses exist, much labour was, of course, requisite to supply the necessary amount of water; but that labour was not spared, for, in every paddy field, wells, often deeply dug, and not infrequently to the number of three or four in a field of less than half an acre in extent [ ], from which that fluid was abundantly supplied by means of draw-buckets, etc.

Around many of the houses, those chiefly of the more wealthy people, large, very good shade-giving trees (generally a species of ficus) have been grown; but very few trees exist elsewhere on the island.

The southerly monsoon sets-in in the month of April. When established, sea-breezes generally occur daily. They begin to blow at 10 or 11 am, and continue throughout the rest of the day, often to the early part of the night, and sometimes, indeed, all night. The wind is the south-east; but it often veers from that point to S. S. West. May, June and July are rainy months, and then heavy squalls not infrequently occur; but the typhoons which rage so violently and destructively in more southern parts of China are said not to be experienced in Amoy. In the northerly monsoon, again, which commences in September, the wind is generally from NE or N; but often vaccilates, and, occasionally, shifts to the southern parts of the compass: these follow north east squalls: gales with fine, dry weather (a rising and high barometer), also take place at this time.

In respect of hygrometrical state, the climate is spoken of as being damp; and of this there is certainly evidence, at times, in the amount of mould which collects, and that quickly, on leather, etc., in the rapid oxydation of iron, and in the dampness of all things. The temperature of the atmosphere, in the south-west monsoon is high, especially in the months of June, July and August, in which it ranges from 84° to 90°, of fahrenheit, in the shade, by day, and seldom falls below 80° by night. In the months of the north-east monsoon, the themometer ranges between 50° and 66° by day, and only occasionally falls below 50° by night.

When the island was taken by the English, the population must have been considerable, but the number of inhabitants which it contained, it would appear, is not well known. I have heard the number estimated from 1800 to 10,000! A great many of the people were employed in agricultural pursuits. Kulangsu was used pretty extensively as a burial ground for the citizens of Amoy; and, at the time of the visits of the English (1841), in many places under the rocks, and otherwise uncovered, were found large jars containing the remains of the dead: numerous tunnels, scattered over the island, showed, moreover, that burials had not been rare.

It remains to be added that, when our troops took possession of Kulangsu (August 1841) it was in a state of high cultivation; that, owing to the war-operations, the people deserted the island; that, consequently, cultivation entirely ceased, and the crops were left ungathered; that thus, or nearly thus, things remained for a considerable time; that, slowly, small portions were re-tilled; and that it was not before the middle of 1845 that the place resumed, in this respect, any of its original appearance. In August of that year, I find I have stated, "the island seems to be pretty well cultivated again, and the Chinese, in the prosecution of their field-labours have, in many places, cut up our old roads, etc."

It having been shown, then, that the usually believed-to-be producers of disease-(periodic-fever-) causing poison were present in the first season, viz: abundance of vegetable matter, in, probably, its most quickly-decomposing form - annual plants - ; plenty of moisture, and a high temperature: and that, with their presence, there existed extensive sickness, one is naturally led to infer that we have here placed in opposition cause and effect - to infer that the cause of the endemical disease (periodic-fever, and perhaps bowel-complaints), which prevailed among our troops in the summer of 1842, was the operation of a miasma resulting from the decomposition of vegetable matter in which the island was unnaturally abundant. But, are we not justified in making further induction, by admitting that the progressive decrease in severity of the disease which took place in the following years (1843 and 1844), resulted from the gradual decrease of the materies morbi, by exhaustion of its source? And, further, do the facts above-given not render it highly probable that the remarkable prevalence of the malignant fever, which presented among the Chinese in 1845, was caused by the exposure, in re-tilling the ground, of a new surface of soil, that soil containing disease-causing matter which was, by that process of tilling, allowed to escape?

By thus reasoning, then, one is led to suppose it might have been in the nature of things that, had the cultivation of the island been prosecuted - had it been agreeable to the measures being carried out during the war-operations to have encouraged the Chinese, or if the Chinese could have been induced (perhaps a matter not easily to be accomplished at the time) to return and carry on the cultivation (including, of course, all the operations of agriculture) - the sickness which took place would have been in part prevented, or that it would have been of a milder character than it assumed. How far it would be preferable, in such instances, to establish complete drainage, it is not attempted to make reference to; but to keep such things in view in unknown countries, and, indeed, in known countries, in times of war cannot, at all events, be foreign to the medical man's province.

ⒸThe National Archives, Kew: ADM 101/105/2.

Medical and Surgical Journal of HMS Rinaldo for 1 January to 31 December 1871

In 1851 the Qing government granted the British government a piece of land on Xiamen island, located along the shore, opposite Gulangyu. This was known as the British Concession in Xiamen, and it became the main location for British business activity, containing the offices, warehouses and wharves of a number of companies.① However, Gulangyu remained the preferred place of residence for most foreigners. This final source, the journal of another British Royal Navy surgeon, was written 26 years after the journal displayed above. During a visit to Xiamen, the surgeon, John Buckley, gives his impression of the city. As in many of the sources above, he describes the city as being an unhealthy place. In particular, he notes two unfavourable features: first, that it is built only just above the level of the high tide; and second, that it is situated below high, granite hills, which, he asserts, would refract the summer heat and produce higher temperatures in the city. The foreign settlement on Gulangyu, according to Buckley, is free of these and other problems.

1851年，清政府将厦门本岛上与鼓浪屿隔海相望的一片区域划给英国政府，这就是在厦门的英租界，此处成为英国人主要的商务活动场所，大批公司在此建有办公室、仓库和码头。然而，鼓浪屿仍然是大量外国人安居时的首选地。最后这份资料来自另一位英国皇家海军军医的日记，这份日记的写作时间比上文中的日记晚了26年。这位名为约翰·巴克利的医生在参观厦门时谈到了他对这一城市的印象。和上文众多资料类似，他也将厦门描述为一个不卫生的地方，其中他特别注意到两个令人不快的特点：其一，这座城市修建的地点过低，也就刚刚高过海潮高潮触及的地方。其二，它修建时依傍由花岗岩构成的高山，这使夏日热气难以散开，从而使城市更加炎热。而住在鼓浪屿的居民则不受这些问题所扰。

Amoy is the most pleasing of the southern ports, without the rapid changes of temperature which are experienced further north. The heat continues longer, but it is tempered by the sea breeze to which the outer anchorage is freely exposed. During our stay, the air was clear and bracing, making woolen clothing necessary. The native city is said to be the dirtiest in the empire and after a short visit, I came away quite of that opinion. The European settlement, built on the island of Kulangsu is quite free from the abominations that abound in the East. The native town is built only a few feet above high water mark, with high barren hills in the rear -

---

① For more on the development of the the British Concession in Xiamen, see: Yu Chen, The Making of a Bund in China: The British Concession in Xiamen (1852—1930), *Journal of Asian Architecture and Building Engineering*, 2008, Vol. 7, No. 1, pp. 31～38.

immense granite boulders abound everywhere which must, during the summer, prove powerful refractors of heat.

ⒸThe National Archives, Kew: ADM 101/185/4.

It can be seen, then, that it was primarily the quest to find a clean and healthy place to live that led to foreigners choosing to settle on Gulangyu. Buckley's comments show that cities in China were considered, in general, by Europeans and Americans, to be unhealthy places, but that Xiamen was viewed as being particularly bad. Gulangyu provided a space that was near to the city and the harbour, but also separate from it. Here, Xiamen's new foreign residents could set about creating a living environment that was more acceptable to them.

由此可见，寻找一片干净、健康的乐土安居的初衷使洋人最终选择了鼓浪屿。通过巴克利的评论我们可知，对欧洲人和美国人来说，当时的中国城市普遍不够卫生，而厦门尤甚。鼓浪屿正好是一块靠近城市和海港，同时又与其分离的土地。在这里，来厦的外国新居民可以动手开创一片让自己更易接受的新生活环境。

由鼓浪屿走向世界
——以 19 世纪以来白氏家族的海洋发展为例

王日根　余　丰*

【摘要】 白氏约于19世纪初自安溪移民厦门鼓浪屿,虽因为时势变迁历经曲折,但终于在厦门拓展出一片新的天地。白氏家族进入厦门鼓浪屿以来,历经四代,才发展成较多人口的大家族。但尽管如此,该家族通过向海洋发展,走过了女性持家、海外经商、信仰变更及回乡守业等历程,由中可见处于近代社会转型期的移民小家庭在融入厦门地方社会,并进行海外拓展的一般状况,亦可看出厦门城市发展与海洋开拓、移民融入之间的密切关系。

【关键词】 厦门白氏　女性　经商　教育　信仰

厦门是闽南的海疆一隅之地,人口的进出向来频繁,时有波动。早在唐代就有不少外地移民迁至厦门,而最早有文字记载的出国华侨是元末同安明盛乡安仁里新安村的邱毛德。[①]明清时代,移民流动更甚,厦门白氏可谓其中一个代表性的迁移性家族。白氏家族在元末居于同安,其中一支于明代迁居安溪,又一支于清末移居厦门,其后历经五代人的辛勤耕耘,在厦门及海外开创出一片天地。白氏也成为闽南移民融入厦门地方社会并进行海外拓展的一个缩影。本文拟从白氏家族入手,通过追溯其家族演迁史来探究近现代厦门社会转型时期的社会变迁状况。从其先辈"葬在厦门风动花园,内附祖妣朱氏右侧"的记载看:白氏在厦门的发展与鼓浪屿提供的自然条件密切相关。

一、白氏流移迁徙史

据《白氏尚贤堂家谱》[②]记载,厦门白氏先人移自北方,初居同安,后迁安溪。白氏十八世传至白嘉祥,其"生平亦官亦商,踪迹遍南北",晚岁回厦虔修家谱。白氏自安溪迁厦,至修谱时入厦已历五世。自白嘉祥上溯,开厦第一世为高祖妣朱氏,"盖避强房之欺侮,甘弃家业而自食其力"。第二世为其曾祖天旺公,"克承母志,不与乡人争田产"。第三世祖光明公,则"以自谋生计为重",年轻时渡台经商,晚年回厦门择营谷米为生。第四世为嘉祥之父知德公,曾"以其乡间田园契据当天焚香,付之一炬。盖以田园久被族亲耕占,若留字据,转

---

* 王日根:厦门大学人文学院　福建　厦门　361005

　余丰:厦门城市职业学院　福建　厦门　361005

① 郭瑞明编著:《厦门侨乡》,鹭江出版社1998年版,第18页。

② 以下简称《白谱》,白贵琳(嘉祥)著,1939年。

使儿孙失其意志而事诉讼",家谱大赞其雅量与远见。嘉祥母亲李氏早孀,"家贫,以十指自给",其"教子理家之道,皆不让丈夫子"。凡此种种,造就了以后嘉祥辛勤经商,努力建设家业的精神。①

据家谱记载,白氏入闽始祖为白兴,逸宇为其第三子。至于白氏始自何枝,"闻族本河南固始县,迁移江西乌衣巷。迨兴公尚德,公兄弟官宦银同,此乃宇公之根也。惜清溪大谱上节未载,不敢深信,用誌以待后代考续"②。与大部分闽南家谱相似,白氏家族也有迁自河南固始一说,不过因前代大谱未载,对此未加肯定。故该谱记录多着重入厦以后之事。

白氏入闽初居同安,"同安之从顺里三都二图,土名小窑头,有白氏旧第在真武宫之侧,至今遗址尚在……初不解其出于何朝,传于何世……洪武戊甲(申)元年(1368)起至戊寅三十一年(1398)止,乃有白讳兴者娶江安女谥慈懿,膺乡荐为同安开乡科之首,任南京国子肋教"。谱载逸宇生于元朝顺帝至正甲辰年(1364),卒于明朝宣宗宣德戊申年(1428)。③

可见白氏元末居同安,后在明代有以白应顺(逸宇)为首的一支至安溪开基。与逸宇公同代者,共三男,长为应荀,"绍父业,怀土而居,苗裔盛流"。次为应和,"于永乐戊戌科登进士第,任广州琼州府安定县知县,既而旅寓京畿"。三即应顺公,字世厚,号逸宇,为银同洪武丙子科开科举人,"于永乐二十二年甲辰(1424)筚路蓝缕,挈二子以赴清溪,卜地依仁里之福海后林,披荆棘而居,辟草策而田,建置基业……"由此逸宇开宗安溪,被永祀为厦门白氏鼻祖。其"入安溪时年三十九岁",生二子,"首长生,号温泉;次长逊,号华泉,从游清溪,居福海后林"。后"华泉迁居于南安二十八都黄岑,而温泉公终不欲远离梓里而弃父母坟茔也,乃徙宅于华封之上而居之"。因"前有汤池,不火而热,人咸浴之",故长生以温泉为号。④

白氏三世及其后繁衍情况如下,温泉公以下"幸生五子……则曰月溪、柳溪、碧溪、雪溪、少溪也"⑤。由此,白氏家中人丁有所增加。

白氏发展至十五世,有了一决定性迁移。其十五世祖天旺公,为朱氏第三子。生于嘉庆十年丙寅,卒于同治六年丁卯(1805—1867),"葬在厦门风动花园,内附祖妣朱氏右侧"。从葬地来看,当时白氏已迁居厦门多年。其移厦原因在于"在乡被强房欺侮,放弃田园,随母朱氏移厦,遂以裁缝兼售衣服为业"⑥。根据天旺公之生卒日,加之十四世祖妣朱氏亦葬在同一地点,距嘉祥修谱已有97年,由此可知白氏移居厦门在修谱一世纪前是可信的。若以朱氏为移厦一世祖,则天旺为移厦二世祖。这时厦门已经历了从传统渔村向近代通商口岸的转变,白氏当是随迁厦之大流而进入厦门的。

进入厦门的目的当然是经济性的,厦门的农业发展环境显然并不如意,因此多数人当怀有经商而富的心理期求。谱中又言天旺公娶曾氏讳发娘谥添恭,生于嘉庆二十二年丁丑,卒于道光二十七年丁未(1817—1847),"葬在厦门外清保小石泉山麓。因光明公渡台湾经营,归而寻之,沧海桑田,更认不出,殊为憾事也"⑦。十六世光明,号烛明,生于道光十六年丙

---

① 《白谱·闽侯伯瑚为白氏尚贤堂家谱跋》。
② 《白谱》序。
③ 《白谱》。
④ 《白谱·二世祖温泉公传》。
⑤ 《白谱》。
⑥ 《白谱》。
⑦ 《白谱》。

申,卒于光绪十一年乙酉(1836—1885),为天旺公之单传。"金地在厦门外清小石泉……"谱载光明承父业,"有远志,早岁渡台湾经营茶业,稍有积蓄归厦经营谷类土产为业"①。可见,白氏第十六世明于嘉道年间就已在台湾经商,后又回厦门继续经营。

至十七世祖,"讳知德,号圻廷,为光明公之子",亦单传。"生于清同治三年甲子,卒于光绪十九年癸巳(1864—1893),葬在厦门潘宅乡……娶李氏讳珠凤,号如意,谥慈俭。南安莲河郭任乡李千公长女也。生于清咸丰十一年辛酉(1861),卒于民国四年乙卯。"②

至十八世祖"讳贵琳,字嘉祥,号锡璜",知德公之长子,即修谱的嘉祥本人,生于光绪十三年丁亥(1887年),娶张氏,"讳昭治,号晓理,厦门曾厝垵张宽裕公之长女也。生于光绪十五年(1889年)己丑,卒于民国二十三年甲戌。"除张氏外,嘉祥另娶有庶妣周氏及陈氏,并收养有一女,③且人丁有所增加。

二、形成重商的传统

以编撰家谱的白贵琳(字嘉祥)为例,其"少孤,露而能继书香,于事业亦有所发展,且执闽南商界学界之牛耳,于海外多所建树,创开后辈货殖之基……计自其高祖妣迁厦以来,所积之德为四世,计时则为一百零年"④。

白氏虽然自其十六世祖光明公起就已渡台湾经营茶业,但真正达到家中的小康殷实程度,还得从嘉祥算起。自嘉祥海外经商以来,家业渐渐发达。白氏前几代均无纳妾的记载,但自嘉祥起,除正妻张氏昭治外,还先后纳有周笑及陈素梅为妾。这也足见当时白氏家业日丰的景况。嘉祥晚年回厦,在安度之余编修家谱,同时也教育后辈经商,"幸长男昭生善能承志,妙年出洋,在菲(律宾)即有所建树。次男昭仁半商半读,皆能不越规矩"⑤。而长子白昭生还娶了鼓浪屿岩仔脚的菲律宾侨商陈文良的四女儿为妻。

从厦门的社会经济发展状况来看,清末至民国时白氏海外经商的发展,依托的正是清末以来厦门地区对东南亚贸易的大背景。据统计,自厦门开埠至1949年的百余年中,经厦门出境的移民累计360余万人,入境回国110余万人,除少数死于途中的,留居国外的约为150万人。大部分侨民将其在侨居地辛勤积聚的钱财寄回国内。而这些钱财大部分由厦门中转,促进了以侨汇为支柱的厦门金融业的发展。据不完全统计,自光绪三十一年(1905年)至1949年,厦门吸纳的侨汇总数约为5.8亿美元。⑥

辛亥革命以后,厦门的对外贸易仍保持良好势头。民国十五年至二十四年(1915—

---

① 《白谱》。
② 《白谱》。
③ 白嘉祥养女豆蒲,即长女碧华。《十八世祖妣张氏讳昭治谥晓理传》记载,张氏昭治归贵琳公后,"越年生男,三日而夭,产后得虚忡(肿?)疾,而贵琳公负笈在申"。张氏"自揣不复相见。嗣得良医投计温补,始渐告痊。因蓄养女豆蒲,藉以慰寂(藉)"。
④ 《白谱·闽侯如弟唐伯瑚谨跋》。
⑤ 《白谱·十八世祖妣张氏讳昭治谥晓理传》。
⑥ 厦门市地方志编纂委员会:《厦门市志》,方志出版社2004年版,第6页。

1935),厦门进出口贸易均处于入超状态,每年入超数在29162千元至67257千元间不等。①对于入超,只有通过大量的侨汇来加以解决。据统计,厦门每年由海外寄回的款额少则两三千万,多则六七千万。② 正是由于这些侨汇的支撑,才弥补了入超的不平衡,促进并繁荣了侨乡厦门的发展。自民国十八年至二十年(1929—1931)间,厦门人口增加,经济繁荣,对外贸易达到空前兴盛。据雷麦(C. F. Remer)20世纪30年代在厦门乡村的调查,在约100户的一村中,除两户外均有家人侨居菲律宾。村中学校校董半数以上是菲侨,学校基金均由菲寄来。由此,雷麦断定厦门整个城市的经济命脉完全寄托于侨汇之上。③ 白氏在台湾及菲律宾的经商,也正是闽南商人海外经商洪流中的一粟。

白氏自十五世天旺随母朱氏移厦以来,就以裁缝兼售衣服为业;自十六世祖光明公渡台经商,则开始了飘洋过海的行商经历;但真正形成重商传统,恐怕还得由嘉祥算起。由于多年致力于海外经商,嘉祥决心将这一传统延续下去,为教儿孙不忘祖业,他详列了一份经商致富指南,即《指导后辈学业与工艺说》。

嘉祥认为,学业与工艺"实为人生生活竞存之要素",由于嘉祥曾就读于上海铁路学堂工程科,他尤其强调科技,如陆军、海军、航空、政治、法政、航海、水产、船政、医药、农林、工业、矿务、工程、交通、税务、盐政、机械等学科,也列举了师范、美术等文科学校;但总体上更注重会计科、理化科、经济学等学问。

对于资质平庸的后辈,嘉祥反对让其游手好闲,力主在其高小或初中时于工商农贾之中授以一艺,且未竟时不许其归家吃喝。力求子弟忠诚、勤劳、不贪、不欺,无论利益,但求艺术前途。同时要求父母加以督训,因溺爱非爱子。为此,嘉祥罗列了各类工艺以供参考。比如:"酿酒,可望建立酒业;齿科,可望设立牙科;修理钟表,可望开设钟表店;打造首饰,可望开设金仔店;缝织,可望开设诸项缝织业;木器,可望开设木器业;账簿工,可望开设纸店;排铅字工,可望开设印刷所;做鞋工,可望开设鞋店;打铁工,可望开设铁工业;理发工,可望开设理发店;造酱工,可望开设酱油业;耕农,可望成为田主;讨渔,以海作田亦大有利;做土工,可望成为建筑家;玻璃工,可望建设玻璃业;纸盒工,可望设立纸盒业;西医学徒,可望开设西药房。"④凡此种种,目的在于勉励后辈以维持生计。嘉祥从自身多年经商经验出发,将各行业一一详述,大至选取生计行业,小到如何记录账目、待人接物等,其爱护后代、渴望家族光大的拳拳之心可见一斑。

三、女性主导家庭权

从白氏的发展来看,自开厦之十五世祖天旺随母朱水娘至厦以来,其家中女性多吃苦耐

---

① 转引自李金明:《厦门海外交通》,鹭江出版社1996年版,第114页。
② 李金明:《厦门海外交通》,鹭江出版社1996年版,第115页。
③ 雷麦:《外人在华投资》,商务印书馆1959年版,第132页、140页。又据《厦门市志》记载,光绪六年(1880年),在厦洋行为24家,同期还有183家中国人经营的批发商行,其中"15家从事与菲律宾群岛的贸易,……40家从事与台湾的贸易"。除此之外,还有大量商店从事零售业务。参见厦门市地方志编纂委员会:《厦门市志》,方志出版社2004年版,第4~5页。
④ 以上均参见《白谱·指导后辈学业与工艺说》。

劳,富有技能,在家中能独当一面。十四世祖妣朱氏水娘生于乾隆四十年(1775),卒于道光二十三年(1843),因不堪强房欺侮而放弃田宅移居厦门。由今看来,朱氏当时不过是一妇道人家,但却勇敢地带着第三子从清溪出走,并以裁剪为生。其移厦在嘉庆初年前后。但长子天恩、次子天祠则留在安溪,后嗣均无记载。从此白氏从天旺起,则与清溪断了联系。

其后,又如十七世祖妣李氏珠凤,其夫知德公早逝,子女尚幼,故自"治理丧事之余,则以十指之所得,供一家之衣食。夜则课儿至更阑方就寝"。其子贵琳公(嘉祥)九岁之除夕,珠凤诏曰,"儿曹十岁前易蓄,十岁后难养,来年儿等当更励志"。由是,贵琳公每晚放学后,必帮助母亲敷纸箔。李氏肩挑养育三个子女的任务,后又教育两位儿媳,临终前"所有家谱皆由妣(珠凤)口述"。一般而言,作为一家香火传递、维持家族精神纽带的家谱,多为家族男性所书写与专属。而白氏家谱因特殊原因由女子(媳妇)所写,不能不说是一大突破。李氏珠凤虽为女性,仍继承了中国传统的香火命脉的观念,故而在临终前将白氏来由一一叙述,让子孙得以承继传扬。观其一生,对白氏家族可谓鞠躬尽瘁。

至于白氏十八世妣张氏昭治,十八岁嫁贵琳公嘉祥。其"性慈祥,耐劳苦,精于刺绣"。由于"是时贵琳公学业未毕,家道素贫,一家生活所赖者,只女红耳"。正是张氏的女红手艺,家中生计得以维持。以后,张氏生儿养女,除长女豆蒲(碧华)为蓄养之外,先后生下女碧燕,男昭生、昭仁、昭赞。嘉祥毕业后先是在漳厦铁路公司当站长,后因家中人丁加增脱离路局,经营新民书社,家中又添男昭庆及女碧云。白氏在这一代人丁发展较为兴旺。

比之众多其他家谱多乏对女性的记载,《白氏尚贤堂家谱》可谓一大突破。不仅少有一般谱牒"娶某氏"之类的简单记载,更有不少家族女性传记,如《十七世祖妣讳珠凤谥慈俭传》,《十八世祖妣张氏讳昭治谥晓理传》,这当然与白氏第一代移厦的李氏珠凤有关。同时,白氏历代媳妇多自立持家,这也充分显示出白家女性不卑不亢的性格。至近代以来,白氏家族的女性还受到新式的学校教育,如嘉祥长子昭生之妻陈掌珠就曾受过高中教育。这也与清末民初社会的发展,本地人民生活日渐富裕以及外来思潮的影响大有关系。

四、融合基督与儒学

嘉祥经商海外之时,获得了思想的洗礼,接受了西来的基督信仰。不过,这种转变经历了一个曲折的过程。闽南一地,自古以来多以佛、道等信仰为盛。白氏开厦以来,家中也是以传统信仰为主。如前所述,嘉祥少时家贫,每晚放学后必助母亲"敷纸箔",纸箔为闽南人常用之敬鬼神用品。对比谱中另一记载,即十九世昭生"年十九,与陈文良君女公子联婚……订聘之日,妣焚香告庙,整衣祷祝,以重其事"。按昭生生于民国三年(1914)六月,其十九岁联婚时则为1933年。由此可知白氏在1933年时仍以传统的信仰礼俗为重,并未归向基督。不过六年之后,1939年嘉祥已决心作出大的改变。尽管家谱没有明言,但考虑到他在1934年丧妻,加之多年的海外游历,世间风雨的冲刷、社会的变革,都有可能导致其思想变更。

嘉祥在《建庙祀祖说》中言,"今海禁大开,思潮锐进,非可徒守习俗、不辨是非……",鉴于此,"惟有革神怪之旧习,迎耶教之新约为我子孙世世相崇之教,改造家庭新精神,进入和谐快乐之阶级,医治胆缩志萎,为国族文明之发扬。是故毅然决然由我开始崇奉上帝耶教新约"。可见嘉祥认为海禁的废弛有助于国家革新;而改信耶稣信仰,则有益于家族更新及医治国家的颓势。不仅如此,嘉祥还号召家族全体成员共信耶稣,强调一神观念,"此外别无他神,弃木偶、重家谱"①。谱中虽未言明白氏是否举家信主,但从白嘉祥这段叙述来看,因一家之长的信主,整个家风均可能改变。

嘉祥在"弃木偶"的同时也"重家谱",在祖先忌辰时仍集结亲族进行纪念。家谱规定,"庙龛只挂血统系表、族众生婚大谱、劳绩记录等书类之物。庙堂大厅布置如讲厅,然或议会体式,绝不可设立木偶。"这与圣经中"不可拜偶像"的戒律相符合。而"举长贤有为之辈数人,主持该庙春秋祭礼",既遵循圣经又符合中国传统的尊老习俗,"主席一人端衣服,捧读家谱,纪念祖先,勉励后进,祈祷上帝,吟诗读经,祝福族众","礼毕会餐,面食茶果足矣,万不可有筵席之设。踏青扫墓,仍照旧制。惟不设香纸之例。至于人生百年大事,一秉耶教礼仪,绝对除俗。凡我族派,务履余言,遵之愚之……"清明之际,香纸去除,但崇祖活动照旧;果茶之设,除去筵席靡费,体现了新传统的节俭与务实;在缅怀先人之时,进一步勉励后辈,祈祷上帝。这种对偶像的革除,对传统的改造,的确很大胆、很新锐,充分体现了作为家长的嘉祥的魄力与创新。此外,要求"发达之裔孙务须尽力,献与家庙……管理组织尤要严密,一年布告一次,改选一次"②,都充分体现了新风尚。因此,信仰的变更并不等于忘记祖宗,"建立家庙,继奉祖宗,自天子以迨官师莫不有庙礼之制也……用特书此,留为有志儿孙之继起"③。在嘉祥看来,尊祖敬宗仍不失为中国人的传统美德。从白氏对家族传统的改造中,可见基督教信仰自1840年传入厦门以来,在20世纪30年代末的影响已是非常深厚。只要知道中国人对几千年来的传统的固守,就明白对这一习俗的改造需要多大的勇气了。

白氏信仰的发展变化,是与时移世易同步的。是不是嘉祥早年受到同文书院及铁路学堂教育,以后历经公职、经营书社以及海外经商,加之亲人变故等经历,一步步将其导入基督的信仰?白氏在此虽未详言,但仍可看出些端倪。不过,白氏信仰之重点在于新约,并未提旧约。因此,其信仰转变过程中仍有不少待考之处。

五、重视新式的教育

嘉祥认为"小学教育为国民教育之基本",故父母"切须注重儿孙小学教育,采择学校,约束简朴,粗食布衣,勤苦历励。切不可滥与滥用"。此外,还详细规定家中子弟"七岁至十岁早间六时背念早书或练写,晚间七时至九时温习课本;十岁以上早间四时或五时须使背念早书或练写,晚间七时至九时温习课本"。如此,"则教育基本奠定于磐石之上,然后进入较高教育,就易领悟也"④。

对于教育,嘉祥认为"在于培育儿童体格之健康,陶冶其良好之品性……启发科学思想,养成忠、孝、仁、恕、信、义、诚、毅之美德"。不难看出,嘉祥还是以传统儒家的忠孝仁义

---

① 《白谱·建庙祀祖说》。
② 《白谱·建庙祀祖说》。
③ 《白谱》。
④ 《白谱·指导后辈学业与工艺说》。

为本,由此出发去培养后代。他认为如儿孙聪明可造就,则父母无论任何困难,须设法使其达至高深教育;如果父母没有尽力造就良好读书环境,则不可取。一方面,他强调父母督责的重要性,认为"过于姑息不免容纵太甚,反使为人子者放荡不羁";另一方面,也认为"过于苛求不免督责太甚,反使为人子者恐惧不前"①,因而强调父严母慈,合乎中庸之道。

典型的例子如白氏十七世姚李珠凤丧夫之后,以十指之所得,供一家之衣食。夜则课儿至更阑方就寝。嘉祥九岁之除夕受母亲教诲后越发努力,后"年十四岁即命入同文书院"②。二十岁学业略成,即为娶室。后与弟弟"同入上海商办铁路学堂工程科。女花篮入女校。孤儿孤女书香有继,又皆姚之功也"③。

就厦门的新式教育而言,自1842年以来基督教教牧人员就在当地建立了不少新式学校,涵盖了从幼儿园至大学的教育,其中就包括毓德女子小学及中学、怀仁女中、怀德幼师、田尾妇女福音学院等女校。由于基督教进入厦门带来的教会学校新式教育④,造就了一批中国近现代进程中的精英,如林语堂、林巧稚、马约翰等人。白氏自嘉祥起深受其影响,对其子弟教育大有影响。如其子十九世昭生"年方十六,即听其任学天津南开大学附中。嗣因九一八变起,(姚)始偕言得疾,召昭生返。越年,昭生又得转学香港拔萃高中第五级"⑤。至于嘉祥的亲家陈文良,同为在菲侨商,二人"交莫逆",其女"娉婷,素娴礼教,曾受高中教育"。两家联姻,不仅经济地位相当,且子女均受过新式教育,这也是联姻的原因之一。白氏族谱虽未言明其媳妇陈掌珠的就读学校,但相信也是当时厦门社会的开化风气及其父海外经商的经济条件所造就的。

结 论

从19世纪初至20世纪,正是厦门整个城市由传统走向现代发展的关键时期。白氏移居厦门之初,正是受到清朝限制、厦门对台对渡优势减弱之时;而后,嘉庆二十二年(1817年),清朝又禁止内地茶叶从厦门出口。即便在这种对外及对台贸易式微的情况下,白氏仍努力经营,至台经商。厦门开埠后,白氏更逐步向更远的菲律宾发展。时值厦门进行城市规划、实行各项公共事业建设之时。至民国初年,其子已在菲律宾继承经商事业,厦门的近代工业

---

① 《白谱·教子敬亲说》。
② 厦门同文书院为美国领事倡办,办理20多年,但负责经费的董事都是华侨,如华侨叶清池等人。厦门名儒周殿薰倡议收回书院,1925年改称为同文中学校。美国校长被辞退,周殿薰被公举为校长,生数骤增。参见 http://www.xmdaily.com.cn/csnn0409/ca292549.htm。
③ 《白谱·十七世姚讳珠凤谥慈俭传》。
④ 自清道光二十四年(1844年)在厦门创办英华男塾起至1946年止,教会人士在厦门创办了从幼儿园、小学、中学、幼师、职中至大学等各类教育事业;清光绪十一年(1885年),周殿薰被推举为厦门玉屏书院大董,主管其行政事务。清末科举被废后,厦门一时没有学堂,周殿薰即向玉屏董事提议,将书院公款和院址用于兴学。获准后,又假华侨王霭堂捐款,建官立厦门中学堂,是为厦门倡办中学之始。参见厦门市地方志编纂委员会:《厦门市志》,方志出版社2004年版,第3604页,以及 http://www.xmdaily.com.cn/csnn0409/ca292549.htm。
⑤ 《白谱·十七世姚讳珠凤谥慈俭传》。

也有所发展。嘉祥晚年归向了基督信仰,叶落归根,回厦之时已是经济繁荣的20世纪30年代。

白氏家族的发展经历,也可以说是清末民初闽南家族由传统家庭向近现代家庭过渡的一个案例。白氏经商传统经历了19世纪初的兴起发展、19世纪末的海外拓展和20世纪的承继阶段;其家中数代女性均能独当一面,在家中具有举足轻重的地位;家族信仰由初期的佛教和民间多神信仰改信耶稣而又儒耶并重;由十八世起就重视后代教育,尤其注重让子弟接受新式教育,对子女严加督责;从19世纪初至台湾经商,以后又拓展至菲律宾,这一切都显示了白氏跟上了厦门新兴家族的发展潮流。在20世纪上半叶的厦门,白氏家族是众多新兴家族的代表之一。

我们看到,在世纪之初政权交替、国家政体大幅转型之时,厦门港口经济得以迅速发展,这一时期社会思潮传播更新、群众运动风起云涌,这些家族都如白氏一般参与了整个社会的进程,见证了整个厦门的发展。从迁移路线看,他们从内地迁移而来,其中有些许反复,但总的趋势是由内地逐渐转向了沿海,进而向海外发展;从生计方面看,他们从传统的耕读生活转向了商业贸易,尤其偏重海外贸易;从教育方面看,其主要家庭成员在近代以后大都接受了新式学校教育;从精神领域看,近代以来,他们或多或少地接受了西方文化及社会开化风气的影响,一些人甚至还转变了信仰,但在基本层面仍秉承了中国儒家传统文化。可以说,他们是承前启后、继往开来的一代人,不仅有着中国人对传统文化习俗的承继,还顺应时代需要从故土走向异乡,由耕读转向经贸,由内陆转向海洋。

就这一意义上说,白氏一门的发展,从一个侧面反映了自明清以来,闽南社会的家族由传统形态向近现代转型的过程,这在当地社会经济及文化发展史上是具有典型意义的。

Going to the World—The Case as Bai Clan's Development since 19th Century

Wang Rigen Yu Feng

Abstract: The Bai Family immigrated from Anxi to Xiamen with many twists and turns but developed a new field of activity in 19 century. Since the founding of the Bai Family in Xiamen, it had experienced supporting family by female members, engaging overseas business, belief conversion, and returning home to maintain its heritage after many-years' hardworking. The Bai Family could be looked as the typical small immigrant family which merged into the Xiamen local society and also developed overseas since the change of modern times.

Keywords: The Bai Family in Xiamen; Female; business; belief

战前日本在厦人口状况(1926—1937年)

王 海*

【摘要】 本文以日本外务省亚细亚局等编"支那在留本邦人及外国人人口统计表"等一手史料为线索,试图对1926年至1937年日本在厦门的领事活动进行基础性研究与整理。"统计表"以及相关领事报告展示出1937年全面侵华前日本与厦门的经济、人员交往的增减趋势。在此过程中,自台湾公会、中华民国警察厅至日本驻华领事馆,再到日本本土政治决策中枢的情报网络也开始浮现。以厦门岛和鼓浪屿为中心,福建全省作为日本"南进"路线,确切地说是台湾殖民地人员往来最活跃的区域,值得关注。甲午战争后厦门与日本的关系中,台湾是极为重要的一部分。换句话说,近代以来厦门与台湾的交流须站在日本资本、殖民主义的延长线上考虑。

【关键词】 统计表 势力范围 情报 台湾

本文以日本外务省亚细亚局等编"支那在留本邦人及外国人人口统计表"(以下简称"统计表")等一次史料为线索,试图对1926年至1937年日本在厦门的人口状况进行基础性研究与整理。① 这也是在充分发掘并客观利用日方史料文献方面的一次尝试。鼓浪屿公共租界与厦门岛虽然在政治体制上有较大差异,但在经济关系和人员交往上两者实为一体,日本驻厦领事馆的活动也不例外。因此本文并未对两者做严格区分。

"统计表"是战前日本外务省依据各领事馆的年度报告制作的官方文书。它为战前日本制定通商、殖民、外交、军事等政策提供重要依据,作为一次史料具有高度的计划性与可信性。此次笔者调查发现的"统计表"(十二册)所涉范围为"战前期"(1926—1937,昭和元年至昭和十二年)共12年时间,也就是中国抗日战争全面爆发、日本进入所谓"总力战"之前的时段。对于厦门来说,这也是日本在1938年5月占领厦门之前的阶段。以上史料所涵盖的历史时段是本稿论题设定的直接契机。

调查发现,中国国内针对该时期日本在厦活动的资料和论著甚少。即便在相对系统的中国政协福建省厦门市文史资料研究委员会编《厦门文史资料》(共二十三辑),以及鼓浪屿区委会编《鼓浪屿文史资料》(共十辑)中也只有零星提及。② 相比之下,反映厦门抗战时期

---

* 王海:厦门大学外文学院 福建 厦门 361005

① 2014年7月2日,鼓浪屿国际研究中心成立。鼓浪屿"史料文献建设"作为首要基础步骤被提上日程。

② 诚然,两套资料汇编中的大事年表、历任领事表以及当事人调查回忆等为本稿提供了有效线索。不过,原本应作为重要史料的两套汇编竟大部分没有原典出处,所依据的史料也无从考证。站在实证史学的立场,这不得不说是一种硬伤。另外,本文属于中日近代史研究范畴。出于援引客观一次史料的缘由,对"支那"、"满洲"、"关东州"等历史用语本稿将尽量维持原状,但并不表示支持其立场。

(1938—1945)日军以及殖民统治残暴行径的史料则更为详实、完整①。在史料补全和整理方面,本稿也有必要对12年间的基础文献做一番发掘与整理。

更重要的是,"统计表"以及相关领事报告展示出1937年全面侵华前日本与厦门的经济交往、人员流动的增减趋势。在此过程中,自台湾公会、"中华民国警察厅"至日本驻华领事馆,再到日本本土政治决策中枢的情报网络也开始浮现。以厦门岛和鼓浪屿为中心,福建全省作为日本"南进"路线,确切地说是台湾殖民地人员往来最活跃的区域值得关注。

一、历史背景:福建、厦门之于日本

1925年孙中山逝世后,长年作为孙中山的翻译与秘书活跃在对日交涉前线的戴季陶(1890—1949)于1927年受国民党右派派遣再度赴日,极力劝说日本胸怀亚洲,放弃武力侵华。1928年的《日本论》便是该背景下诞生的日本文化论杰作,同时它也展现出戴季陶敏锐的政治洞察力。事实证明,戴季陶对日本从"民族主义走向国家主义、军国主义"②的察觉和忧虑是确切的。紧随其后,长州军阀田中义一组建内阁,于1927年6月底召开"东方会议",颁布"对华政策纲领",勾勒出武力侵华的基本轮廓③。《日本论》的"中日国际关系与日本的南进北进两政策"一节中,戴季陶有评论如下:

> 日本开国进取的方针,不只是北进的,南进的策略,也是一个很重要的趋势。在幕末时代,压迫日本的外国势力有两个,一个是从北方来的俄国,一个是南方来的英美诸国。从大陆来的俄国,引出日本的北进,而从海上来的英美诸国,便引起日本的南进。其实这两个名词还是不很妥当,我们还是说他是"大陆进取政策"和"海洋进取政策"要明显些。代表大陆进取的是陆军军人,当然代表海洋进取的是海军军人了,中日战争之后,北进的政策被三国干涉阻止了,而南方得了台湾成为海上进取的基地。日本的移民政策,便随着商业的关系,拼命向海外求生路。④

戴季陶《日本论》

戴季陶简明地分析了20世纪20年代之前日本渗透中国的两条基本路线——"北进"与"南进"——指出"南进"路线是不可忽视的趋势。"北进"即大陆政策,其主要推进力是

---

① 厦门市档案局、档案馆编:《厦门抗日战争档案资料》,《厦门档案馆丛书》,厦门大学出版社1997年版。
② 戴季陶:《日本论》,民智书局1928年版,第70~72页。
③ 芳賀徹、佐伯彰一編:「戴季陶の『日本論』」,『外国人による日本論の名著』,中公新書1987年版,第142頁。
④ 戴季陶:《日本论》,民智书局1928年版,第89页。

日本陆军即长州派势力,"拒俄"或"亲俄"是左右"北进"的直接要素。1904 年在中国东北地区爆发的日俄战争便是"北进"政策的一次重要实践。与军事目的为主的"北进"政策相对,"南进"以资本主义经济在中国南部以及东南亚的扩张为主要手段,其推进力为日本海军即萨摩派势力。通过"中日战争"即 1894 年甲午战争之后签订的《马关条约》,日本将台湾与澎湖列岛据为己有,台湾也随之成为日本"南进"路线上的关键据点①。如此一来,毗邻台湾的福建省便顺理成章地进入日本殖民政策的视野当中。1937 年末的陪都重庆有一则题为"日本侵略福建的过去与现在"的报道如下:

> 闽省危机的种子,已有四十余年的历史,敌人现在的窥伺,当非偶然的策动,例如 1895 年中日战后之割让台湾,撤除闽省之屏障,已发其端。及 1898 年(即清光绪二十四年),日本全权大臣矢野,复向我国提出"关于福建不割让"之照会,其中有谓"日本政府查明实在情形,反顾利害所及,未克置若罔闻,自宜设一妥法,以期未雨绸缪。则请清国政府声明不将福建省内之地方让与或租于别国",更不啻闽省为其势力范围矣。
>
> 自此以后,如 1915 年日本对华所提出之"二十一条"其第五条第六项中"在福建省内筹办铁路矿山及整顿港口,(船厂在内)如需外国资本之时,先与日本国协议",又同年五月二十五日,再照会我国政府:"闻中国政府有在福建省沿岸地方,允许外国设造船所、军用储煤所、海军根据地,或为其他一切军事上之设施并自借外资为前项各设施之意思,中国政府是否有此意思,请即见复",其措辞之傲慢,几以我之福建为其刀鱼俎肉也。②

该报道发表于日军全面发动侵华战争,大后方抗日救亡运动高涨之际,民族主义热情溢于言表。不论何种立场,日本在取得台湾之后觊觎福建并一步步将其纳入势力范围的企图已是事实。这一点,日方如"清国与帝国及各国特殊条约杂件""有关帝国在福建省地位的条约及其他"等各时代相关外交史料亦可佐证③。直到 1938 年 5 月日军占领厦门,日本完全实现对福建的单独统治。

众所周知,由于 1840 年鸦片战争失败,厦门成为《南京条约》中指定的通商口岸。以英国为首的外国军队、商船、传教士等纷至沓来,拉开了厦门近代化的序幕。日本虽早在明朝就通过倭寇的形式与厦门有了关联,不过厦门与日本的近代外交关系则始于 19 世纪后半叶。1874 年(明治七年),时任陆军中将的西乡从道出兵镇压台湾牡丹社事件之后,陆军少将福岛九成就曾渡航厦门指导日本居留民有关事务。这被认为是日本在厦门最初的领事活动。1880 年之前已有外务书记在厦门处理公务。1887 年后归福州领事馆所辖。然而厦门真正成为课题进入日本的视野要在《马关条约》签订并生效之后。日本统治者认为"欲控制台湾必先控制厦门",即为巩固台湾的统治必须向中国南部延伸其势力。前文提及到的

---

① 关于日本的"南进"政策及先行研究可参考『岩波講座 帝国日本の学知』第六卷「地域研究としてのアジア」(岩波書店 2006 年版),特别是第六章"近代日本の海外通商情報戦略と東南アジア"。
② 外务省外交史料馆所藏「重慶側資料第 96 号'特殊読物'華文資料」,木标:『日本侵略福建的过去与现在』,发行报纸不明,发行时间标注为 1937 年 12 月 3 日。
③ 外务省外交史料馆所藏、西徳二郎:「清国ト帝国及各国トノ特殊条約雑件」第二巻(明治 31 年 4 月 14 日)、外务省亜細亜局第一課編:「福建省二於ケル帝国ノ地位二関スル条約其ノ他二付テ」(昭和 8 年 7 月)。

1898年4月有关福建省的不割让条款也与上述台湾逻辑相关。在首任台湾总督桦山资纪的禀议下，1895年8月厦门领事馆在鼓浪屿鹿礁路24号开设，为西洋红砖式结构。有关厦门"专属租界"的交涉也随之展开。

根据植田捷雄的研究，日本与清国在1896年（明治二十九年）缔结日清通商航海条约。据第三条第二项"清国政府须应日本政府请求，尽早在上海、天津、厦门、汉口等处设立日本专有居留地"，自1897年1月左右起有关厦门日本租界的设定交涉便已开始。起初，由于清朝方面态度强硬该议一直悬而未决。直到1899年（明治三十二年）十月二十五日，厦门领事上野专一与福建布政司按察使周莲就日本专管居留地决议书六条及附属条约达成一致。具体区域在与英国租界毗邻的厦门市街东段的虎头山一带共四万坪，用以未来码头建设以供通商贸易之便。关于租界行政权，条款规定"居留地内的道路开通之权、警察之权及诸般行政权力悉归日本政府管辖，居留地内的道路桥梁沟渠码头等由日本领事设法规履行其专属管辖权"。①

二、"统计表"基本情况介绍

据《厦门文史资料》记载，日本驻厦门领事自1875年福岛九成起至1942年赤堀铁吉共49任②。甲午战争前的领馆事务并不固定也不具备独立运作的规模，因此数年间其事务为福州领事馆与上海总领馆代理。通过甲午战争，日本向列强证明自己的国力，跻身"大国俱乐部"之列，开始加速扩大对华贸易。领事馆也随之成立，所辖思明、南安、晋江、同安、惠安、安溪、永春、大田、德化、漳浦、诏安、云霄、龙溪、南靖、海澄、平和、长泰、龙岩、漳平、宁洋及金门各县③。为"保护日本帝国的利益，特别是贸易交通以及航海的利益"④，1896年代理外务大臣西园寺公望指派上野专一为领事馆建馆二等领事。上野随后升任领事，开始了近11年的任期（1896—1906），为历届在位时间最长。

上野是一位深谙殖民地通商领域的外交官，1888年著有《支那贸易物产字典》，1894年左右视察台湾，写下《台湾岛实践录》、《台湾省台湾视察复命》⑤等调查报告，被认为是"甲午战争前台湾认识的先驱者"为多位日本研究者所关注。在台湾正式成为日本殖民地的前夜，上野的调查被认为对伊藤博文内阁的政策制定产生了影响。⑥ 1896年在厦门履职期间，

---

① 植田捷雄：『支那に於ける租界の研究』，巌松堂1941年版，第374～376页。
② 中国人民政治协商会议福建省厦门市委员会编：《厦门文史资料》（第三辑），1980年刊印，第120～123页。
③ 参看"统计表"附录"在中華民國帝國領事館管轄区域"。
④ 外務省外交史料館所蔵、西園寺公望：「清国厦門駐在被命タル二等領事上野専一へ御委任状下付ノ件」（明治29年3月16日）。
⑤ 上野専一：『支那貿易物産字典』（丸善1888年版），「台湾島実践録」（『地学雑誌』1894年第6辑72号，第683～687页），「台湾省台湾復命」（1894年復刻本，成文出版社1985年版）。
⑥ 「十九世紀末期日本人の台湾論——上野専一、福沢諭吉と内藤湖南を中心に」，『東アジア思想交流史』（岩波書店2013年版），「上野専一 日清戦争前の台湾認識の先駆者」，『台湾近現代史研究』（龍溪書舎1979年版）。

上野也兼任福州、汕头的领事事务,1906年后被派遣至广州领事。由于本稿目的在于整理昭和前期日本的在厦人口状况,对于上野在厦外交活动与其台湾认识间的关系需另起文章考证分析。不过需要指出的是,伊藤内阁指派一位对台湾有着相当程度了解的外交官担任厦门领事馆首任领事长达十余年,这项任命本身已折射出台湾与厦门的密切联系以及在此基础上发生的殖民地政策与知识流动现象。这一点在昭和前期日本在厦领事活动,确切地说在"统计表"的数据中同样可获知。本稿将另起章节论述。

与当今领事活动相仿,"在留本邦人"即海外在留日本人与当地外国人人口的统计是领事馆的日常事务之一。世界各国日本领馆都会实施年度调查并将统计结果以电报或邮件等形式报回外务省总务局、政务局进行汇总整理并印制成册。这也就是"统计表"的由来。除此之外,按照外务省指示,领事馆将其他数据情报也报回相关机构。比如"海外各地在留本邦内地人职业别人口表"①就是基于领事馆提供的贸易通商数据制作而成。而各册"统计表""备考"的栏中都注明引用了该表的内容。这些数据的互通有无为我们大致描绘出外务省信息内部流通与分配的走向。

"统计表"约在每年年底印发相关单位参考并制定政策。根据所载次数推测,系统性计划性的在华日本人及外国人人口统计可追溯到1903年左右。1920年政务局细化为"亚细亚局"与"欧美局","统计表"开始由外务省"亚细亚局"印制。1931年"九一八"事变爆发,1932年伪满洲国成立,"统计表"随即更名为"满洲国及中华民国在留邦人及外国人人口统计表"。1934年"亚细亚局"整编为"东亚局","统计表"也标注为"东亚局编纂出版"②。以下是1930年"统计表"的目录概要,其余年份构成情况亦基本一致。

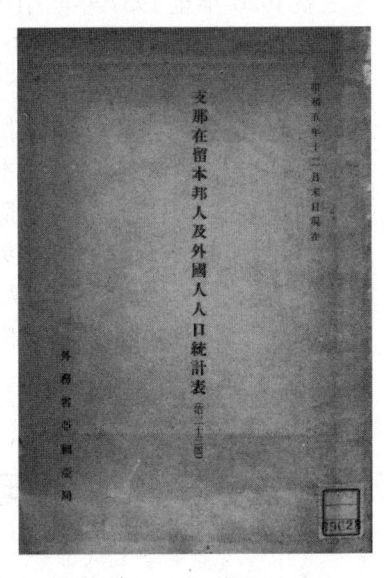

支那在留本邦人及外国人人口统计表

支那及满洲主要都市本邦人及外国人分布图(附图)
第一表　支那在留本邦人及外国人人口一览表
第二表　关东州满洲在留邦人及外国人人口一览表
第三表　关东州及满洲在留本邦人外国人并关东州及满铁附属地居住支那人人口统计一览表
第四表　关东州并满洲在留外国人国别表
第五表　支那本部在留本邦人外国人人口统计表
第六表　支那本部在留本邦人外国人人口统计一览表

---

① 参见外务省通商局编"海外各地在留本邦内地人职业别人口表"(共八册)1926—1928,1935—1939。

② 关于外务省组织结构变革,参考「外務省機構変遷図」,『近代史必携』,吉川弘文馆2007年版,第168～171页。

第七表　支那全土统计表（含关东州、香港、澳门）
第八表　支那本部在留外国人国别表
第九表　支那全土外国人统计表（含关东州、香港、澳门）
附　　在支那帝国领事馆管辖区域
备考

就 1926 年至 1937 年间中国的情况来看，日本在华（包含中国东北地区，即所谓"关东州""满洲国"）全境设立了近 38 个领事馆及类似机构。这些领馆提供的数据依据所在区域、所涉国家以及详略等被整合重组为多个统计表供日本相关军政机构参考。厦门领事馆提供的表格被分类在"支那本部"，紧邻福州、汕头、广州等华南三地领馆报告。笔者粗略地将在厦日本人口数据与其他日本租界、商埠地作了整理比较，发现该 12 年居留厦门的日本人数为华南最多，在全国范围（除东北地区）内也仅次于上海、天津、青岛，基本居于第四位。此外，台湾于 1895 年、朝鲜于 1910 年分别被日本吞并，因此台湾人与朝鲜人也被日本政府视为区别于"内地人"的"日本人"，从而纳入人口统计对象。值得注意的是，相比国内各地台湾人数十名至多百余名的规模，在厦台湾人均在 6500 人以上，成为厦门领馆报告的一大特色。

三、在厦人口数据来源及其特征

为直观呈现人口数值及其变动，本稿按"在厦日本人""在厦台湾人""其他在厦外国人"三类将 12 年的"统计表"数据整理并分析如下。

表1　1926—1937 年在厦人口统计表

年份	日本人	增长率	其他外国人	日本人外国人之比	台湾人	增长率
1926	274		298	1：1.08	6753	
1927	283	3%	339	1：1.19	6790	1%
1928	274	-4%	540	1：1.97	6569	-4%
1929	313	4%	582	1：1.85	6698	2%
1930	339	8%	629	1：1.85	7058	6%
1931	349	2%	839	1：2.40	7476	5%
1932	360	3%	938	1：2.61	7957	6%
1933	344	-6%	685	1：1.99	8326	5%
1934	366	6%	1153	1：3.15	9496	14%
1935	365	-1%	687	1：1.88	10625	12%
1936	386	5%	737	1：1.91	7356	-31%
1937	412	6%	340	1：0.82	7424	1%

表格从基数和趋势方面揭示出以下两点：第一，日本人位居所有在厦外国人首位，约为

外国人总数的一半,且基本呈逐年增长趋势。至 1937 年全面战争爆发前夕,日本人数甚至超过其他外国人之和①。这也直观反映出日本在甲午战争后将福建逐步纳入势力范围的具体实践。此外,根据"统计表"的细化数据,在厦日本人 99% 集中在"开放地",即厦门岛虎头山周围的日本专属租界与鼓浪屿公共租界,两者人数基本持平②。

第二,台湾人数在 1936 年之前同样大致保持上升势头,远远超越全国其他地区。另据"统计表"标注,每年大约有 500 名台湾人居住在"开放地"以外的地区。他们有的没有向领馆提交在留申报,有的则通过厦门直接进入中国内地,因此领馆无法掌握其详细信息。不过,这段标注为我们提示出两点内容。首先,日本对在厦台湾人的管理相对比较自由、松散;其次,厦门扮演着台湾人进入大陆中转地的角色。台湾在明末清初郑成功治下就与大陆开始频繁往来,台湾与厦门间的地缘政治本无可厚非。但是上述图表说明至少在台湾割让到大战爆发之前这段时期内,作为"日本人"身份的台湾人仍与大陆保持着密切的交流。这其中就不能排除台湾总督府与日本外务省的政策介入与导向。台湾与厦门间人员流动的趋势或许是衡量日本在"战前期"(1926—1937)与"战中期"(1937—1945)对华南政策转变的重要指标。③

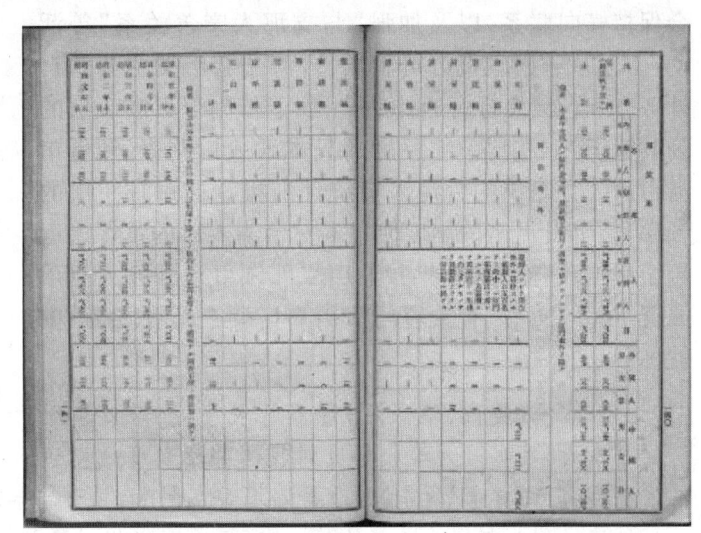

支那在留本邦人及
外国人人口统计表厦门部分

日本"内地人"人口调查主要由在厦日本领事馆领导,由鼓浪屿工部局、在厦日本人居留民会等组织负责实施。除此之外,国民政府警察机构也展开相应调查。比如,1923 年福州总领事代理中野勇吉致外务大臣内田康哉的公函"关于支那福建省政府警察厅在留邦人人口调查一事"中称"现有福建省政府警察厅实施人口调查一事。警察厅方希望派遣职员至在留邦人各户进行调查并照会我领馆方,希望我方能提供方便。……作为民势调查职员应佩戴特制臂章或其他徽章以识别。我馆已通告在留民配合调查并给予必要之回答……④"出于外交领事条款,国民政府对日本人的调查活动需要知会日领馆并得到同意,

---

① 以 1936 年为例,"在厦其他外国人"中以荷兰最多,其次为英、美、葡、西、法。
② 参照"统计表"昭和 11 年版第 29 回统计数据。
③ 关于该假说以及 1934 年至 1937 年前后台湾人员大起大落的原因与机理尚不清楚,这需要结合战时两岸人口流动的数据另文再作分析。
④ 外交史料馆所藏「人口調査ニ関スル支那側照会ニ対シ回答ノ件」,大正十二年七月六日。

不过这则史料同时也暗示双方在人口调查上存在着合作①。

台湾人口的统计仍由领事馆牵头,其实施主体为台湾公会。

台湾公会由台湾总督府在中国内地若干城市设立,处理所有有关台湾人关系的事务,与其他地区的台湾公会保持横向联系,以及加强"与支那人亲善关系"等活动②。从岁末财政报告可看出,台湾公会经费主要来自外务省和台湾总督府的补助金,属于依附于日本政府的公共组织③。相比一年一度的日本人人口调查,领事馆与台湾公会组织的台湾人口统计汇报竟达每月一次的频率④。如此严密的制度使日本对台湾人口的掌握远远超于民国政府。1926 年井上庚二郎领事致外务大臣币原喜重郎的文书"有关厦门市街户口调查施行之事"中就称:

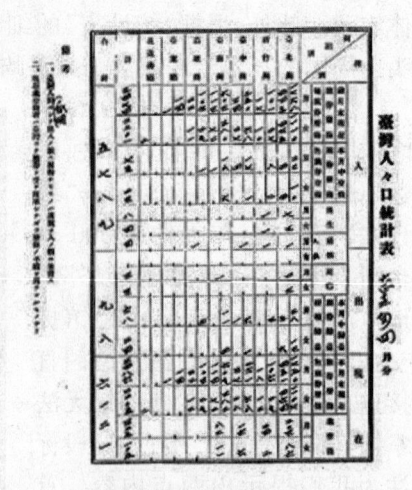

> 本埠(厦门,笔者注)警察厅长杨遂,曾就读于日本大学、明治大学。杨氏对我国警察制度之发达赞赏有加,有意效仿我方改善当埠警察制度,并于今年四月用两周时间视察台湾之警察制度。作为归厦后改革的第一步,杨氏即组织对厦门市街的户口调查。至于其中最难完成的台湾籍民家宅调查,杨氏已与本馆赞助单位商谈并得快诺。同时,本馆亦授意台湾公会在调查开始前知会所有在留籍民……⑤

台湾人人口统计表

正如 19 世纪末清国留学生掀起留学热潮一样,20 世纪前期留学日本的民国学生在政府中出任要职。他们与日本的紧密关系客观上也为双方合作与情报互通带来了方便,文中提到的警察厅长杨遂便是其中之一。在台湾人口统计数据上,日本在厦领事馆与民国政府机关似乎有着比日本人口调查更大的合作空间。

---

① "统计表"的备考栏标明,"开放地内""支那人"人口数据由厦门公安局、鼓浪屿工部局提供,但"开放地外""支那人"的情报因不允许调查而无法汇报。从这点可窥知"战前期"日本在中国获取的情报基本还是在双方合作协商了解的情况下进行的。

② 外交史料馆所藏、田中莊一郎:「汕頭台湾公会設立ニ関シ禀報ノ件」,大正七年一月二十日。本报告虽未直接言明厦门台湾公会的任务,但作为相似组织可依此类推。

③ 外交史料馆所藏、山田芳田:「在支商工会議所補助金ニ関スル件」,昭和十一年五月二十日。根据笔者的考证,该公会应在 1902 年之前成立,于 1936 年更名为"台湾居留民会"。

④ 比如在 1924 年的五个月中,在厦领事井上庚二郎分别于 5 月 2 日、6 月 10 日、7 月 4 日、8 月 2 日、10 月 6 日将台湾人口统计的详细情况汇报至外务省亚细亚局和外务大臣币原喜重郎。外交史料馆所藏「人口統計表進達ノ件」,大正十三年。

⑤ 外交史料馆所藏、井上庚二郎:「厦門市街戸口調査施行ニ関スル件」,大正十五年八月九日。

结　语

　　本稿采用聚焦式的论述方法,将日本的"南进"路线与台湾的关系,以及福建省如何一步步被纳入日本势力范围的过程进行了梳理。正如戴季陶指出,甲午战争、日俄战争和第一次世界大战后资本主义急速发展的日本比以往时期更加关注于华南的资本输入与扩张。在厦日本人数不仅在中国(除东北地区)位居前四,且在所有在厦外国人数中占据最大比例。这已突显出厦门在日本资本主义扩张中的位置。对于努力开发南洋经济的日本来说,厦门作为深水良港以及"下南洋"风气最为盛行的城市固然有极大魅力,不过笔者认为,厦门与台湾间的地缘政治应该才是决定性因素。"统计表"呈现的台湾人数及其逐年增长的趋势已说明这点。因此笔者认为,在甲午战争后厦门与日本的关系中,台湾是极为重要的一部分。换句话说,近代以来厦门与台湾的交流必须要站在日本资本、殖民主义的延长线上考虑。

　　"统计表"的意义不止于此。它的制作过程实际上为我们勾勒出1926年至1937年这12年间,中国国内信息流向日本本土的一条基本途径,即民国政府机关、日本居留民会、台湾公会等在华组织搜集情报汇总至日本领事馆,再由领事馆汇报至外务省及决策中枢的跨国情报网络。在此过程中,民国政府机关与日本领事馆间存在着多种形式的交流与合作。这种关系来源于租界约款、留日人士的联系,特别是对台湾人口调查制度上的学习效仿。在这个意义上,"统计表"上呈现的数据还需要被置于日本资本、殖民主义思想和知识的"连锁"、"环流"、"传播"等维度进行深入研究。

　　要旨:本稿は、外務省亜細亜局の編集した「支那在留本邦人及外国人人口統計表」といった一次資料を利用し、1926年から1937年まで日本が厦門における領事活動に対し、基礎的な研究と整理を試みたものである。「統計表」及び関係領事報告は、1937年すなわち日中戦争が勃発する前における日本と厦門との経済的、また人口の交流を示唆している。その過程において情報は、台湾公会、中華民国警察庁から日本在中領事館を経由し、日本本土にある中枢機関までたどり着くネットワークが浮上する。厦門とコロンス島を含めた福建省全体は日本の「南進」路線、より確実に言えば台湾植民地における人々の交流のもっとも活発な地域として注目に値する。それは、日清戦争後の厦門と日本との関係の中で、台湾は欠かせない一部であることを語っている。換言すれば、近代以降における厦門と台湾との関係は、近代日本の資本主義、植民地主義の延長線上に考えるべきである。

"援救可怜之人":民国时期厦门的婢女救济

Chris White 著　郭婧华译*

【摘要】 本文考察了1930年福建厦门由许春草所建的中国婢女救拔团,许春草是厦门当地基督教会和社会界的一位具有影响力的人物,他的"救拔团"建立了一个收容院援救被压迫的婢女,共有将近300位女孩在这里得到了庇护。本文利用"救拔团"的年度报告分析了在民国时期的厦门创建这样一个组织所面临的种种挑战以及收容院中女孩们的生活状况。虽然厦门的婢女问题受到了香港与东南亚妹仔运动的影响,但是厦门的(反蓄婢)运动却是独特的,因为尽管"救拔团"不是"教会"所建,却被认为是一个基督教机构。此外,厦门的"救拔团"是由中国人建立和管理的,很大程度上远离了"妹仔争议"("mui tsai controversy")的殖民因素。

【关键词】 婢女　奴隶制　中国新教徒　厦门　许春草

引　言

1930年1月30日,(一拨)群众聚集于厦门沿岸的小岛鼓浪屿,他们很有可能已经倾向支持许春草的事业了。然而,当许春草回忆起他的童年经历时,还是努力地想激起群众对被蓄养的婢女的同情。在打动人心的演讲中,他列举了一个他认识的女孩的事例,这个女孩遍体鳞伤,没有"一寸完好的皮肉",还有一个女孩的手脚被放在主人坐的摇椅之下。紧接着,他诘问听他演讲的"兄弟姐妹们",如果将他们的手或脚放置于这样一个位置,他们能坚持多久。[①] 许春草说,他年轻的时候目睹了这些残酷行为后,便下定决心,即使自己永无这样的能力,日后也要致力于救助这些可怜的女孩。

许春草(对蓄婢行为)的谴责中掺杂着对《圣经》的引用以及对基督徒的直接诘问。在演讲的开始,他引用了《圣经》上关于诫命的引言[②]并且进一步诘问听众:"那么我们要爱谁呢?谁最需要我们的爱呢?"在演讲的结尾,许春草反问道:"我可以拒绝召唤吗?不,从这

---

* 【美】Chris White(白克瑞):厦门大学经济学院国际教育合作中心　福建　厦门　361005
　郭婧华:厦门大学人文学院历史系　福建　厦门　361005
① 这篇演说题为"向养婢的恶魔宣言",见《中国婢女救拔团组织档案》(1930),第1～24页。
② 许春草《马太福音》22第37～39页与《马可福音》12第28～31页,是说第一条诫命就是爱上帝,其次要"爱人如己"(和合本)。

一刻起我以基督福音之名发誓,竭我所能,向这一恶俗发起永不止息之战,竭尽全力援救可怜之人。"①

20世纪20年代末,许春草作为厦门宗教界和社会界的一位有影响力的人物,获得了必要的社会势力,通过了他的计划来"援救可怜之人"。许春草慷慨激昂地恳请各方支持,几个月内他建立了中国婢女救拔团。本文正是以该团体以及援救婢女的"收容院"为主要研究对象。正如我们所见,婢女问题在中国20世纪二三十年代越来越引人关注,这在很大程度上是香港处理该问题时所酝酿出的愤慨之情的延伸。然而,与中国内地和香港对该话题的现有研究不同,本文表明了厦门的反蓄婢运动在很大程度上应该归功于中国基督徒的努力。

一、香港妹仔运动

尽管许春草声称他建立"救拔团"缘于他儿时的经历,但是他也可能受到了20世纪20年代国际上日益增长的对香港和东南亚蓄婢之抗议的影响。香港妹仔运动作为一个课题,越来越引起学术界的注意,我们有必要对香港妹仔运动做一简要回顾,才能更好地理解厦门发生该类事件的背景。② 香港围绕妹仔问题最初的争论可以追溯到19世纪70年代末,香港首席大法官司马里爵士(John Smale, 1805—1882)认为殖民地的蓄婢旧俗是奴隶制。他的指控包括了为许多被香港上层中国人所蓄养的妹仔。而其他英国殖民地官员则希望维持(香港社会)稳定,认为妹仔制度(system)不同于奴隶制。他们呼吁积极性愈发高涨的精英分子保持蓄婢传统,这些精英分子辩解道这种行为不仅仅是一种"国民习俗"③,而且也是在行善,因为这样可以援救因为贫困而被父母遗弃的年轻女孩。19世纪70年代末,这场争论的直接后果是由中、英两国官员与商人组成的委员会建立了保良局,为被诱拐的妇女和儿童提供保护和援救的庇护。这场争论持续了数年,直到1881年,司马里爵士离开香港后,该争论迅速消失。对于这个小插曲,高马可(John Carroll)总结道"时间很短,(影响)仅限于香港"④。早年对于妹仔制度(system)的这些关注并没有对社会造成很大改变,所以问题被暂时搁置了。直到1917年,英国和香港的个人与组织又开始拥护妹仔运动。

如果第一次关于妹仔问题的争论在香港社会和殖民制度之上掀起了一层涟漪,那么第二次争论就引起了轩然大波。第二次对该问题的争论再次形成两派,争论的内容大体一致。

---

① 许春草的公开演讲一定为听众留下了深刻印象,因为"救拔团"的年度报告多次再版该演讲。在第三次年度报告中刊载了该演讲的英文翻译(由罗杰斯Reginald A. Rogers先生所译),这也是我所引注的来源。"救拔团"发表并分发给支持者的"年度报告"现存有4份。报告的标题为"中国婢女救拔团二周纪念册"(1932)、"中国婢女救拔团三周年纪念特刊"(1934)、"中国婢女救拔团第五周年纪念报告"(1935)与"中国婢女救拔团第六周年纪念报告"(1936)。然而,本文将之简单引用为"第二次年度报告"等。
② 当谈及此现象时,闽南语发音将这些女孩读作 cha boh kan,但是书面上写做婢女。
③ John M. Carroll, A National Custom: Debating Female Servitude in Late Nineteenth-Century Hong Kong," *Modern Asian Studies*, 2009, Vol. 43, No. 6, pp. 1463~1493.
④ John M. Carroll, A National Custom: Debating Female Servitude in Late Nineteenth-Century Hong Kong," *Modern Asian Studies*, 2009, Vol. 43, No. 6, p. 1489.

反对妹仔制度(system)的一方断言该制度是一种奴隶制,这些无辜的女孩经常被虐待并且求救无望。而那些支持旧俗的一方认为虐待妹仔虽不可忍,但是少数虐待妹仔的事件并不意味着整个习俗应该被废除。他们激烈地争辩妹仔并不是奴隶,因为她们最终会获得自由(通过出嫁,通常是被主人家安排的)并且在主人家可以有机会过上比其娘家更好的生活。总的说来,他们声称,妹仔本质上是受人道主义对待的,无论如何,它长期以来已被默认为中国的旧俗。对殖民政府而言,用一位学者的话来说,这场争论被"政府应该在多大程度上介入道德层面这个问题所主导"①。与19世纪80年代的争论不同的是,这一波争战的激进者们不满足于"持东方主义立场之人"的观点——本土异域风情应得以保留这一论据。② 最终,他们向殖民政府施压,迫使政府采取了更多的举措,例如通过登记妹仔的决议。尽管如此,两方的论战与激辩一直持续到1941年日本占领香港为止。

许多研究妹仔问题的学者在谈及论战双方时都持有殖民主义态度。Karen Yuen 形容港英政府扮演了一个"中介角色,试图打破国内强大的民意与殖民地政府之间的平衡,殖民地政府需要依赖专家维持他们在远东的利益"③。尽管考虑了英国、香港两地革新之士的思想观念,殖民地政府还是倾向于站在中国精英阶层的一方,他们赞同监管而不是废除婢女制度。

与殖民观念(colonial concerns)相关联的是,妹仔是怎样被刻画为东方化的"他者"这一形象的。对英国自身来说,"他者"是英国的另一面。④ 然而,赞成蓄养奴婢制度之人与反对这一制度之人都可以在不同时期使用东方化的妹仔这一形象。英国作为一个文明开化的国家,承担了"母亲发挥母爱"⑤的角色。用庞德威(David Pomfret)的话来说,"儿童奴隶形象早些时候曾用来为帝国正名,这一形象现在已经具备了引发愤慨之情的潜力"⑥。所以支持者方面把妹仔旧俗构建为遥远土地上的一种异域风情,因而就得以把其自身文化作为一种具体化的常态,同时反对(蓄养妹仔)制度的西方倡导者们却强化了一种"殖民骑士色彩","欧洲男性保护和守卫了本土年轻脆弱的女人及女孩"⑦。

---

① Ko Yeung, From "Slavery" to "Girlhood"?: Age, Gender and Race in Chinese and Western Representations of the Mui Tsai Phenomenon 1879—1941, *M. Phil. thesis*, Hong Kong: University of Hong Kong, 2008, p. 98.

② David M. Pomfret, "Child Slavery" in British and French Far-Eastern Colonies 1880—1945, *Past and Present*, 2008, Vol. 201, pp. 175 ~ 213.

③ Karen Yuen, Theorizing the Chinese: The Mui Tsai Controversy and Constructions of Transnational Chineseness in Hong Kong and British Malaya, *New Zealand Journal of Asian Studies*, 2004, Vol. 6, No. 4, p. 109.

④ Karen Yuen, Theorizing the Chinese: The Mui Tsai Controversy and Constructions of Transnational Chineseness in Hong Kong and British Malaya, *New Zealand Journal of Asian Studies*, 2004, Vol. 6, No. 4, p. 109.

⑤ Susan Pedersen, The Maternalist Moment in British Colonial Policy: The Controversy over "Child Slavery" in Hong Kong 1917—1941, *Past and Present*, 2001, Vol. 171, pp. 161 ~ 202.

⑥ David M. Pomfret, "Child Slavery" in British and French Far-Eastern Colonies 1880—1945, *Past and Present*, 2008, Vol. 201, pp. 175 ~ 213.

⑦ David M. Pomfret, "Child Slavery" in British and French Far-Eastern Colonies 1880—1945, *Past and Present*, 2008, Vol. 201, pp. 175 ~ 213.

虽然香港是点燃妹仔问题争论的导火索,但妹仔制度不起源于香港也不局限于香港范围之内。令人惊奇的是,很少有学者关注香港之外的妹仔或婢女。一些学者开始注意到妹仔问题的跨国特点,例如,将之与法国印度支那殖民地及英国马来亚殖民地的殖民观念(colonial concerns)相联系。① 然而,大部分现有的研究前沿都对论战持有殖民主义或者帝国主义的观点。事实上,香港(以及东南亚其他殖民地)作为一个殖民地,西方势力明显在塑造妹仔争论上扮演了主要角色,甚至在关注中国内地的文献中,把大量精力都放在了国际工作者——组织援救婢女活动的传教士和西方女性主义者上。②

本文为现有研究提供了不同视角,因为这是在中国的背景下关注婢女问题。但这并不是说厦门的运动缺乏国际特点。反之,正如我们所见,国际主义正是引起救援婢女收容院存在的要素。然而,厦门的反对蓄婢运动一方面无疑受到了之前香港与东南亚殖民地事件的影响,一方面又主要是中国内部事务。收容院的拥护者与反对者都是中国人,尤其是在早些年,外国居住者或者国际组织充其量只是与此间接相关。

本文与大多数关于妹仔的研究间另一个重要不同点在于中国基督徒发挥的作用。在关于香港反对妹仔习俗的著作中,很少提及这些运动的宗教性。例如,一些作者引用希士活(Haslewood)夫妇的话语,这对夫妇是香港禁止妹仔运动第二次浪潮中禁婢立法的主要推动者,他们主要是在听了香港圣约翰大教堂的布道之后开始对此问题觉醒的。现有的研究也提及了一些中国人在基督教信仰的感召下与旧俗抗争。然而除了施其乐(Carl Smith)的文章突显了中国基督教徒的参与度之外,大多数研究都没能强调这个群体所扮演的角色。③ 如上文所证,无论如何,就厦门的(反蓄婢)运动而言,中国基督教徒是这场运动的核心,尽管收容院不是"教会"所建,却被定义为一个基督教机构。

二、许春草

考虑到那些蓄养婢女的人通常属于有权有势的社会上层——这个废除旧俗的组织从一开始建立就注定要惹怒他们。在"救拔团"建立的起步阶段,厦门流传着这么一句话:"许春

---

① David M. Pomfret, "Child Slavery" in British and French Far-Eastern Colonies 1880—1945, *Past and Present*, 2008, Vol. 201, pp. 175～213; Karen Yuen, Theorizing the Chinese: The Mui Tsai Controversy and Constructions of Transnational Chineseness in Hong Kong and British Malaya, *New Zealand Journal of Asian Studies*, 2004, Vol. 6, No. 4, pp. 95～110.

② Sarah Paddle, "For the China of the Future": Western Feminists, Colonisation and International Citizenship in China in the Inter-war Years, *Australian Feminist Studies*, 2001, Vol. 16, No. 36, pp. 325～341; Sarah Paddle, The Limits of Sympathy: International Feminists and the Chinese "slave girl" Campaigns of the 1920s and 1930s, *Journal of Colonialism and Colonial History*, 2003, Vol. 4, No. 3, pp. 1～22; Maria Jaschok, Chinese "Slave Girls" in Yunnan-Fu: Saving (Chinese) Womanhood and (Western) Souls 1930—1991, *Women and Chinese Patriarchy: Submission, Servitude, and Escape*, Ed. Maria Jaschok and Suzanne Miers, Hong Kong: Hong Kong University Press, 1994, pp. 171～197.

③ Carl Smith, The Chinese Church, Labour and Elites and the Mui Tsai Question in the 1920s, *Journal of the Hong Kong Branch of the Royal Asiatic Society*, 1982, Vol. 21, pp. 91～113.

草又在造反了。"一个日后在"救拔团"活跃的传教士形容这个开端为"无所畏惧的十字军东征"①。这个小节将对许春草的背景做简短的回顾,以表明在他的早期活动中,他对于不同意见绝对敢于争论。

许春草是伴随着对基督教的敌意成长的。与他所处的那一代孩子一样,他将基督教视为外来宗教。事实上,许春草小时候经常嘲弄当地教堂,甚至有一次向教堂的窗户扔石头,并且掀翻了当地圣殿的桌椅。②然而,许春草在20岁时开始转变了对基督教的看法,有一次他走过当地教堂,趴在教堂顶上听到了牧师关于中国年轻基督教徒孙中山的布道,这时的孙中山正在开始对抗满清政府。这最初的吸引最终转变成了许春草强烈的信仰,他于1900年正式受洗。

随着信念的与日俱增,许春草对政治革命的兴趣也在增加。他成为引导革命的联盟——同盟会的早期成员,从那时起,直到1911年革命,他利用在教堂(他在教堂是长者)的人脉(connection)宣传同盟会的革命思想。③他的教堂,尤其是厦门的小溪岸堂为许多革命会议提供了庇护。许春草也是光复厦门的一位领导者,1911年11月15日他骑马率军收复了厦门。同样,他也在发生于厦门的以推翻袁世凯统治为宗旨的二次革命中扮演了主要角色。孙中山私下委任许春草为中华革命党(Revolutionary Party,国民党于1914年被袁世凯废除,同年10月孙中山改组国民党为中华革命党,1919年改回国民党之名——译者注)的闽南党务主任,许春草一直坚定地忠诚于孙中山。二次革命失败之后,许多敌对势力开始争夺在福建的势力,许春草开始对国家政治失去幻想,把更多的集中精力于当地的事务上。

20世纪10年代末,随着许春草政治意向的消退,他转向建筑行业,成为一名建筑工人;他年少时曾经是一个水泥工学徒,在他20岁时开始着手于自己的建筑工程。就是在这时,他组织了一群建筑工人成立了厦门建筑总工会,这是厦门最具影响力的工会之一。④许春草作为工会的领袖与当地政府对抗,当地政府最初说服他注册工会,但是当政府在尝试说服许春草失败后,转而强制要求许春草注册。然而,许春草坚定不移地反对注册,因为他担心这样的举措会(使工会)受到民族主义者监管。

通过对这些活动的简要回顾,我们可以看到许春草面对强权的从容不迫。他坚强的个性中充满了来自于同盟会政治活动的"革命精神"。我们能继续在他建立中国婢女救拔团中看到这种精神。事实上,"救拔团"宣言特别声称,这个机构旨在培育"革命精神",以达到根除婢女制度的目标。⑤

---

① Katherine Green, A Chinese Crusade, *The Christian Intelligencer*, July 1, 1933, pp. 404~405.
② 刘浑生:《许春草先生行传》,《福建文史资料》,福建省人民出版社1986年版,第14页;Patricia Ku, *The Story of Spring Grass*, Atlanta: GA, 1988, p. 7.
③ 何丙仲:《民主革命志士许春草先生传略》,《鼓浪屿文史资料》第二辑,中国人民政协厦门市鼓浪屿委员会1997年刊印,第103页。
④ 这个机构并不是"工人"联盟,它包括了普通劳工、主管与建筑公司老板。
⑤ "向养婢的恶魔宣言"。

三、早期的挑战

1930年1月,在许春草第一次演讲后,关于形成救拔婢女组织的讨论就已经开始酝酿了。1930年1月18日,许春草发表了救拔团所拟的一份宣言和章程,在整个厦门传发了5000份。在整整两个月内,有2000多人申请加入救拔团。① 1930年8月4日,"救拔团"正式举办仪式开始运作。② 在短短一周之内,第一个女孩黄牵进入了收容院。传教士清洁理(Katherine Green)之后回忆道,当许春草救拔第一个女孩的时候,他让"自己的女儿与之结为好友……大胆地(带领)她回到自己的家"③。1930年末,已有12位婢女在收容院里找到庇护所。尽管表面上成功了,但"救拔团"早期的日子其实充满了挑战。

收容院正式开放三周后,第一次检验到来了。一位当地官员的婢女依梅在收容院里寻找庇护所。依梅先前的主人王经是厦门海军警备司令部副官。尽管王经自己不是什么高官,但是他是厦门警备司令林国赓(1886—1943)的外甥。林国赓曾经留学于英国,在厦门中、外人士中都有着广泛的支持,并且与周醒南(1885—1963)一起掌握着"厦门市领导权"④。收容院不仅接收了依梅,并且根据"救拔团"章程规定,在当地报纸上发表了公告——先前为王经所有的该婢女已经自愿进入收容院,从此不再为王经所有。⑤ 王经发现他不仅失去了仆人,而且如今这条消息公开了,他恼羞成怒,着手要回依梅。王经请求他的舅舅,要派军队强行夺回依梅。许春草和"救拔团"对此做出回应,召集会员数百人,尤其召集了来自厦门建筑总工会的成员来保卫收容院,但却从未发生过战斗。尽管王经感到惊愕,也倚仗和林国赓的关系,但林国赓知道他不能派兵逮捕依梅,因为收容院位于他管辖权之外的小岛鼓浪屿上,鼓浪屿是公共租界,由各国代表组成的工部局管辖。⑥ 没有工部局的许可,林国赓和王经不能擅入。许春草住在鼓浪屿上,他的家也被作为"救拔团"最初的据点。尽管"救拔团"的枝丫日后伸展到了厦门以及整个闽南,但是其总部——最重要的收容院一直留在鼓浪屿。

王经的下一个策略是向厦门工部局施压,迫使许春草归还依梅。鉴于许春草在民众中的社会地位,工部局不愿如此。取而代之的是工部局简短回应,这是一个"中国问题",工部

---

① "第三次年度报告",第21页。这些人大部分是建筑工会成员。每位新成员都会收到一封上书"救拔团"宗旨的信函,要求成员坚定不移地反对婢女制度。

② 《中国婢女救拔团第二届委员大会》,《石生杂志》1933年第4卷,第3期,第20~27页。

③ Katherine Green, A Chinese Crusade, *The Christian Intelligencer*, July 1, 1933, pp. 404~405. 起先这些女孩住在许春草家里,但是很快就转居他地。正如下文所述,1932年收容院有了一个更为永久的居所。

④ James A. Cook, Bridges to Modernity: Xiamen Overseas Chinese and Southeast Coastal Modernization 1843—1937, *PhD dissertation*, San Diego: University of California, 1998, p. 297.

⑤ 尽管"救拔团"指南(guidelines)规定当每位婢女进入收容院时都会发布类似公告,但是我在21世纪30年代的报纸上没有看到任何类似公告。他们除了发布公告之外,也会将消息传达给该婢女的最初庇护人以及鼓浪屿工部局。

⑥ 鼓浪屿和上海是中国唯一两处公共租界,工部局成员是由来自英国、美国、日本、中国以及其他国家的鼓浪屿居民共同选举产生。

局不能介入。王经面对拒绝，只能简单地威胁许春草永远别想踏入厦门地界。

在依梅危机过去后不久，成立不久的收容院又受到另一起争端的打击。这一争端起于厦门台湾居民林滚的婢女来收容院寻找庇护。这个插曲的独特性在于，那时台湾正在日本的统治之下。这种情况在厦门尤其麻烦，因为许多台湾人利用他们的"外国人"身份逃避中国的权力法规。当林滚发觉他的婢女逃往收容院之后，开始寻求日本领事馆的帮助。领事馆采取给许春草传信的方式，劝说他归还女孩。信中说，如果他归还那个女孩，那么林滚就保证给收容院捐助大量钱财以显仁慈。让林滚失望的是，许春草拒绝了。①

王经和林滚事件检验了"救拔团"的勇气，而早些年面临最大的一次挑战是粉梅事件。粉梅在曾经三次被其主人陈雪珠毒打后出逃，向附近公安局寻求援助。但是每一次巡捕房都将她送往当地法院，然后归还给陈雪珠。在第三次出逃后，一位巡警划出一份报纸上收容院的名字，并且告诉粉梅："如果你让人们看这张报纸，他们就会带你去一个好地方。"粉梅找到了去收容院的路，许春草注意到了她进入收容院时的虚弱。在问了她一些问题之后，许春草注意到粉梅很明显地饱受精神折磨，于是立刻将她送往救世医院。② 粉梅情绪很不稳定，在医院里待了一天之后，自己逃走了，不知怎么地又回到了厦门，回到了巡捕房。可想而知，公安局将粉梅交给了法院，最终又转交给了陈雪珠。当"救拔团"成员发现粉梅已经逃走后，他们组织了一个紧急小组营救她。当救援队来到陈雪珠家里的时候，已经是晚上9点了（她于同一天从医院逃走），在进入房间之后，救援队发现粉梅被绑着，濒临死亡。他们将粉梅送往法院，陈雪珠被逮捕。当地报纸报道了这个故事，但是几天之后，陈雪珠和粉梅都被释放了。在释放后不久，法院就报告说粉梅已死。法院声称已经验尸并且没有发现粉梅被虐待的证据，"救拔团"自然对此消息表示怀疑和愤怒，并且迅速开始与法院对抗。③

总而言之，"救拔团"早些年受到许多挑战，它的革命属性以及偶尔的粗暴行为有时也令人憎恨和不悦。这在当地这种备受压力的环境下尤为明显，甚至在最初阶段还有与政府对抗的倾向。正如一个传教士所说，许春草经常"被诽谤"，许多文章"误传了他的行动"。④

四、收容院的生活⑤

尽管"救拔团"面临着艰难险阻，许多女孩还是在这里找到庇护并在此成长（见图1）。

---

① 王经和林滚事件详载于张圣才：《许春草先生传记》。较早的一个版本写于1984年，标题是"圣徒与战士——许春草"，很多网站能找到该文。

② 救世医院由一位美国归正教的传教士郁约翰所建。这是厦门最有声望的医院，坐落于鼓浪屿，免费为"救拔团"救助的女孩看病。女孩一进入收容院，立即由医生进行体检。她们大多数因主人的虐待而导致骨折或擦伤。见《鼓浪屿参观记》，《厦门民报》1934年3月26日。

③ 这一段依赖于第二、第三次年度报告里对粉梅事件的公开报告。报告包含了记载粉梅事件的各种文章。

④ Katherine Green, A Chinese Crusade, *The Christian Intelligencer*, July 1, 1933, pp. 404～406.

⑤ 这部分中的大多数信息可从年度报告里窥见。然而，采访施彩慧的过程中我也了解到不少信息。她于1936年8月26日被带到了收容院，那年她刚好10岁。1941年收容院关闭之前，她一直待在收容院。

大多数婢女来到收容院是出于自己的决定,也有少数婢女是她们的主人将之送来的。① 随着社会对蓄婢制度越来越反对,一些主人看不到蓄养婢女的好处了。这些主人顶着巨大的社会压力,尤其是如果他的婢女来到收容院寻找庇护并且消息被曝光,将会令他十分难堪,而训练一个婢女又需要很多花费,这使得蓄养婢女行为缺乏吸引力了。此外,1928 年新出台的《中华民国刑法》第 313 条(included Article 313)规定"使人为奴隶者处一年以上七年以下有期徒刑"②。接着,1932 年一个旨在根除婢女制度的法令发布了。这项管理规定标题为"防止蓄养婢女的举措"(Measures to Prevent People from Owning Slave Girls),明确规定买卖或拥有婢女违法。③

图 1　许春草(打领结者)与收容院女孩们的合照

资料来源:the Bessie Bruce collection at the Joint Archives of Holland, MI.

然而,厦门与那时中国的其他城市一样,这样的法令富于"政治色彩"而"实际操作起来大多数无效"④(更不要说这样的法令通过后不能在鼓浪屿租界里实施)。尽管社会与法律都禁止蓄婢,但是这项旧俗却依然广泛存在。驻厦门英国领事罗素·布朗(Russell Brown)明确表示:"理论上,婢女制度在中国并不存在,但是实际上,这种现象遍布全国。"⑤其他文献似乎也印证了布朗的观点。在 20 世纪 30 年代早期,厦门巡捕房进行了一项调查,发现有将

---

① 这是对救拔团的一个批评——他们其实不是在拯救婢女,而是主人自动交出来的。
② Enclosure in Russell Brown's despatch of May 1, 1929, in CO 129/514/2, Public Records Office (hereafter PRO), London.
③ R. T. Bryan, report entitled "Mui Tsai System," dated November 13, 1935, FO 371/20234, PRO.
④ R. T. Bryan, report entitled "Mui Tsai System," dated November 13, 1935, FO 371/20234, PRO.
⑤ Russell Brown, letter dated May 1, 1929, enclosure 2 in CO 129/614/2, PRO.

近 1700 个家庭蓄养婢女。① 婢女在鼓浪屿岛上也很常见。玛史威公爵（Sir George Maxwell,1871—1959）在为国际联盟做奴隶制调查时，报告了上海租界和鼓浪屿租界"工部局的态度是'不被认可'的"②。他接着说："除少数例外，鼓浪屿上每个富裕的中国家庭至少拥有一个婢女，在中产阶级家庭中，每三个家庭就有一个家庭拥有婢女。"一位关注鼓浪屿的传教士清洁理（Katherine Green）也有类似之语："几乎没有富裕家庭觉得他们能够在少于三四个婢女的情况下生活下去。"③虽然这样的数据有些许夸大，但是却表明，尽管对待婢女的社会潮流与法律因素改变了，但旧俗依然普遍存在。

除了上述进入收容院的方法，也有强行救援婢女的案例。④ 尽管这种强制性的实例并不多，可是分析许春草在总工会发挥的作用时，就会发现一些有意思的地方。大多数"救拔团"的成员是建筑总工会的工人，我们可以想象许多年轻人组成一支强大的军队，许春草经常召集他们保护收容院，营救精神错乱的婢女。⑤ 也有一些其他的活动是通过建筑工人实现的，比如说让他们为"救拔团"执行侦察活动。厦门的富裕公民，也就是那些有足够的钱雇佣建筑工人修葺房屋的人，通常也是那些最有可能蓄养婢女的人。这些建筑总工会成员通过在他们的房屋劳作，可以记录他们在哪里蓄养婢女，以及他们如何对待婢女。⑥ 因为工会的许多成员同时也是"救拔团"的成员，所以信息可以轻易共享，并且这些信息有时会被用来营救被迫害的婢女。⑦

大多数婢女来自思明区（厦门主要行政区），但是有一些也来自厦门岛外。1936 年《厦门民报》的一篇文章简要讲述了一个温州女孩的故事。12 岁的白雪被卖到厦门一个家庭里，并且遭受了虐待：殴打，强迫她睡在地板上，给她破布作为衣裳。她一度尝试过投海自杀，但被一个陌生人救起并送往收容院。⑧ 好像许多女孩都是被一些旁观者介绍进来的：或者是陌生人，或者是邻居，甚至是按照她自己的意愿，这些都趋使女孩到收容院寻求庇护。⑨

但并不是所有女孩进入收容院都能找到她们所追求的生活。在收容院运作的前两年半中，有 87 个女孩在这里受到了保护。事实上，其中有 10 个女孩并不是婢女，只是"在她们家

---

① "第三次年度报告"，第 34 页。还可参见《厦门市婢女调查报告》，《石生杂志》1932 年第 3 期，第 82～83 页。每一个家庭总共有 26 个婢女。这项调查仅限于厦门市，不包括鼓浪屿和周边地区。1936 年的一份调查显示厦门巡捕房发现了 1832 名婢女。

② Sir George Maxwell, memorandum entitled "Slavery" and dated April 2, 1935, 349.512505254 MAX, the Women's Library, London Metropolitan University.

③ Katherine Green, A Chinese Crusade, *The Christian Intelligencer*, July 1, 1933, pp. 404～405.

④ 张圣才：《许春草先生传记》，由其后代刊印，第 34 页。黄八团：《婢女救拔团》，《厦门方志通讯》1985 年第 2 期，第 25 页。

⑤ 厦门市总工会编：《厦门工人运动史》，厦门大学出版社 1991 年版，第 188 页。

⑥ 在整个闽南，厦门建筑总工会通过各个分支与"救拔团"整合在一起。建筑总工会有 9 个分支，每一个分支都是一个救助点。蔡严盛：《爱国奇人许春草》，当代中国出版社 2003 年版，第 83～94 页。

⑦ 何丙仲：《中国婢女救拔团》，《鼓浪屿文史资料》第八辑，中国人民政协厦门市鼓浪屿委员会 2002 年刊印，第 139 页。

⑧ 《婢女收容院参观记》。

⑨ 施彩慧支持此论。她猜测，大部分女孩经邻居帮助或经东家之外的某人帮助进入收容院。

里感到不悦"①。在这种情况下,这些女孩被送回她们的家庭。此外,还有"一些智商低下,以及不愿服从收容院规定的女孩逃走了",但是这种情况在随后便减少了。

婢女在进入收容院之后改称"院生",她们的生活有了巨大改变。在对蓄婢之人的批评中,有一条就是不让她们接受教育。当她们进入收容院后,就立即开始接受课程教育。这些女孩需要遵守的日程表十分严格,也是许多类似机构日常生活的典型。如表1,"第二次年度报告"呈现了一个院生典型的一天。

表1　收容院女孩的日程表

6:00	起床	1:30—2:30	分班上课
6:00—7:00	洗面漱口、朝操	2:30—4:30	工作(练习女红培植花木)
7:00—7:30	礼拜	4:30—5:30	自由时间
7:30—8:30	早膳	5:30—7:30	晚餐,户外自由时间
9:00—12:00	分班上课	7:30—8:00	礼拜
12:00—12:30	休息	8:00—9:00	自学
12:30—1:30	午餐	9:10	就寝

从这个日程表中可以明显地看到收容院一天生活中的宗教特色。院生除了早晚要做礼拜(由院生依次领读)②之外,还有正式的《圣经》课程。此外,星期天她们以教堂为中心,唱赞美诗,默记《诗篇》,招待来收容院布道的牧师。院生的核心生活是宗教,"救拔团"从一开始就对外宣称自己是基督教机构。一个传教士报道"一些人已经开始对给这些女孩教授大量的宗教观念感到不安"③。尽管在20世纪30年代,强制宗教教育甚至为一些教会学校所不齿,但收容院依然强制用基本基督教教义教育院生。④"第六次年度报告"中,提到了一名叫郑暹英的院生,她注意到对于大多数来自"迷信家庭"的院生来说,以基督教为中心是一次很大的改变。然而,当她们被灌输了"基督教精神"后,"历经巨变"。⑤

在院生的生活中,另一个值得注意的地方是她们从事的"工作"。除了包括轮流煮饭在内的日常事务之外,院生还要生产商品为收容院谋利。⑥ 院生被教以各种不同的手工技能,

---

① Katherine Green, A Chinese Crusade, *The Christian Intelligencer*, July 1, 1933, pp. 404～405.
② "第六次年度报告",第5页。
③ Doris Arrowsmith, writing in "A South Fukien Chronicle," PCE FMC Series 1 Box 23 File 3b, University of London School of Oriental and African Studies (SOAS).
④ 鉴于20世纪20年代对教会学校的批评,此处特别引人入胜。在"重获教育权利运动(restore education movement)"之期,很多人谴责教会学校被外国人管理,强迫学生上圣经课程。例如,参见Lian Xi, *The Conversion of Missionaries: Liberalism in American Protestant Missions in China*, 1907—1932, University Park, PA: Pennsylvania State University Press, 1997. 然而在收容院,任何形式的帝国主义论断几乎没有根基。
⑤ "第六次年度报告",第5页。
⑥ "第六次年度报告",第6页。施彩慧解释道,大一点的女孩做饭,小一点的女孩做一下更简单的杂事,比如,插花。根据第三次年度报告,院生1933年或1934年才开始生产商品,主要是担心流言四起说收容院利用女孩谋利。创立几年后,"救拔团"感觉赢得了公众信任之后,才采取此法。

例如刺绣、种花、做草鞋、草帽。生活的一部分就是参与此类活动。① 这在为收容院筹集资金的同时，也教会了院生在离开以后还能用得上的技能。当一位本地商人卓全成为收容院捐献了缝纫机之后，院生的此类生活就真正得以落实了。卓全成在厦门有一家棉纺店，他也是当地一家教会的长老。他不仅捐赠了缝纫机，而且还商定了洽购院生生产的成品。②

谈及院生的学习情况，根据年龄及先前的教育背景，她们被分成不同的班级。开设有中文阅读及写作课程，外加一门把罗马化的阅读与写作方式加进闽南语中的课程。基督教社区成功地把罗马化的版本用于唱赞美诗及圣经阅读，因而这门课程对学生至关重要。除此之外，院生还要学习的科目有珠算、数学及法律。③

维护香港妹仔制度者持续强调，妹仔制度并非奴隶制，因为通过婚嫁，妹仔终究会被授以自由。通常的情况是，婢女一旦将近20岁或20岁出头，主人有责任为婢女寻找一位夫君。对女孩们来说，婚姻同样是一个重要考虑因素，因为她们意识到，几乎不可能自行寻找到夫家。鉴于此，"救拔团"从一开始就明确说明，有责任为投靠收容院的任何女孩寻找到合适的伴侣。对某些女孩来说，进入收容院的一个理由是，担心主人无法为其找到合适的夫君。收容院嫁出的第一个院生是曾自雪。她于1930年11月进入收容院，1931年5月16日结婚。④ 在成婚之时，已经24岁了，对一个出嫁女孩来说，年龄偏大了。⑤ 大龄婢女逃往收容院的另一个理由是，一些主人并非把她们嫁出去，而是卖进妓院。林英就是这样一个例子，她在19岁的时候躲进了收容院，避免了沦为妓女。⑥

那些有意寻找院生为妻之人必须向收容院提出申请⑦，申请包括一张准新郎的照片，以及两封推荐信。⑧ 那些达到一定年龄的院生可以查看这些申请，如果流露出意思，可以选择接受。⑨ 男性申请人要求身体健康（要体检）⑩、品行端正，要有经济能力养活一个小家庭。⑪ 候选者并不要求一定是基督徒，然而院生的婚礼仪式必须依基督教礼仪。一些婚礼在鼓浪屿的教堂里举行，一些在收容院内，但是不管哪种情况都必须由当地牧师证婚。⑫ 另外，新娘以基督教流行的式样着装，身穿白色婚纱（见图2与3）。许春草自己就代行父亲的角色，在许多婚礼中把女儿嫁出去。

收容院嫁出去的所有院生在离开收容院时，都已更名换姓，这也很有意思。到1933年

---

① 据施彩慧所说，刺绣及大一点女孩从事的手工摇纺特别赚钱。
② 黄八团：《婢女救拔团》，《厦门方志通讯》1985年第2期，第24页。
③ "第六次年度报告"，第5页。
④ "第二次年度报告"，第7页、第9页。
⑤ "第三次年度报告"，第25页。
⑥ "第三次年度报告"，第16页。
⑦ "第五次年度报告"，第8页。
⑧ Katherine Green, A Chinese Crusade, *The Christian Intelligencer*, July 1, 1933, pp. 404~405.
⑨ 张圣才：《许春草先生传记》，由其后代刊印，第35页。
⑩ Katherine Green, A Chinese Crusade, *The Christian Intelligencer*, July 1, 1933, pp. 404~405.
⑪ "第三次年度报告"，第37页。
⑫ 很多史料表明，院生的婚礼在教堂举行。不过，这似乎只是偶然情况。第二次年度报告列出了一些结婚地点，包括鼓浪屿的教堂、学校、牧师家里以及收容院。施彩慧记得有婚礼在教堂举行，很可能还在收容院外摆了酒席。纵使并非所有婚礼都在教堂举行，很明显的是，这些是基督教式的婚礼。第三次年度报告里列出了前三年中为院生举行婚礼的牧师名单。

底26位嫁出去的院生中,9位用了许姓,以纪念收容院的创始人。同样,有的院生改了名。① 26个人中,每个人的名字中都有"自"字。② 据一个以前的院生说,女孩们可以选择名字中的第二字(第一个字是自,每个人都一样),如果她们没有姓氏,通常会选择姓许。③

来收容院寻妻的大多数家庭,可能经济状况一般,吸引他们的是不用提供彩礼。新郎直接送给新娘一点值钱的小礼物,让新娘准备衣裳,继而准备婚礼就可以了。在安排见面之时,"救拔团"也不会收取任何费用。④ 1932年12月30日许自俭的婚礼就被描述为"混式庄重,但较民间简单耳,藉省无谓应酬"⑤。

"救拔团"为能够替院生找到归宿而自豪,可是这些成就,同样也构成了批评"救拔团"的根源。⑥ 第三次年度报告的部分篇章就致力于回应当地报纸上一篇文章的攻击。1933年的某些时候,任昂在《晨报》上发表了一篇题为"从收容到遣嫁"的文章。尽管我无法读到文章原文,但通过分析"救拔团"的回应,我们可以重新建构那篇文章的论据。⑦ 看起来,收容院嫁出女孩的数量引起了一些人对其动机的怀疑,那篇文章的作者批驳"救拔团"搞包办婚姻。"救拔团"试图使怀疑者相信,收容院在嫁出院生的过程中并没有获利。另外一个指责是,在院生出嫁后,"救拔团"并没有为这些女孩的未来提供足够的保障。"救拔团"对此回应道,他们确实承诺过帮助在离开庇护所之后与原主人还有问题未解决的院生。然而,就保障"幸福生活"而言,没有人,包括"救拔团",能够确保这点。

图2 身着婚纱的院生与新郎的合照及其与参加婚礼的收容院女孩们的合照
资料来源:第三次年度报告。

这种特殊指责的产生很有可能是因为卷入了林英事件。林英拒不沦为妓女,在收容院里住了几个月后,一个当地牧师给她介绍了一门婚事。林英在婚后(从鼓浪屿)回到厦门,恰好遇到了她原先的主人黄先生,黄先生将林英的丈夫逮捕起来并送往当地法院。她的丈夫交了保释金并被释放了,这场官司转向了谁来负起把林英"卖给"她丈夫的责任。矛头很快指向了收容院。法院再次要求许春草出庭,但是根据粉梅案件,"救拔团"认为法院不

① 院生不仅在结婚时更改名字,进入收容院之后也取了新名字。难以通过报告里的名字追踪到院生,因为报告有时会以不同的名字指同一个女孩(尽管之前的名字仍然在册)。
② "第三次年度报告",第25页。
③ 对施彩慧的采访。更名策略同样适用于福州救助的婢女。参见汪毅夫:《清至民国时期福建的婢女救济及其绩效》,《东南学术》2008年第6期,第176～182页。
④ "第五次年度报告",第8页。
⑤ 子耕:《最近三月止中国婢女救拔团》,《石生杂志》1932年第3卷,第4—5期,第169～171页。
⑥ 许春草的女儿说,收容院嫁出了60多个女孩。Patricia Ku, *The Story of Spring Grass*, Atlanta:GA, 1988, p.78.
⑦ 许春草的儿子许牧世在一篇《告怀疑女人的朋友》的文章中进行了回应。该文章可在第三次报告中找到。

图 3　身着婚纱的院生与新郎的合照及其与参加婚礼的收容院女孩们的合照
资料来源：the Bessie Bruce collection at the Joint Archives of Holland, MI.

可能公正地审讯。许春草拒绝出席法院，"救拔团"以书面形式回应了法院的传唤。"救拔团"最终花了100大洋律师费（他们花钱雇了律师在法庭上抗争），法院也并没有对他做出惩罚。事态虽然缓和了，但是这个插曲又一次体现了"救拔团"初期与当地政府之间的脆弱关系。①

五、财务情况

"救拔团"的年度报告中有大量内容致力于反映财政状况。事实上，保持财政透明度也被明确视为年度报告得以出版的主要原因。就记录的财政信息而言，年度报告也越来越细致。② 为了防止贪腐行为的发生，"救拔团"对财政问题非常警觉。因而，这也为我们留下了非常详尽的记录，以便观察"救拔团"是怎样募集及使用资金的。在前两年，"救拔团"为了不被赞助的个人或团体的某些规定所限，并不积极向外部募集资金。"救拔团"同样声明，既然我们没有可炫耀的功绩，那么向社会大众募集资金，并不合宜。众所周知，收容院是一项耗财之举，也有批评说收容院是一套伪贵族的把戏。任昂在他的一篇文章里就谴责救拔团，称其是"不根据婢女需要的英雄事业"，因为"救拔团"拒绝公开募资。③

且抛开"救拔团"并不热心向外募资的动机不论，在前两年里，"救拔团"的财政负担很

---
① "第二次年度报告"，第32页；"第三次年度报告"，第16～18页。
② "第六次年度报告"，第1页。
③ "第三次年度报告"，第36页。

重。据第二次年度报告里的账目,两年的总收入才 800 大洋出头①,但同期的支出却超过了 6000 大洋。许春草自己掏了腰包以弥补收支之差。当时许春草名下有一家建筑公司,可是写于当时的很多回忆录却表明,在"救拔团"的前些年里,许春草的经济状况特别紧张。英国的一份官方报告在描述许春草时,说他是一名慈善家,在创建和打理收容院时几近破产。② 随着越来越多的女孩寻求庇护,许春草被迫举债以应对日渐增长的开支。③

然而,两年后,"救拔团"决定公开集资。微求队解决了资金来源的问题。④ 这也开创了出资赞助"救拔团"的新纪元。三年时间内,"救拔团"会员数超过 1 万,从会员处寻求捐赠自然是一条明显的筹钱渠道。⑤ 然而,这些会员认可救拔团的宗旨,可是却不见得一定会出资捐赠。我们从年度报告中可得知,尽管捐赠增加了,可是钱的数额以及捐款人的数量相对较少。"救拔团"拥有很多会员,可是大部分来自建筑总工会——普通工人不可能有钱进行捐赠,明白这点很重要。同样,很多上层阶级的市民要么养有婢女,要么与养有婢女之人走得很近,因此又减少了一批捐赠者。

在当地基督教社区中,赞助名单以"谁是谁"的形式显示。⑥ 诸如周之德、杨怀德、杨就是、王宗人等颇有名望的牧师都进行了捐赠活动。⑦ 1935 年,最大的私人捐赠来自知名的基督徒,包括卓全成(他早些时候就给收容院提供了缝纫机与物料)捐赠了 300 大洋,殷碧霞(其夫君为厦门大学时任校长林文庆)捐赠了 100 大洋。⑧ 也有机构团体向"救拔团"捐献了资金,其中鼓浪屿工部局捐得最多(这层关系下文讨论),鼓浪屿上的英国教会的主日学校班及苏格兰主日学校班在内的其他团体通过传教士进行了捐赠。⑨ 报告中不仅提到了捐款,物资捐献也记录在案。例如,大米、衣物、鞋子、圣经、教材等,都得到了悉心的记载。

除此之外,"救拔团"还通过汇演及街头游行的方式筹款。⑩ 依照此法,"救拔团"的领导们对"救拔团"的宣传也越来越熟练。唐日安(Ryan Dunch)在其对福州激进基督徒的研究中论述到,中国的新教徒们凭借他们的教会背景,成功地采用了在政治运动中发挥作用的

---

① 本文所有货币单位均为大洋。
② G. R. Bass, enclosure entitled "Notification No. 24: Registration of Pi Nu" in letter by A. J. Martin (dated December 23, 1936), November 4, 1936, FO 371/20966, PRO.
③ 张圣才:《许春草先生传记》,由其后代刊印,第 36 页。
④ 子耕:《最近三月止中国婢女救拔团》,《石生杂志》1932 年第 3 卷,第 4-5 期,第 169~171 页;《中国婢女救拔团第二届委员大会》,《石生杂志》1933 年第 4 卷,第 3 期,第 20~27 页。
⑤ "第三次年度报告",第 22 页。
⑥ 我没能查到每个捐赠者的名字,可是与闽南基督教协会的现存记录一对照,显然,有重叠的地方。同样,这些教堂只会记录参加年会的牧师、长老、执事的名字,这一点很重要。很明显大多数个人捐献者乃中国基督徒,他们中多数是教会的领导者。
⑦ "第六次年度报告",第 7~11 页。
⑧ "第五次年度报告",第 10 页。
⑨ "第六次年度报告",第 14 页。
⑩ 一些原始材料甚至宣称,在游行途中,许春草手里拿着扩音器,朝反对"为自由而战"的婢女大喊大叫,加入示威队伍中,进入收容院。参见何丙仲:《中国婢女救拔团》,《鼓浪屿文史资料》第八辑,中国人民政协厦门市鼓浪屿委员会 2002 年刊印,第 139 页;蔡燕生:《爱国奇人许春草》,当代中国出版社 2003 年版,第 86 页。

歌曲与符号。① "救拔团"似乎也是如此,组织了街头游行、集会甚至创作歌曲。② 图 4 是"救拔团"成立两周年庆典的一张图。在图中,不仅女孩子们清晰可见,还能看到受邀的铜管乐队的表演。这类庆典不仅是为了纪念"救拔团"的诞生,更重要的是,它还能唤醒民众对"救拔团"这项事业的意识以寻求捐赠。例如,为了庆祝"救拔团"成立三周年,就在厦门中山公园举行了一次游行。③ 为了此次庆典,"救拔团"向大量组织机构发出邀请,包括政府机构、会馆、报纸、学校、商业团体,结果 4000 多人参加了此次游行。④ 群众在公园集会以及听了几场演讲之后(包括一名被救婢女的演讲),一起跟着汽车与标语在厦门的主要街道上游行。⑤ 很明显,当时政府的反对之声减弱了,不仅巡捕房派出大批巡警保护集会(6、7 步一岗),厦门工部局总领董事林飞鸿还发表演讲支持"救拔团"。⑥

除了这些游行有筹钱的机会之外,"救拔团"还组织了院生汇演活动以收取门票费用。⑦ 由院生表演的歌曲、短剧汇演通常在"五一"、"双十"等节日上演。⑧ 总体上,"救拔团"在传播消息方面非常熟练。图 5、图 6 显示了"救拔团"怎样刻画蓄婢旧俗以激发厦门社会的同情。

六、与外国的联系

虽然"救拔团"建立的收容所是最有影响力的,但是它不是厦门仅有的,也不是最早的此类机构。在鼓浪屿上,租界的工部局在 1913 年建立了济良所,意欲照顾受到虐待的女性。⑨ 此机构不仅照看婢女,还收留出逃的妓女及孤儿,它由当地的一群外国和本地妇女一同管理。⑩ 她们既是传教士又是商人的妻子。然而,到 20 世纪 20 年代后期,就有人抱怨说,这个庇护所是个鬼门关。⑪ 据说,只要向收容所的主管说一些好话,他就会把婢女释放

---

① Ryan Dunch, *Fuzhou Protestants and the Making of a Modern China 1857—1927*, New Haven: Yale University Press, 2001, ch. 4.
② 第二次及第六次年度报告里记录着会歌的情况。
③ 《婢女救拔团三周年纪念》,《道南》第 7 卷,第 19-20 期,第 21～22 页。
④ "第三次年度报告",第 40 页。
⑤ "第三次年度报告",第 41 页;《三周年纪念大会概况》,《救国月刊》,1933 年第 6 期第 7 版,第 31～34 页。
⑥ 《三周年纪念大会概况》。
⑦ 黄八团:《婢女救拔团》,《厦门方志通讯》1985 年第 2 期,第 24 页。
⑧ 刘浑生:《许春草先生行传》,《福建文史资料》,福建省人民出版社 1986 年版,第 141 页;郑寿岩:《文苑拾芥》,香港天马出版有限公司 2004 年版,第 267 页。
⑨ 刘浑生:《许春草先生行传》,《福建文史资料》,福建省人民出版社 1986 年版,第 141 页;Kate De Pree, Refuges for Slave Children, *The Mission Gleaner*, 1916, Vol. 33, No.9, pp. 13～14.
⑩ Katherine Green, A Chinese Crusade, *The Christian Intelligencer*, July 1, 1933, pp. 404～405.
⑪ 厦门市总工会编:《厦门工人运动史》,厦门大学出版社,第 188 页。

还给原主人。① （这）常常导致女孩挨鞭子。② 这个组织的规模并不大，在1937年因日本人的到来而被迫关闭之时，仅有10个女孩在册。其中两人被移交至收容所，其余的回到了家中或投奔了亲戚。③ 同样，还有类似的机构先于收容所建立。例如，1929年建立的妇女解放协会。④ 这表明婢女问题（大体上与女权联系在一起）得到了厦门中外人士的关注。纵然婢女问题的关注度越来越高，厦门政府官员与鼓浪屿工部局起先对"救拔团"的方法很是担心，因而也讨论了这样一个机构的合法性。⑤

图4　这张照片拍摄于1932年，发表于"第三次年度报告"。
"救拔团"成员的前两排为院生，后面是管铜乐队，他们很有可能来自厦门建筑总工会，为庆祝会表演节目。

至少，在1931年3月国联的一个代表团进驻收容院之时，鼓浪屿上的情形已开始转变了。代表团赞成"救拔团"的宗旨，批驳工部局不支持此类进步机构。国际代表的责备使得

---

① 黄八团：《婢女救拔团》，《厦门方志通讯》1985年第2期，第24页。
② 何丙仲：《中国婢女救拔团》，《鼓浪屿文史资料》第八辑，中国人民政协厦门市鼓浪屿委员会2002年刊印，第136页。
③ 《鼓浪屿工部局报告》，1937年。
④ 何丙仲：《中国婢女救拔团》，《鼓浪屿文史资料》第八辑，中国人民政协厦门市鼓浪屿委员会2002年刊印，第136页。
⑤ 张圣才：《许春草先生传记》，由其后代刊印，第1～88页；刘浑生：《许春草先生行传》，《福建文史资料》，福建省人民出版社1986年版，第142页。两位作者都记录到，工部局一再警告早年"救拔团"保持低调。

工部局颇为尴尬,也促使了工部局对收容院采取赞成态度。① 随着国际上对婢女问题的愤慨之声的高涨,工部局决定在鼓浪屿上实施类似于香港已执行的登记制度。到1936年6月30日止,主人要为婢女登记,出示两张单人照片。然而,直到截止日期已过,也没有主人来为婢女登记。工部局推迟了截止日期,但还是没有婢女前来登记。直到工部局规定对那些在11月30日之前没有进行登记之人将处以5大洋的罚款时,婢女登记制度才开始真正实行。至12月上旬,有702名婢女进行了登记。②

图5、图6 这些图片发表于1931年的《石生杂志》
左边的版画刻画了一个以"封建"的眼光将自己的婢女视为牛马的主人。
右边是一个表面上受人尊敬的蓄婢主人在虐待婢女。

20世纪30年代中期,工部局已全力支持收容院,并成为收容院最大的赞助机构,它每年向收容院拨款1470元。③ 除财务支持之外,工部局还向收容院派出了一名代表——欧施美姑娘(Miss Dora Arrowsmith),一名英国长老会教士。她参与管理了"救拔团"的日常事

---

① 张圣才:《许春草先生传记》,由其后代刊印,第42页。当前很多史料提及了此次国联代表团的造访,并认为对"救拔团"的壮大产生了影响。可是国联代表团的实际报告中只提到了代表访问了收容院。见 See League of Nations, Commission of Enquiry into Traffic in Women and Children in the East: Report to the Council, Geneva: League of Nations Publication Dept., 1933.

② G. R. Bass, enclosure entitled "Notification No. 24: Registration of Pi Nu" in letter by A. J. Martin (dated December 23, 1936), November 4, 1936, FO 371/20966, PRO. &R. T. Bryan, report entitled "Mui Tsai System," dated November 13, 1935, FO 371/20234, PRO.

③ 这个数字是1940年的开支。工部局1935年开始向"救拔团"捐款,每年600大洋。1936年预算翻倍。1937年、1938年工部局计划捐献1440大洋。

务,同时还是当地一所女子中学的校长。1935 年,欧施美邀请英国驻厦门领事之妻马尔丁太太(Mrs. Martin)向院生们讲授专门针对西方顾客的刺绣与缝纫之法。同时,马尔丁太太也为院生的产品寻找客源。①

施彩慧的故事可以最好地诠释工部局对收容院的态度。1936 年施彩慧离开主人后就被送到了工部局,当晚在工部局总部过夜之后,一名官员把她送到了收容院。施彩慧尤其记得欧施美姑娘与收容院女孩玩耍的情景,她还记得收到过来自工部局的圣诞礼物。事实上,工部局秘书长会在圣诞节时打扮成圣诞老人的模样造访收容院。②

工部局并非唯一支持收容院的国际机构。收容院存在两年之后,原来的场所已容不下了,不得已被迫寻找新的居所。黄嘉惠是一个厦门土著,也是上海反鸦片协会的工作人员,他说服了在上海的德国领事,把原来德国在鼓浪屿上的领事馆(一战后撤离)租给收容院。这栋建筑修建得很结实,足够大,还包括一个带围墙的小花园,收容院每年付租金 600 元。③在 1941 年关闭之前,收容院都设在这里。

然而,尽管有这些国际上的联系,直到 30 年代,"救拔团"及其收容院仍由许春草领导的中国积极分子管理。在收容院成立后的 10 年里,许春草日益卷入其他活动中——抗日。许春草在 30 年代早期就投身抗日活动了,他组织了全中国首个"公开"的抗日协会,把标语悬挂在建筑总工会的总部之上。④ 许春草同时还是闽南基督教抗日协会的主席,创办了两份期刊以唤醒抗日意识,支持抗日事业。⑤ 1937 年日本军队占领厦门之后,许春草全力参与筹划阻止日军铁蹄的计划,用大量的时间奔走于厦门之外,在东南亚为抗日行动筹集资金。

当日本人占领厦门之时,作为租界的鼓浪屿,乃为安全区。那时鼓浪屿上充斥着难民。收容院还开着,但遭受了损失。一名观察者描述道:"真的是……一个惨不忍睹之地,残垣断壁。"他继续说到,院生们"公用牙刷、毛巾、脸盆,没有肥皂,有几个患有严重的皮肤病"。⑥其中一些女孩参与了救助工作。但是印象最深的是,当时收容院接纳了一些临时居住者——来自厦门的 400 名避难者被安置在地下室。⑦

随着日本的入侵,"救拔团"受到了极大的限制,收容院在继续营救女孩,可是已没有了游行及"微求队"。我们找不到这些年的年度报告,很可能根本没有年度报告出台。1938 年欧施美为工部局撰写的年度报告中说:"5 月上旬,许春草已无力负担收容庇护者的费用。"⑧1939 年 8 月,许春草通过书面交涉把收容院交付官方管理。⑨ 工部局接过了(重任),任命了一个主要由教士组成的委员会(加以管理)。然而,日常事务(仍然)由许春草的妻女

---

① "第六次年度报告",第 3 页。
② 黄拔团:《婢女救拔团》,《厦门方志通讯》1985 年第 2 期,第 26 页。
③ 第三、四、五、六次年度报告里都提到了租金。
④ 谢春池:《厦门抗日往事》,《厦门文学》2007 年第 7 期,第 4～23 页。
⑤ 《石生杂志》与《救国周刊》,后者后来改为《救国月刊》。
⑥ Tony Strange, "Tony and Margaret Strange and Family in China and Australia, 1936—1951," unpublished manuscript in PCE FMC Series 3 Box 48, SOAS.
⑦ Kulangsu Municipal Council Report for 1938, FO 371/23525, PRO.
⑧ Kulangsu Municipal Council Report for 1938, FO 371/23525, PRO.
⑨ Kulangsu Municipal Council Report for 1939, FO 371/24663, PRO.

图 7　1941 年初收容院女孩、工作人员以及支持者们的合照

应当注意到,此时外国女性(大多是传教士)增多,更值得注意的是照片里没有男性出席。

资料来源:the Bessie Bruce collection at the Joint Archives of Holland, MI.

和曾为院生的舍监管理。① 1941 年 12 月 8 日,日本正式占据鼓浪屿,软禁了所有西方人,因此结束了鼓浪屿作为安全区的地位,实际上也结束了收容院的存在。

结　语

中国婢女救拔团是民国时期厦门的一个有影响力的机构。"救拔团"号称有 1 万名成员并且共为将近 300 名婢女提供了庇护所,它的存在也对仍蓄养婢女的家庭产生了影响。② 在那时,厦门有一个流行的说法:"不要再打了,让许春草知道会惹麻烦的。"③ 本文在介绍"救拔团"时特别集中分析了其中国因素以及基督教的特点。在 20 世纪初,许多西方传教

---

① Kulangsu Municipal Council Report for 1938, FO 371/23525, PRO.
② 很难精确得出到底有多少女孩在收容院待过。我们的记录中显示了有报告年份的进入及离开收容院的数量,然而最后的四年没有书面报告。施彩慧估算,她在收容院之时,有近百名女孩。自 1932 年始,平均每年 60~150 人。然而,因出嫁及新人入院的原因,人数是变动的。张圣才声称,总共有超过 300 名女孩被救助,而笔者的估算是 250 人,这一估算也更精确。
③ 张圣才:《许春草先生传记》,由其后代刊印,第 42 页。

士致力于传播福音。这种"社会福音"的方法着重于建设诸如医院、学校等（社会服务设施）以期影响社会。研究中国基督教史的学者在讨论这些社会服务设施时，倾向于强调做出这些成就的外国因素。然而本文通过阐述中国基督教徒在他们的信念下做出的社会服务活动，使我们可以更深入地了解中国基督教史。

本文并不是比较厦门的婢女问题以及香港的妹仔现象，后者的研究是为了更好地理解前者。在某种程度上，收容院扮演了香港妹仔问题庇护所——保良局的角色。然而，两者最大的不同在于基督教所发挥的作用。赞成管理妹仔制度的中国精英分子设立了保良局与基督徒对抗（中外基督徒），而基督徒却绝不反对消除蓄养妹仔的现象。保良局的例子就十分有趣，新妹仔都要在关帝像前起誓。① 彭佩婷注意到，尽管香港反妹仔阵营的大多数人是基督徒，但是他们的宣言中并没有体现基督教原则。② 按彭佩婷的说法，与反基督教运动联系在一起的是高涨的民族情绪，这最有可能导致此现象的产生。然而，在收容院内，基督教原则被明确地体现在"救拔团"的宣言之中。事实上，在对"救拔团"的这些批评中，都指出"救拔团"对宗教教义和宗教活动的强调反而不利于其作为一个社会机构参与活动。③ 然而，"救拔团"对这些批评很不服气，对信仰在其组织中发挥的中心作用拒不否认，反而从一开始就宣称自己是一个基督教机构。④

本文进一步加深了将婢女问题放在中国背景下的理解。因为这是一场营救婢女的中国人对抗蓄养婢女的中国人的斗争，所以说厦门这场反对婢女制度的运动是一个中国内部事务，那么反对者就不能像香港一样，利用持有"东方主义立场之人"的辩护之辞了，婢女制度是东方的"本土习俗"。

"To Rescue the Wretched Ones": Saving Chinese Slave Girls in Republican Xiamen

Chris White

Abstract: This article examines the Society for the Relief of Chinese Slave Girls, an institution created in Xiamen, Fujian, in 1930 by Xu Chuncao, an influential member in the local Protestant church and society. The Society established an Asylum to rescue persecuted *binü*, or "slave girls," and in total, nearly 300 girls sought refuge here. Utilizing yearly reports from the Society, this article analyzes the challenges of creating such an organization in Republican Xiamen and the lives of the girls who were housed in the Asylum. The "slave girl" or *binü* issue in Xiamen was influenced by the *mui tsai* debates in Hong Kong and Southeast

---

① Poon Pui Ting, The Mui Tsai Question in Hong Kong (1901—1940), with Special Emphasis on the Role of the Po Leung Kuk, *M. Phil. thesis*, Hong Kong: University of Hong Kong, 2000, pp. 1 ~ 266.

② Poon Pui Ting, The Mui Tsai Question in Hong Kong (1901—1940), with Special Emphasis on the Role of the Po Leung Kuk, *M. Phil. thesis*, University of Hong Kong, 2000, pp. 78 ~ 79.

③ "第三次年度报告"，第37页。

④ "第三次年度报告"，第37 ~ 38页。

Asia. However, the campaign in Xiamen was unique in that although the Society was not a "church" establishment, it was definitely a Christian institution. Furthermore, the Society in Xiamen was largely removed from the colonial concerns associated with the *mui tsai* controversy because it was initiated and managed by Chinese.

Keywords: *binü*; slavery; Chinese Protestants; Xiamen; Xu Chuncao

Original English version published in *Twentieth Century China*, vol. 39, iss. 1, Jan. 2014, pp. 44 ~ 68. This journal can be found at: www.maneyonline.com/tcc

闽台诗钟与林尔嘉的诗坛成就

陈娟英[*]

【摘要】 诗钟是一种特殊的文学体裁,是一种具有竞技性质的集体创作诗歌活动。清代中叶诗钟在闽地产生,至清代末年传遍全国各地,闽台两地尤其兴盛。林尔嘉是清末民国年间在闽台两地负有声望的重要人物之一,著名的爱国爱乡实业家、诗人。日据台湾后,林尔嘉内迁厦门,在鼓浪屿创办"菽庄吟社",汇聚闽台著名诗人,前后长达31年,其人才之众、佳作之多、影响之大,创下我国文人诗社之最,是值得浓墨书写的一页。

【关键词】 闽台诗钟　林尔嘉　菽庄吟社

诗钟是一种特殊的文学体裁,是一种具有竞技性质的集体创作诗歌活动。清代中叶诗钟在闽地产生,经过辗转播迁,到清代末年已经遍及全国各地。诗钟一经传入台湾,便迅速兴起,占据诗坛的主流地位,使台湾诗风为之一变。诗钟在闽台两地尤其兴盛,涌现出一大批诗钟名家,创作了大量优秀诗作,在中国近代诗歌史上雄据一席。

林尔嘉是清末民国年间在闽台两地负有声望的重要人物之一,著名的爱国爱乡实业家、诗人。日据台湾后,林尔嘉在厦门鼓浪屿创办的"菽庄吟社"和其长子林景仁在台北创办的"东海钟声社"成为海峡两岸两个重要的诗钟活动中心,汇聚闽台两岸著名诗人,同气相求,同声相应,为反抗日本殖民统治,延续和传承中华传统文化,谱写了一首首文化之魂不灭、民族精神长存的壮丽诗篇。

一、闽台诗钟创作与结社

诗钟是一种文学体裁。汪毅夫先生所著《台湾文学史·近代文学编》有谓:"诗钟乃是一种具有竞技性质的集体活动,有关时、体、题、韵的严格规定和'拈题'、'宣唱联句'之类具有游戏趣味的项目。"诗钟之会以钟刻或香烬为时限,在规定的时限内,"不拘作若干卷,限到截止不得再投",一卷就是一联,"闽人例作四联",台湾诗钟之会有七律、七绝等作品种类派生。诗钟文体有"直追汉魏齐梁以上"的文化艺术特性与民族文化品格。

近人徐珂所撰《清稗类钞》有《诗钟之名称及原起》等篇,略称:"诗钟之为物,似诗似联,于文字中别为一体";"昔贤作此,社规甚严。拈题时缀钱于缕,系香寸许,承以铜盘,香焚缕断,钱落铜盘,其声铿然,以为构思之限,故名诗钟,即'刻烛击钵'之遗意也"。诗钟有笼纱、嵌珠二格,嵌珠即折枝之异名,但当时人们往往不称嵌珠,而更经常使用折枝之名称。

---

[*] 陈娟英　厦门市博物馆　福建　厦门　361000

据陈海瀛《希微室折枝诗话·折枝起源第一》考证,早在清代嘉庆年间(1796—1820年),闽藉爱国英雄林则徐就写有折枝诗句。到了道光年间(1821—1850年),福州人已在当地和北京等地组织诗社,开始有组织地定期进行折枝吟活动。据目前所知,折枝始于清嘉庆年间,道光以降乃盛行。福州为诗钟发源地,被称为"诗钟国"。

诗钟自从清代中叶在闽地产生以来,经过辗转播迁,到清代末年已经遍及全国各地,产生的诗钟集著不计其数。

闽派诗钟在唐景崧入台前就传入台湾,1887年4月,唐景崧莅台就任兵备道,曾设诗会。唐景崧是位诗钟迷,赴台前在北京就曾与许多闽人诗酒酬酢,而诗钟之聚尤繁。到台就任后,其组织的诗钟活动规模更大,盛极一时。闽台诗钟活动大都采取组织诗社、定期集会吟咏的形式。如施士洁《送前韵》"坐中赏雨吟修竹"一句表现的就是集体创作的场面。与诗钟的盛行相联系的是诗人结社成风。

诗钟一经传入台湾,便迅速在台湾兴起,占据诗坛的主流地位。从光绪十二年(1886年)唐景崧在台南道署倡为诗钟开始,到光绪二十一年(1895年)日人入据前的十年间,台湾诗钟社团纷起,名家辈出,佳作纷呈,格目出新,诗钟理论也有所创建。清末台湾的诗钟社团,既有作为台湾诗钟社团"嚆矢"的斐亭吟社,也有专门创作诗钟的荔谱吟社;既有具有全台性影响的牡丹诗社,也有清一色少年诗人组成的海东吟社。其中斐亭吟社与牡丹诗社还分别成为清末宦台文人及台湾名士在台南和台北的两个文化活动中心。

唐景崧辑录《诗畸》一书(光绪十九年即1893年,台北刊本)中共收录诗钟4000余联、律诗200余首,载有诗钟凡例9条。作者共55人,其中闽人约占一半,由此可见福建文人在台湾诗钟活动中的影响。

在福建诗人的推动下,台湾的诗社活动更是青出于蓝而胜于蓝,诗社的数量和活动规模比起福建有过之而无不及。据赖子清的《古今台湾诗文社》统计,清代至日据时期台湾诗文社有300多个,其中大部分有从事诗钟活动。

清末台湾钟坛涌现出了一大批诗钟名家,创作了大量的优秀诗钟之作,其中唐景崧、王毓菁、施士洁、丘逢甲、汪春源、陈凤藻等,所作诗钟风格各异,各成家数。唐景崧各体兼攻,雄浑豪迈;王毓菁擅为嵌字,富于韵致;施士洁长于咏物,庄老襟怀;丘逢甲善作难题,旨丰趣深;汪春源融经铸史,峭拔深奥;陈凤藻融合百家,圆熟丰润等。唐景崧被誉为"钟中将帅"[①],王毓菁被称作"闽派代表"[②],施士洁与丘逢甲被推为台湾"诗界二公"[③],在台湾诗钟史甚至整个诗钟史上分别占有一定地位。此外,丘逢甲还被梁启超称赞为"诗界革命一巨子"[④],与黄遵宪齐名,在中国近代诗歌史上雄踞一席。

清末诗钟在台湾的兴起,还使台湾诗风为之一变。光绪十一年(1885年)台湾建省以前的数百年间,台湾见诸记载的文学社团仅有东吟社、斯盛社、潜园吟社、竹社、梅社、崇正社数家,主要由宦游之士或流寓诗人组成,活动方式则以"拈题选韵"、应酬唱和为主,参加人数

---

① 唐景崧辑:《诗畸》,清光绪十九年(1893年)台湾布政使署刻本。
② 王鹤龄:《风雅的诗钟》,台海出版社2003年版。
③ 连横:《台湾诗乘》,台湾银行经济研究室1960年版。
④ 转引自福建师范大学闽台区域研究中心编:《闽台区域文化研究》,中国社会科学出版社2000年版。

少、成员结构单一、活动不甚频繁、影响范围不大。诗钟传入台湾后，特别是光绪十二年（1886年）唐景崧在台南道署倡设斐亭吟社以来，台湾诗文社团发展为由地方主要官员亲自主持、有固定成员与活动规则、定期活动的结社吟咏，开创了诗社活动常规化的风气；同时，社会各界人士广泛参与，从宦台诸公到游幕诸友、从台湾名士到流寓诗人、从名儒巨商到弱冠少年等，无所不包，成为宦游之士与台籍诗人共同参加的大规模集体创作。

清末以来台湾诗钟在出题、投卷、誊录、阅卷、评取、宣唱、赏贺等一系列活动规制与程序上，兼采闽地折枝"大唱"与"连环唱"之长，而有所改创，其活动形式上"以唱为重"的特点，创作上追求典句"熨贴自然"以及空句"看似寻常而有故实"的风气，一直得到保持和延续，但在体例格式上却又有所增益和派生。台湾诗钟之会有七律、七绝等作品种类派生，从而开创了台湾文学史上"击钵联吟"的创作时代，它起源于"诗钟"却包括了诗钟、七绝和七律。

汪毅夫先生曾谈到诗钟在台湾建省初期（1886—1893年）对台湾诗界有如下积极影响："其一，在台湾近代文学史上开创了诗社活动经常化、常规化的风气；其二，促成台湾各地、各界文学爱好者的联谊；其三，推出一批佳作名篇。"

在大陆诗钟对台湾诗钟强势影响的总体背景和前提下，由于台湾独特的自然地理环境与特殊的社会历史际遇，台湾诗钟也显示出不同于大陆诗钟的发展轨迹。台湾诗钟不仅是诗钟创作的艺术，而且也是对社会情态、历史风物、民生疾苦等的记载与描述，其中寄寓了台湾钟手的所思所想及态度观感。台湾诗钟史，不仅是台湾诗钟的历史，而且也是一部台湾社会的风俗史、变迁史，以及台湾钟手的思想史与心灵史。

日据时期，台湾诗钟不仅没有"把贵重的传统精神丢掉"，而且是台湾诗人用以沟通全岛声息、反抗日本殖民统治、延续和传承中华传统文化的重要载体，并依然占据台湾文坛的主流地位。连横在《三百年来台湾的诗》中曾谓："台湾所失者土地，而长存者精神，民族文化不灭，民族复兴亦可期。"汪毅夫先生亦谓："台南南社在日人据台时期勉力维持近四十年，它的存在本身就是一首爱国的诗。"①从日据时期台湾诗钟的发展来看，诗钟在日本殖民统治者掌控着政治霸权和话语霸权的殖民地台湾，谱写了一曲文化之魂不灭、民族精神长存的壮丽之歌。

1945年8月15日，中国人民抗日战争取得伟大胜利，宝岛台湾在日本殖民统治长达半个世纪之后重新回到了祖国的怀抱，台湾钟手在回归的喜悦中纷纷释放出长期被压抑的诗思与热情，众多在日据后期因日殖当局压迫而被迫解散的诗社钟会也几乎在一夜之间全部得到了恢复或重振，社际联吟、区域联吟、全岛联吟错杂纷呈，此起彼伏，台湾诗钟迎来了盛大的狂欢。②

清末以来，海峡两岸诗钟作手的交流与接触，有的是出于纯粹的钟艺切磋，有的则是为了民族危亡所进行的同声相应、同气相求。两岸诗钟交流的历史表明：即使是在日据时期，也阻绝不了两岸钟手蹈海相求的渴望，中华文化永远是维系两岸人民的最坚韧的脐带。

---

① 汪毅夫：《台湾近代文学丛稿》，海峡文艺出版社1990年版。
② 黄乃江：《台湾诗钟研究》，复旦大学出版社2009年版。

二、厦门菽庄吟社

乙未(1895年)割台前后离台内渡的台湾钟手,许多并没有停止诗钟创作,而是投入到大陆各地诗钟社团的诗钟创作活动中,有的甚至还成为落籍所在地诗钟创作风气的倡导者和诗钟社团的组织者,其中林尔嘉在鼓浪屿成立的菽庄吟社便是最重要的诗钟社团之一。

林尔嘉爱好诗歌、围棋、古玉,追求高雅的文化享受。1913年,他选址鼓浪屿港仔后兴建"菽庄花园"。园中有一胜景题名"小板桥",寄托他对台湾故土和先人的深挚怀念。中国园林历来注重诗文,园以书卷气为上品。林尔嘉建造菽庄花园后,随即于1914年7月在林氏府成立菽庄吟社。一开始就有吟侣300多人,几乎囊括了闽台术有专攻的饱学之士,每逢七夕、中秋、重阳、上元等节庆日都要举行诗会,酬唱不断,后来发展到将近1000人,范围遍及福建、湖南、江苏、浙江等省市,菽庄花园也成为名副其实的"文士园"、"诗人园"。

从1914年至1944年主盟者沈琛笙去世菽庄吟社才停止活动,前后长达31年。其人才之众、佳作之多、影响之大,可与辛亥革命时期的上海南社(活动于1909—1923年,吟侣1100人,出版《南社丛刻》22集)相媲美,而存在时间之长则创下了我国文人诗社之最。这是海峡两岸文坛的一大盛事,是值得浓墨书写的一页。

吟社成立后,林尔嘉的住宅、别墅成为吟侣的旅馆,"座上客常满,杯中酒不空"。每逢"佳时令节,折简召南州名士高会于斯,偕游'藏山'、'补海'之园,看桥卧明波,听松吟翠岭,醉晴畦芍药,饯雨后黄花,偶然怆怀家国,则托诸于咏歌。厚涵乎万类,淡泊乎无营,非专寄其性情而已……日吟啸其中,煮茗焚香,评花量竹,视世俗之纷纷扰扰,漠然无所动其心"(《林公尔嘉传略》)。

菽庄吟社以菽庄花园为载体,活动内容大概有以下几类:节事活动,有修禊、七夕、中秋、重阳、上元等;喜庆活动,有主人寿诞或结婚周年纪念等;游览活动,有赏菊、观潮、泛月、登山、访古等;唱和活动,有景点、定题、限韵、诗钟等。

(一)菽庄吟社重要吟事

1915年农历三月初三日,菽庄吟社开始修禊活动,"从此每逢三月三,事仿会稽会靡已"(林尔嘉诗句)。

1917年,以黄牡丹菊征诗,还请画家为菊写照。1919年,拓海建藏海园,征七夕四咏及闽七夕回文,获奖作品合刻一集,列出得奖名单百人,第一名奖书卷银50元,依序递减,最少2元。

1920年,林尔嘉举行咏菊评奖活动,悬金400两作为奖彩。吟友积极参加者有施士洁、沈琛笙、周殿薰等18人,都是厦漳泉社会文化名流,在闽南吟坛传为佳话。

1921年菽庄落成9年9月9日,有《菽庄三九雅集诗录》,刊入菽庄丛刻。

1922年壬秋阁落成之时,吴石卿刻苏东坡像于阁中,吟侣们以此为题吟诗作赋。

1923年10月,菽庄花园菊花盛开,林尔嘉在玉屏书院设"买诗店",游客投诗一首,获花一枝,谓"以菊换诗换菊,利市别开风雅场"。并长歌记之:"买君诗一首,酬君花一枝;休云价值是便宜,此花本为花中之隐逸;棱棱风具傲霜骨,纵被西风吹下到篱东,犹待百花开后花始发……"

1924年农历三月三日，小兰亭落成，效东晋王羲之修禊3次，征文刊录《菽庄小兰亭征文录》。

1933年农历三月初三上巳节，有集会修禊，拈韵赋诗编成《上巳集》。

1934年煦春亭落成雅集，出席的吟侣120多人，人人留下诗作，林尔嘉放歌44韵；百花生日，菽庄蔚然亭小集……

1947年，林尔嘉的第五子林履信回厦门，又邀集新老吟侣举行修禊活动，这是菽庄吟社最后一次活动。

当时，厦门的紫阳书院、玉屏书院、禾山书院、同文书院、东亚书院和稍后的中学堂、集美学校、厦门大学之设，文学诗词人才辈出，成为吟社重要的人才。

林尔嘉次子林刚义在《〈菽庄诗稿〉发刊前言》中说：菽庄吟社"征诗选咏，岁时不辍，以继月泉盛事……又一联云：甘谷春秋金谷序，平泉草木月泉诗。"

沈琛笙之子沈骥回忆道，他父亲曾告诉他：吟侣们"春秋佳日，风月良宵，涉园寻趣，杖策同游，饮真长之酒，说吴均之饼，持江蟹之螯，餐秋菊之英。颜怡花木，心托豪素；梁园辞赋，西昆酬唱；奇文欣赏，险韵推敲；刻烛题襟，焚香读画；兴往情来，形骸相忘"。

菽庄吟客

菽庄赏菊

林尔嘉在菽庄花园与诗友合影

菽庄花园菊畦聚会　　　　　　　　　　　　　菽庄花园赏菊雅集

（二）菽庄吟社座上宾

吟事活动频繁而又持久，所以菽庄的座上客为数甚多，主要来自闽台两地。福建著名诗人和文士有晋江曾遒（振仲）、苏大山（荪浦）、陈启伦（剑门）、黄鹤（俪琴）、龚植（樵生），安溪林鹤年，南安吴增、黄培松，闽侯陈培锟（韵珊）、陈遵统（易园）、惠安贺仲禹，龙溪卢心启，莆田洪景皓，厦门周殿薰（墨史）、李禧（绣伊）、连城璧（珍如）、黄鸿基（绳其），同安洪鸿儒（晓春）等。此外尚有谢云声、蔡谷仁、吴增祺、汪受田、江煦、虞愚等人。

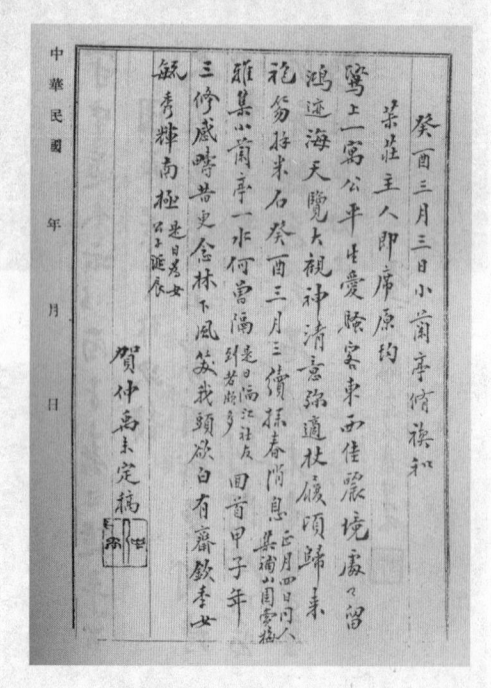

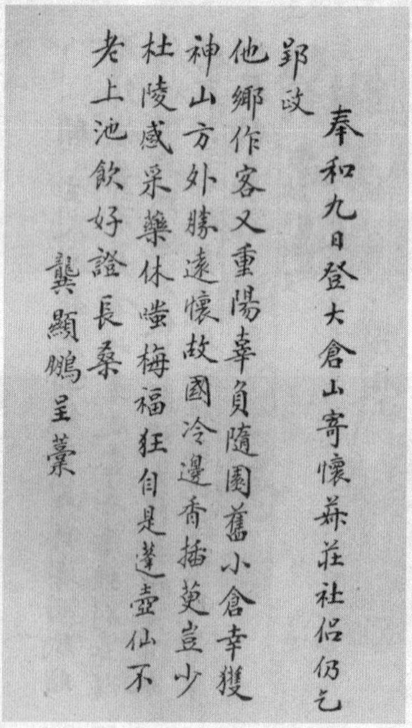

贺仲禹诗稿　　　　　　　　　　　　　龚显鹏诗稿

龚樵生诗稿

江煦诗稿

蔡谷仁诗稿

李禧诗稿

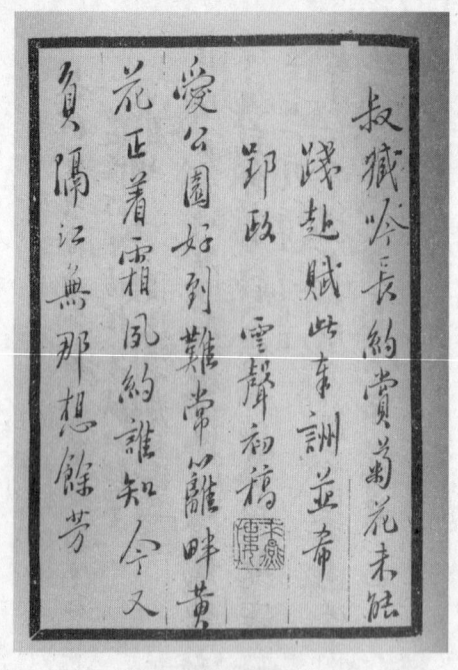

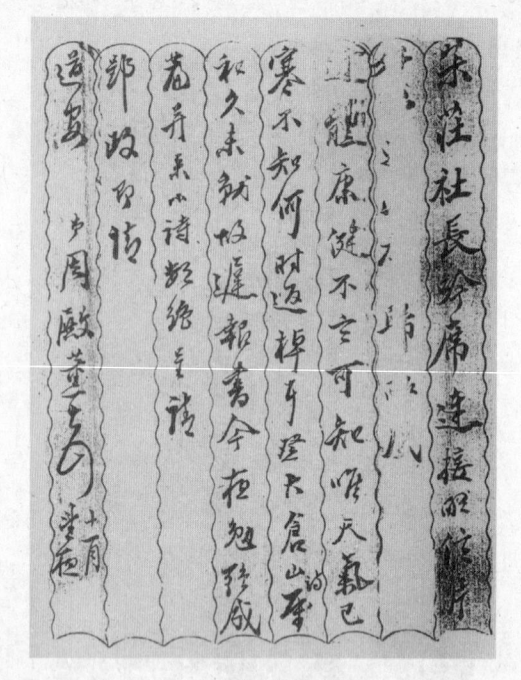

谢云声诗稿　　　　　　　　　　　周殿薰诗稿

甲午(1894年)、乙未(1895年)间,台湾人民接连遭受了甲午战争、割台之祸和日人入据三大事变的打击。甲午战争发生后,台湾丘逢甲、许南英、施士洁等著名诗人都参加了台湾义军的召募、编练和统领,经历了积极备战、抵制割台之议和抵抗日人据台三个阶段。在这些阶段里,台湾诗人的爱国作品可分为纪战、悼亡和哭台、别台两类。台湾诗人在甲午、乙未年间的斗争事迹和爱国作品,正是台湾近代文学史上最有意义的一章。

台湾内渡诗人在大陆的部分文学活动仍然同台湾密切相关,他们同台湾诗界保持各种方式的联系,在出版、科举、结社等方面也同台湾有关,继续对台湾文学发生影响。厦门菽庄吟社的发起人和主要成员均为台湾内渡诗人,它历来也被视为"台湾诗社"之一。①

台湾诗坛三巨擘——许南英、施士洁、丘逢甲也参与菽庄吟社的唱和,以抒割台之恨,共发鼓浪之鸣。台湾沦日,大批志士仁人相继内渡,在台湾三大著名诗人中,丘逢甲回到广东镇平老家,许南英、施士洁后来则留在闽南。而其他旅厦台湾诗人或到过台湾的闽南诗人,也大都云集鼓浪屿。他们在台时就或文或武,或财或力,反对割台,失败之后,满腔悲愤,欲哭无泪。这些"海东遗民"(丘逢甲语),不同于宋末元初和明末清初的遗民、逸民或流人,他们内渡是避祸而非避世,返回大陆是为了东山再起、驱日复台。这批忧国之英、伤时之彦,个个拔剑斫地,慷慨悲歌,兴感之由,若合一契。而菽庄吟社的成立,使他们有了慰藉心灵之所,发泄悲愤之机。

1. 丘逢甲(1864—1912)　字仙根,别号沧海君,台湾彰化人,著有《岭云海日楼诗抄》等诗集。梁启超在《饮冰室诗话》中曾将他与黄遵宪(公度)并称为"诗界革命巨子"。柳亚子则在《论诗六绝句》中赞曰:"时流竟说黄公度,英气终输仓海君。战血澎台心未死,寒笳残

---

① 刘登翰等主编:《台湾文学史》,海峡文艺出版社1991年版。

角海东云。"可见其在近代文学史上的崇高地位。

丘逢甲幼年时才思敏捷,早有"神童"之称。1877年他才14岁,去台南应"童子试",曾作《台湾竹枝词》百首,便深受当时台湾巡抚兼学使丁日昌的赏识,特赠其"东宁才子"之印一方,从此诗名大震。1889年他考中进士,官拜工部主事。因无意做官,未到职即回故乡台湾,在台中、台南各书院讲学。

1895年初,丘逢甲得悉腐败无能的清朝政府有割台之议,愤激异常,立即咬破手指,上血书吁请"拒倭守土"。丧权辱国的《马关条约》之第二款,台湾与澎湖列岛都被"割让"日本。丘逢甲在台中领导军民与日寇血战了二十昼夜,兵败后内渡广东镇平(今蕉岭)。

丘逢甲不但是一位爱国诗人、著名的教育家,而且是一位民主革命活动家。自他从台湾内渡大陆后,一直在广东创办学校,推行新学,宣传民主思想。他竭诚拥护孙中山先生领导的辛亥革命,并为民国的建立付出巨大的辛劳,曾任广东教育总会会长、广东咨议局局长,后来又被推举为南京中华民国临时政府参议院参议员。在南京期间,是他"内渡十七年,无若今日快者"时期(丘复《仓海先生墓志铭》),曾满怀革命豪情,创作了三组十首诗,表现他对革命前途充满信心。

丘逢甲诗作甚丰,世传多达万首,其中追怀往事,抒泄悲愤,反复表达炽烈的爱国思乡之情和驱仇复土的雄心壮志,是丘诗中最常见的重要主题。如《春秋》:

　　春愁难遣强看山,往事惊心泪欲潸。
　　四百万人同一哭,去年今日割台湾。

《别台作》诗一首云:

　　宰相有权能割地,孤臣无力可回天。
　　扁舟去作鸱夷子,回首河山意黯然。

内渡大陆后,丘逢甲一直记挂着台湾人民的抗敌斗争,义军当年浴血抗战的悲壮情景历历在目,家乡沦亡的深沉哀痛时袭心头,《愁云》一诗再次记述了诗人痛苦忧愤的情感:

　　愁云极目画成阴,飞鸟犹知恋故林。
　　破碎山河收战气,飘零身世损春心。
　　封侯未遂空投笔,结客无成枉散金。
　　梦里陈书仍痛哭,纵横残泪枕痕深。

丘逢甲始终不忘收复台湾,完成祖国的统一大业。为了实现这一既定的神圣目标,他不仅赋诗自励,恳请友人向乡亲们转达自己的决心,而且想方设法和他们取得联系,互通音信,相互激励。在《送颂臣之台湾》一诗中,诗人深情写道:

　　亲友如相问,吾庐榜念台。
　　全输非定局,已溺有燃灰。
　　弃地原非策,呼天倘见哀。
　　十年如未死,卷土定重来。

　　王气中原在,英雄识所归。
　　为言乡父老,须记汉官仪。

> 故国空禾黍，残山少蕨薇。
> 渡江论俊物，终属旧乌衣。①

丘逢甲是台湾近代文学史上最重要的作家之一，他的创作经过了从"同光体"派诗人到新派诗人的历程。他以"同光体"诗创作的成绩和"诗界革命"的同道之作，在中国近代诗史上占有一席之地。

2. 许南英（1855—1917） 号允白（也作蕴白、韫白），台湾台南人，人称"窥园先生"。他是我国"五四"时期著名文学家许地山的父亲，有遗诗千余首，题名《窥园留草》。

南英少时聪颖，岁考科考皆列一等，但在两次赴京会试时，皆因文章评论了当时政治得失，针砭了时弊，而未被录用。直至他36岁时（1890年），才考中进士，授兵部车驾司之职，加员外郎衔。他当年年底便请假回台，协助当地政府从事"垦土化番"的事业，后曾协修《台湾通志》。抗日前期，许南英率兵转战阿里山等地，后来又死守台南，失败后，被部下苦苦劝至城外，由安平内渡广东汕头。

1912年和1916年，许南英为强烈的思乡情绪所驱遣，先后两次回到久别的故乡台湾省亲和扫墓。在台期间，曾有亲友劝他让一两个儿子加入日籍，便可以领回自家的土地和财产。许南英严肃地表示：宁愿舍弃一切，也决不向日本侵略者妥协，表现了崇高的民族气节。在故乡的日子里，他终日与亲朋叙旧，与诗友联吟，写下不少热爱台湾、感怀时事的诗篇。1916年农历重阳节，许南英为生活所迫，漂流海外。后经诗人林尔嘉引荐，到苏门答腊棉兰城，为华侨市长张鸿南编辑生平事略。

许南英在台湾亲自参加抵御外侮、保卫乡土的武装活动，事虽无成，但其爱国爱乡的热情始终不减，所以在吟咏之间，时时露其心声，真切感人。《菽庄钟社即事》三首云：

> 霖雨苍生有替人，东山高卧养闲身。
> 相从大海回澜处，冷看风涛变幻新。

> 相逢沧落劫余灰，一辈文人尽散材。
> 独自不忘风雅事，招邀名士过江来。

> 骚坛俯瞰鼓浪渑，咸籍风流独冠时。
> 高挹群贤同入座，满天风雨夜鏖诗。

这几首七绝对菽庄诗社创立的时代背景和园主人的抱负襟怀，作了概括而准确的描述。自台湾沦陷，不甘腆颜事敌的台湾人士纷纷内渡，避居闽粤等地，得到祖国的庇护和大陆同胞的关怀帮助，安渡余年。林菽庄一家如此，许南英一家也是如此。他们相逢冷落，劫后余生，有着相同的经历和命运。"冷看风涛变幻新"，说明他们时刻注视着风云变幻，希望有朝一日，光复河山，重返家园。他们是借吟诗作赋，寄托自己的满腔悲愤。

许南英另有《如梦令》词二首，一题《别台湾》，一题《自题小照》：

> 望见台湾云树，鹿耳鲲身如故。

---

① 丘逢甲：《岭云海日楼诗抄》，安徽人民出版社1984年版。

城廓已全非，彼族大难相与。
归去，归去，哭别先人庐墓。

已矣旧邦社屋，不死犹存面目。
蒙耻作遗民，有泪何从痛哭。
从俗，从俗，以是头颅濯濯。

许南英在《题林叔臧鼓浪屿菽庄》诗中，写道："卜筑园林近洞天，避人避世地行仙，听潮楼上频东望，鹿耳鲲身一怆然"。菽庄地近鼓浪洞天日光岩，而众所周知日光岩乃是民族英雄郑成功屯兵之处，故垒犹存，闻名遐迩。菽庄中有一风景点名"听潮楼"，"听潮"者，不仅是听自然界的风潮而已，而是含有深刻的政治意义，即听政治上、军事上的风潮。菽庄中还有一个景点名"小板桥"，这取义就更明显了。不难想象，这些诗人们携手登楼，东望台湾，百感交集，沧然涕下，其爱国情怀跃然纸上。

许南英生平景仰苏东坡、黄山谷，他的文学主张合于苏、黄二人所先后提倡的唯有反对形式主义一项，形成了他的诗词"性情挚处言偏淡，意理真时味愈长"的特点。他将手中之笔与心中之志、眼前之景与家园之根紧紧相连，对新学的追求和对时事政治的关心，形成了他的诗词作品又一特点：富于时代意识。

3. 施士洁（1856—1922） 字应嘉，号芸舫，晚号耐公，台南人，祖籍福建泉州。父琼芳，进士出身。施士洁幼年即以聪慧过人闻名，六岁能属对，年未弱冠即补弟子员，县府院三试都名列第一，人称"小三元"。光绪年间中进士，官内阁中书。先后任彰化白沙书院、台南崇文书院、海东书院山长，并一度佐唐景崧幕。施士洁生性旷达，曾以苏东坡自况，号曰"后苏龛"。但他出身于仕宦之家，父亲施琼芳是台南地区首位进士，所以，博取科名理所当然地被认为是施士洁人生的首要目标和唯一出路。在家庭和社会的强大压力下，施士洁不得不接受"万般皆下品，唯有读书高"的封建传统观念，收敛起自己的天性，潜下心来刻苦攻读。甲午海战，重新打破了施士洁本来十分宁静的心境。从甲午战起到乙未日人入据，施士洁努力协同台南团练局统领许南英招募义军，积极宣传反抗异族侵略、保家卫台的民族大义。他同样是在台湾被日本帝国主义割占之后避居来厦门的，也在泉州等地住过。后任厦门马巷厅厅长，1922年卒于厦门，年六十八岁。

早在清末，施士洁在台湾即已盛负诗名，与丘逢甲、许南英被誉为台湾诗坛三巨擘，著有《后苏龛诗集》。施士洁避地厦门后，也成为菽庄吟社的上宾，称祭酒。闽中诗人都十分尊崇他。施士洁之诗，有的深含身世之感，凄切动人。诗人因台湾沦陷，虎口余生，避居厦门，虽得鹪鹩一枝之安，又有诗酒可消岁月，可是国难孔亟，有家难归，叶落归根永不可能，这是抱憾终生之事，何等难堪。

他的诗作题材广泛，直抒胸臆，不拘一格，意蕴深沉，抒发了忧国忧民的悲愤心情，风格沉郁幽婉。他善于在诗中将个人身世与社会问题、身边琐事与国家大事联系起来，从而使他的大部分诗作具有一定的社会意义和思想内容。他的《登赤嵌楼望安平口》之三诗曰：

鹿耳鲲身水一方，草鸡仙去霸图荒。
茫茫天地此烟景，寂寂江山空夕阳。
不觉目随高鸟远，悠然收引片云长。

园林到处供诗料，谁吊瀛南古战场？

施士洁在厦门还写了《秋居悼亡》12首，以怀念其亡妻。其中两首云：

避人吹入武陵源，虎口余生别有村。
一事知卿常抱憾，秋来落叶不归根。
小别那知成永诀，况堪吊逝又伤离。
鹭门咫尺秋江水，不及天河有会期。

国难当头，有家难归，老妻永诀，落叶不能归根，这国仇家恨，如何能消？

在通向日光岩高峰的山路上，有几块巨石，叠成一个巨洞，石壁上镌刻着"古避暑洞"四个大字，便是施士洁的手笔。另外，在瞰青别墅附近的石壁上镌刻有他的一首七律：

鳞鳞云水作之而，半入丹青半入诗。
篱下白衣征士宅，壁间黄绢外孙碑。
相期苕霅闲鸥侣，小憩林泉古鹭湄。
莫问神州沈陆事，故宫回首黍离离。

此诗落款作："戊午重九日次瞰青主人远而亭韵，古温陵施士洁题壁，时年六十有四"，据此可知施士洁在同菽庄诸吟侣唱酬之外，还与近邻的瞰青园主黄仲训有诗酒往还。重九登高，回首台湾，诗人是不可能置国事于不问的。这正是他爱国爱乡情怀的自然流露。

施士洁撰林尔嘉四十寿言

4. **汪春源**（1869—1923） 早年怀着儒家"学而优则仕"的正统观念与人生理想，执意仕进，热衷科名。"年十四，应童子试，邑侯祁星阶师拔置第二，令入县读书"①；光绪二十五年（1899年）补行殿试，列名癸卯（1903年）科三甲第一百二十名进士，成为台湾历史上最后一位进士。

光绪二十一年（1895年），软弱无能的清政府签订了丧权辱国的《马关条约》，汪春源适在京参加会试，偕台湾举人罗秀惠、黄宗鼎，联合在京任职的户部主事叶题雁、翰林院庶吉士李清琦，上疏都察院，坚决反对割让台湾，表示"与其生为降虏，不如死为义民"②；随后，又参加了由康有为发起的"公车上书"。日人据台后，汪春源"耻为异族之奴，尽去田园，举家内渡"③，寄籍福建龙溪（今龙海市）。"秘本铁函思肖史，骈词书谱过庭文"。汪春源的这些言行举动，始终都是在践行儒家圣贤所强调的"志"、"节"思想。

汪春源诗稿

在台湾时，他与丘逢甲、许南英一起倡导民主旗帜，内渡后，曾历任江西省宜春、大庾、安仁、忠义等县县长，晚年自署柳塘，著有《柳塘诗文集》。厦门名士李禧曾一读其书，1947年参与修《厦门市志》时，特为作著录，记于《厦门市志》之《流寓传》中。他的蒗庄观菊奉情叔翁、季翁两主人用庄远乡韵：

年年寿菊泛琼卮，今岁黄花胜昔时。
韵事风流期再续，东南宾主费相思。
万方多难离群岁，百事无成不合宜。
他日同舟仙侣返，与会把酒蟹螯持。

汪春源的诗喜用典，其文辞多激越，感人至深。例如《贺蒗庄主人银婚》：

二十五年鸾凤侣，齐赓珠玉写新诗。
汾阳福泽儿孙满，和靖因缘梅鹤随。
数叶瑟弦歌静好，律调葭琯祝期颐。
如银月色今霄郎，京兆风流许画眉。

5. **连横**（1878—1936） 号雅棠，祖籍福建漳州龙溪县，清光绪四年（1878年）出生于台湾省台南的一个富商之家。连横自幼受到传统的中国文化教育，受父亲连永昌的影响尤其喜爱历史。著作有《台湾通史》、《台湾词典》、《台湾诗乘》、《雅言》、《剑花堂诗集》、《剑花堂文集》等。

---

① 转引自汪毅夫：《台湾近代文学丛稿》，海峡文艺出版社1990年版。
② 转引自汪毅夫：《台湾文学史·近代文学编》，海峡文艺出版社1991年版。
③ 转引自汪毅夫：《台湾近代诗人在福建》，台北幼狮文化事业股份有限公司1998年版。

乙未割台后,连横看到日本统治者为了泯灭台湾人民的民族意识,竭力弃毁台湾的历史文献有意伪造虚假的历史愚弄当地民众,感于"国可灭而史不可灭"的古训,立下宏志编写一部贯通台湾千年历程的信史。他网罗旧籍,博采遗闻,旁及西书,参以档案,穷十年之力而终告竣事。《台湾通史》为文言纪传体史书,略仿司马迁《史记》之法,凡36卷,为纪4、志24、传60,共88篇,凡60万余言(表则附于诸志之末,图则见于各卷之首,这是作者的创举),完整地记载了台湾从隋炀帝大业元年(605年)至清光绪二十一年(1895年)1290年可以确凿稽考的历史。

作为文学家,连雅棠对台湾文学有多方面的贡献。在文学批评方面,1906年他提出"台湾诗界革新论",1920年前后又进一步提出"文学革命"、"乡土文学"的设想。在文学创作方面,他的笔记和诗作均为台湾文学增色。其诗集中以表现抗日思想、台湾风情和显示作者新学功力的三类作品最为可读。连雅棠的抗日诗篇常将国恨家仇交织起来,如《台南》诗云:

> 文物台南是我乡,劫来何必问行藏。
> 奇愁缱绻萦江柳,古泪滂沱哭海桑。
> 卅载兄弟犹异宅,一家儿女各他方。
> 夜深细共荆妻语,青山青史未能忘。

"微雨从南来,如风与之俱"是连雅棠先生民国甲子年(1924年)为林菽庄先生撰写的对联,是闽台文坛雅集趣事。

此外,"菽庄吟社"主要吟侣还有:

6. **苏大山**(1869—1957) 字荪浦,泉州人,清末贡生。温陵"弓社"社员。苏大山不求仕进,而笃于学问。早年壮游燕赵齐鲁及台澎,返泉任藤花吟馆西宾。后值厦门菽庄开东阁延揽诗人,入幕主盟坛坫。菽庄西游瑞士,乃回泉杜门著述。有《红兰馆诗抄》8卷传世。撰有"题菽庄十图寄怀主人瑞士",其中"听潮楼"一首云:

> 海外曾过旧板桥,好春时节雨潇潇。
> 归来仍上君楼坐,重听延平垒畔潮。

"重听延平垒畔潮"一句,于此可见诗人们在流连风月之中,仍时刻不忘民族英雄郑成功(封延平郡

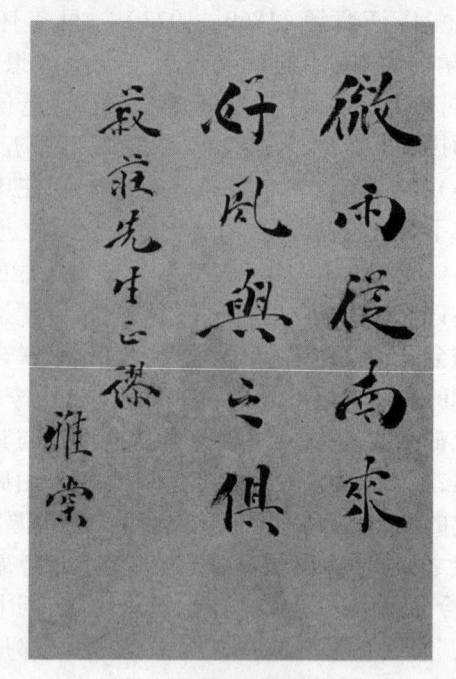

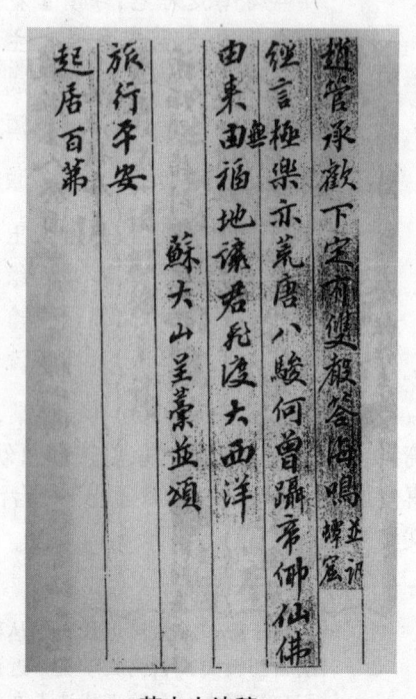

连雅棠对联

苏大山诗稿

王)的业绩,希望后人能再鼓雄风,光复宝岛台湾,其爱国情怀昭然若揭。

7. **陈衍**(1856—1937) 福州人,字叔伊,号石遗老人,清光绪十二年(1886年)应台湾巡抚刘铭传之招,东渡参与戎幕,在台年余,后到北京大学任教授,1924年被聘为厦门大学国文系主任。他工于诗词及古文,著有《石遗室诗集》、《石遗室文集》等书,而他的《石遗室诗话》是同光体诗派的主要论著。他作诗有意显示他所提倡的"三元"(唐代开元、元和和宋代元祐)诗风。他在台期间,对台湾历史、人文、地理研究至深。1911年,他曾为梁启超修改《游台诗》,"中言台事有误者为易数处,任公至喜"。

8. **林鹤年**(1846—1901) 字氅云,号铁林,安溪人。光绪八年(1882年)举人,援例为郎中,于龙岩之宁洋,台湾之苗栗,垦田苦干顷,又承包台湾茶税,将所得筹办台地各种垦务商务。官至道员,甲午割台后,退居厦门鼓浪屿,与菽庄吟社多有唱和之作。其诗达2000余首,其中以《东海集》最具史料价值。甲午割台之议起,林鹤年适在台湾,遂以诗为史,记载刘永福守台,唐景崧被推戴为"总统"等事。1916年在厦门鼓浪屿鹿耳礁怡园铅印《福雅堂诗钞》问世。

9. **沈琛笙**(?—1944) 湖南衡阳人,名琇莹,别号南岳傲樵,湖南石鼓书院高才生,清光绪壬寅年(1902年)举人,后留学日本,著有《壶天吟》、《寄傲山馆词稿》等。1927年春,他曾应邀到台湾旅游,写了《板桥别墅杂咏》10首等诗作,并与苏大山、林景仁合著诗集《东宁集》。

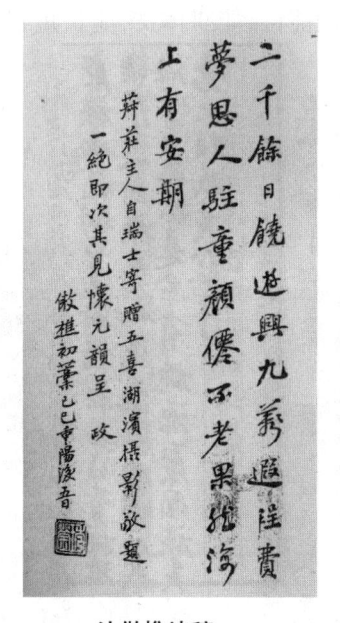

沈傲樵诗稿 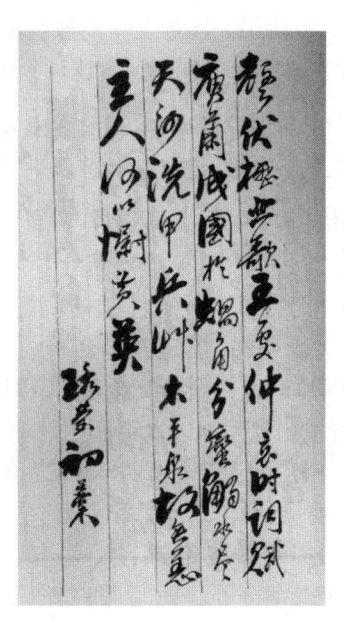 沈琇莹诗稿

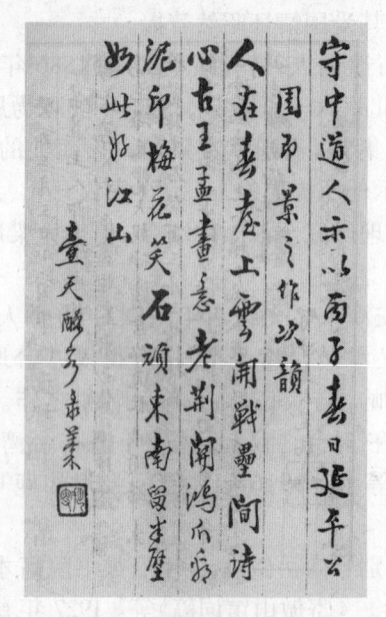

壶天醉客 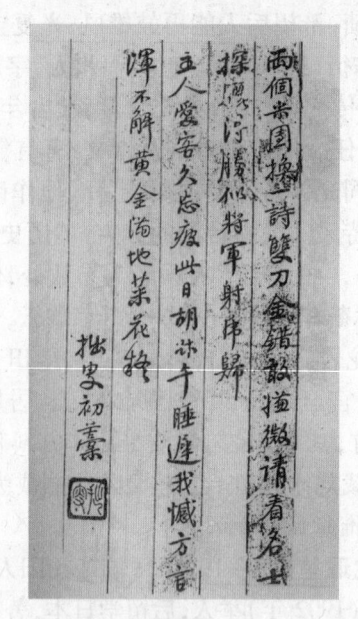　　　　　　　　　　拙叟初稿

10. 林纾（1852—1924）　字琴南，号畏庐，福州人，我国近代文学家、翻译家、画家。陈石遗在《石遗室诗话》中说："琴南号畏庐，多才艺，能画能诗，能骈体文，能长短句，能译外国小说百十种。林纾有一首《西溪竹坪》诗曰：

> 万竹连云蘸碧流，分明画里是杭州。
> 南漳若买田三顷，生计当随乌字牛。

11. 陈培锟（1874—1964）　字韵珊，福州人，清光绪二十三年（1897 年）进士，清末毕业于日本政法大学，回国后历任福建高等学堂监督、政法学堂教务长、福建省警务厅厅长兼禁烟局总办、闽海道道尹、汀漳道道尹，1918 年至 1919 年间署厦门道尹，1922 年任福建省财政厅厅长，1923 年任厦门市政督办。1927 年起，任福建省政府委员、顾问、代理省主席、省临时参议会副议长、福建学院董事长。著有《海滨琐谈》、《岁寒寮诗藏》等。他写菽庄花园四十四桥诗曰：

> 四四桥栏似曲廊，左山右海却深藏。
> 最宜伫月开轩处，雨后风轻入望凉。

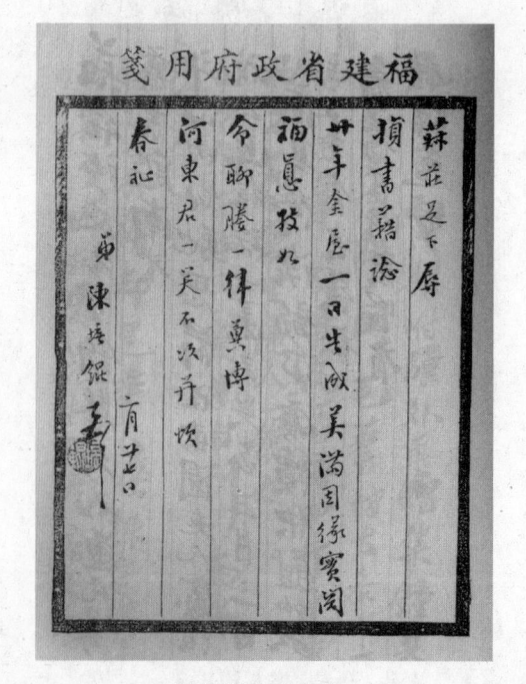

陈培锟致菽庄信

12. 孙道仁（1865—1932）　字静珊，湖南慈利人，清末民初将领、福建陆路提督孙开华之子。因功为福建候补道台，历任福宁镇总兵、陆军武备学堂总办、长门统领。新军成立，

任陆军第十镇统制官。清宣统三年（1911年）7月任福建水陆提督。辛亥革命后，于1912年7月出任福建省第一任都督。1913年7月，率军参加讨袁战争。1916年为北洋政府总统府高等顾问，1922年7月授永威将军衔。晚年应聘为福建省政府高等顾问。1929年10月24日，亲笔为《菽庄观菊》一书作序。

13. **许世英**（1873—1964） 字俊人，号双溪草堂主人，安徽秋浦（今东至县）人，民国初年任大理院院长、司法总长等职，1914年出任福建省民政（厅）长，不久改为福建巡抚使，后又任过内务总长、交通总长、安徽省长、国务总理、驻日大使。1915年6月游览日光岩时题写"天风海涛"，并与菽庄吟社吟侣唱和。他写的《菽庄》诗曰：

> 戎马仓皇日，园林结构时。
> 此心随所适，举世问谁痴。
> 山色扑茅屋，潮声上竹篱。
> 栋梁需大匠，吾欲叩神奇。

1933年夏，林尔嘉在庐山顶建"识庐"，许世英题诗并镌刻于庐山石上：

> 万里遄归未减容，识庐今结在庐峰。
> 门前树色当阶荫，槛外溪声入枕浓。
> 认得本来真面目，相看不改旧心胸。
> 日长消夏无闲事，蔬茗清棋午梦慵。

许世英还写了《游南普陀题诗于石》、《题颐园》（颐园是当时厦门名园）等诗作。

14. **周莲**（1841—1919） 字子迪，贵州省贵筑县人，1897年任兴泉永道，1898年任福建布政使，其女周竹君嫁给林尔嘉四子林崇智为妻。周莲题赠菽庄花园楹联："园林既好推贤主，子弟多才本世家。"1917年到厦时他已70多岁，还赋诗多首描写当时的厦门风貌。兹录四首：

> 海天万里御长风，碧浪银涛荡眼中。
> 七十衰翁犹独立，高吟直唱大江东。
> 沙路黄泥丈六宽，红墙绿树隔炎天。
> 洋楼无数分高下，五色斑斓矗海边。
> 菽庄高阁近仙居，诗社耆英乐有余。
> 秦晋更多佳子弟，福田广种是枢机。
> 碧浪二里隔银河，小艇轮舟去似梭。
> 楼外青山开画本，通商租界费磋磨。

15. **来玉林** 别号彦士，浙江人，民国2年至5年（1913—1916年）和民国7年至11年（1918—1922年）两度担任思明县县长，1919年署理厦门道道尹。他在远而亭后岩壁上也留刻一首七律：

> 太息纷纷谒已而，大堪风世此亭诗。
> 巍巍俯视万皆壑，华华争夸两可碑。
> 四面天光收眼底，隔江弦韵渡云湄。
> 果能借与醉翁醉，醒目无须睹乱离。

16. **洪晓春**(1865—1953) 名鸿儒,同安人。从清末到厦门沦陷,前后7次担任厦门市商会总理、会长,教育会会长,市政会副会长、会长,是忠贞爱国的企业家、社会活动家。解放后历任市人代会代表、省人民政府委员和省工商业联合会筹委会主任。他写的《马六甲感作》二首诗曰:

> 如膏春雨洒蒙蒙,百卉乘时显紫红。
> 忽变风云成浩劫,竟无远近尽哀鸿。
> 兵连犹喜终消释,战胜徐当解困穷。
> 我已清风吹两袖,不仍万事一身丛。
> 遥望舞台夜已残,更无何处有歌弹。
> 游踪到此将言倦,过客逢谁再叙欢。
> 战后重新谋建设,民间一例免饥寒。
> 功成讵尽归天命,精进一篇仔细看。

17. **龚云环** 林尔嘉夫人,她在菽庄花园的建设中,尽了很大力量,举凡一石一阶、一花一木,她都刻意经营。四十四桥落成时,她集万安桥字成截句并刻在桥畔巨石上:

> 四十四桥纪落成,梁空支海渡人行。
> 扶栏百丈水千尺,乐事年年长月明。

她写小板桥:"插竹侵沙鱼扈短,篝灯映草蟹奇空。"题壬秋阁:"一窗残烛诗声浅,半岭疏星海气间。"咏鹿耳礁:"积卤夜明千灶月,丽礁朝散万家灯。"可见她的诗词巧思和文学修养。

18. **林景仁**(1893—1940) 林尔嘉的长子,字小眉,在其父外出时,代父招待客人或助编丛书。他是当时著名的诗人,著有《东宁草》等诗集。自言:"平生偏爱菊,颇具渊明癖。"他的《读迁公琛笙宛卿诸公和诗叠韵奉酬》诗曰:

> 砖玉许抛引,感君和我诗。
> 春风换华鬓,佳日苦攒眉。
> 人事竟如此,生涯已可知。
> 居夷宣圣想,吾道在侏离。

1921年《菽庄梦中得句倡和集》向全国征诗,入选获奖者有多位女性,像这样的事,在全国诗社中恐怕是很少见的,体现了林尔嘉及菽庄吟社的开明进步、男女平权思想。

19. **吴藻先** 绛珠女士,江苏人。有诗曰:

> 四四桥栏彩练藏,藏海天空海山长。
> 蜃中楼阁知多少,雨后风轻入望凉。

20. **鲍苹香** 秋白女士,有诗曰:

> 雨后风轻入望凉,花砖量处界清光。
> 侬家亦有恒春室,每到题襟日载阳。

21. **汪韵琴** 安徽省休宁县,14岁的女学生,有诗曰:

> 四十四桥曲径藏,虹腰依渚印波长。

随时鼓荡清波兴，雨后风轻入望凉。

（三）《菽庄丛书》与《菽庄丛刻》

菽庄吟社多次举行唱和吟咏活动，在全国广泛征稿，并将作品结集出书，林尔嘉于1922—1948年间出版了六卷的《菽庄丛书》和八卷的《菽庄丛刻》，就是成果。

菽庄吟社在全国范围内进行八次诗词征集活动，其中五次征诗、一次征词、一次征赋、一次征序，每次一个主题，共得诗、文、词、赋、序12000首（篇），评选出甲乙丙丁四等，按等赠给图书券奖金；以书刊列每年征文的甲等作品，当年结集出版，每届的吟稿都出单行本，再汇编成册。后又择其佳者，出版《菽庄丛刻》八种：《虞美人诗录》、《黄牡丹菊诗录》、《菽庄吟社七夕四咏、闽七夕回文合选》、《帆影词》、《菽庄三九雅集诗录》、《壬戌七月既望鹭江泛月赋选》、《菽庄小兰亭征文录》。这些诗赋都是林尔嘉组织的"菽庄吟社"的全国社友的作品。

菽庄还将他的亲朋至友和社会出名人士祝贺他寿辰和结婚纪念的诗词，编印出版，至今我们能看到的有《四十寿言》、《四十有八寿诗》、《六十寿言》、《银婚帐词》、《结婚三十年帐词》等。此外，尚有《庚辛咏菊》、《梦中得句》等，都是在二十世纪一、二十年代印行的。

菽庄嗜好藏书，也时常耗资出版自己和他人的著作。在铅字印刷还未传入中国之前，其父林维源就为其家的导师吕世宜刻印《爱吾庐文钞》三卷、《爱吾庐笔记》二卷、《爱吾庐题跋》一卷。1922年，菽庄又请刻工继续刻印吕世宜的遗稿《古今文字通释》十四卷，作为他的《菽庄丛书》的第一种。铅字印刷盛行时，他又陆续出版《菽庄丛书》共六种。第二种是《闽中金石略》十五卷，作者是清末闽省著名学者陈启仁，该书收的附录《闽中金石略考证》五卷，1935年由上海中华书局出版。第三种是他的挚友湖南衡山沈瑢莹的《寄傲山房词稿》十四卷，1940年出版。第四种是菽庄本人的读书心得《顽石山房笔记》四卷，内有《老子道德经解》、《汲古阁歌》等四五十篇短文，出版时间为1942年。第五种是《壶天吟》，作者沈瑢莹，原名《寄傲山房词稿》，1943年出版。第六种为江煦的《鹭江名胜诗钞》，系搜集前人吟咏厦门风光的诗选，1948年由菽庄出资，在岭南出版，为保存地方文献作出一定贡献。①

林尔嘉四十寿言

台湾光复后，林尔嘉返回台湾板桥林家，菽庄花园等鼓浪屿房产由其姨太太高瑞珠打理。他的身边人秉承他的奉献精神，于1953年将菽庄花园捐出，交与国家，辟为公园，并于1956年7月1日开放。厦门人民有幸一睹其间风景，私家花园变为公园，留下千载芳名。1957年3月27日，高瑞珠将林尔嘉的7000余册藏书捐给厦门市图书馆——鼓浪屿中山图书馆，现由厦门市图书馆收藏，让厦门人民共同感受了文化精神熏陶。她所献出的书籍中"有不少是明朝版本和抄本手稿，其中有虞世南辑的《北堂诗钞》、彭兆荪著的《小谟觞馆文集注》、徐坚著的《初学记》、归有光搜集的《诸子汇函》、梅鼎祚辑的《书记洞诠》等一百六十二本；还有《闲诗纪事》、

---

① 江林宣：《菽庄吟社和林尔嘉的藏书》，《福建图书馆学刊》1996年第2期。

《三山志》、《天池草》、《菽庄观菊》、《南北史捃华》等手稿和抄本等五十一本"。其中《诸子汇函》是善本,《菽庄观菊》为稿本,还有闽台两地书法名家吕世宜的多件作品,如稿本《爱吾庐书课》、《经传子史集览》,书法真迹有《西汉古镜记》、《火神庙记》、《吕母墓志铭》等等。这些都是道光、咸丰年间的文物,十分珍贵。高瑞珠捐书达700多种7820册,大多为线装书,这些书都是研究林尔嘉其人其时代的重要历史资料。①

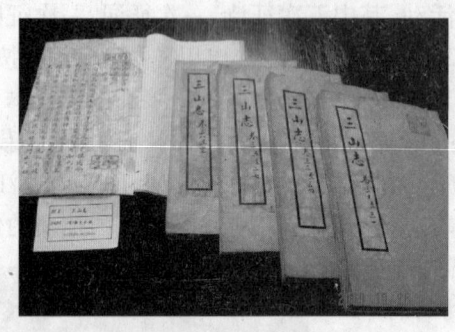

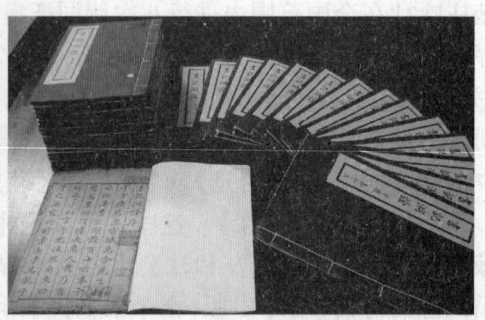

林菽庄藏书《三山志》　　　　　　林菽庄藏书《书记洞诠》

厦门博物馆馆藏林家文档中有林家"小楼脚字画"清单一份,清单详列林家收藏的100余件字画名目,既有李鸿章、翁同龢、陈洪绶、吕西邨等全国名家,亦有叶化成、龚永樵、郑霁林等地方名家的字画作品。有的条目后还评定优劣和注明收藏情况,如古美人(不好)四幅(由前祖盘房收存)。有迹象表明,此份清单乃林尔嘉所开,因为清单还列有"前年将菽庄菊花托诸画家写生的三十四张"字样。林尔嘉学陶渊明爱菊成癖,在花园广植菊花;菊花盛开时节,常邀约各地骚人墨客在菽庄花园结社、吟诗、作画。

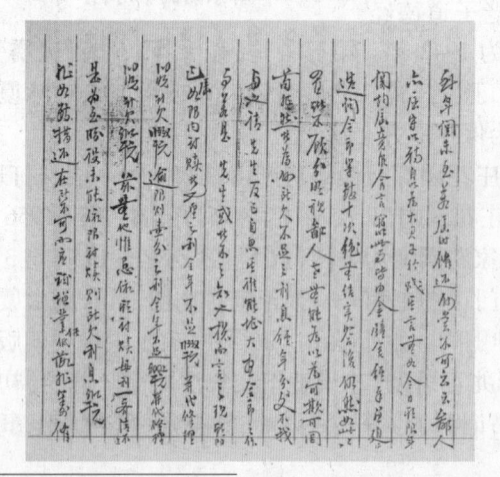

林菽庄藏书《菽庄观菊》

---

① 陈红秋:《林尔嘉其人其书》,《厦门图书馆声》2009年总第92期。

此外，林家文档中大量书信、日记、契约等资料也生动展示了当年菽庄主人的各方面的情形。

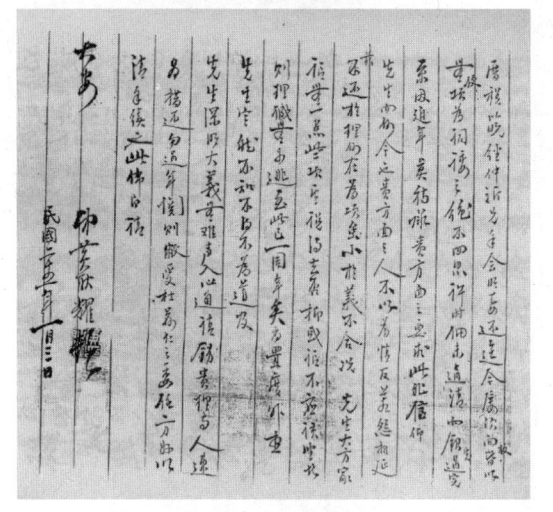

1935年黄耿耀致菽庄信

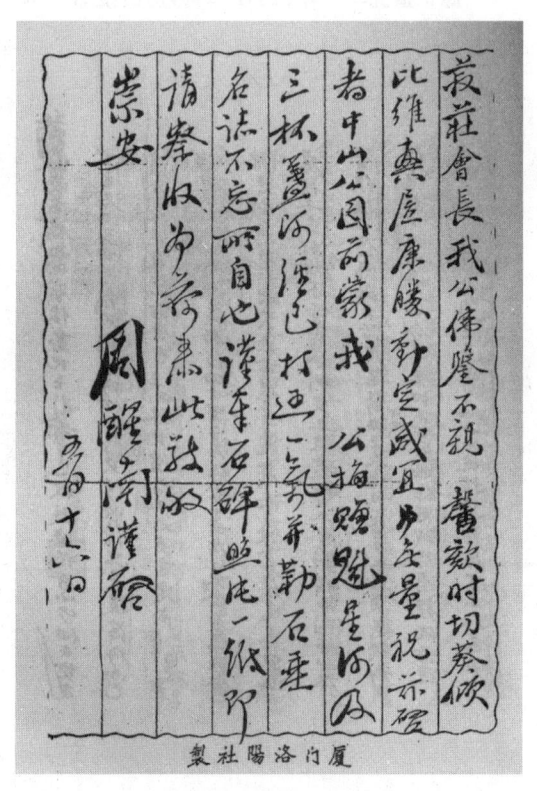

周醒南致菽庄信

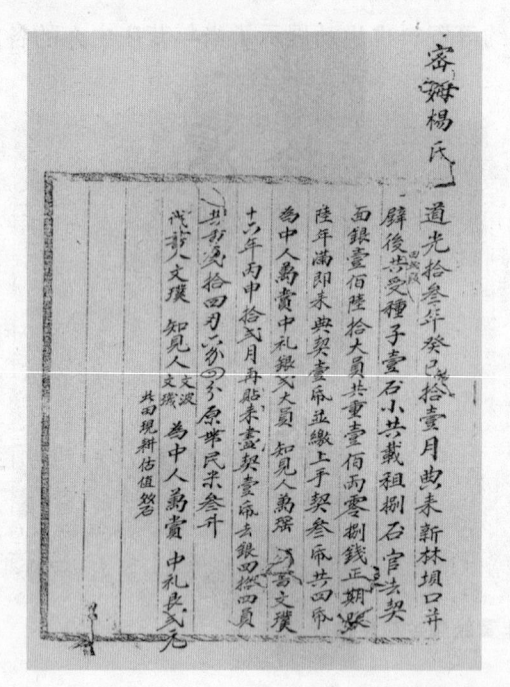

源记道光十一年(1831年)抄历田段部

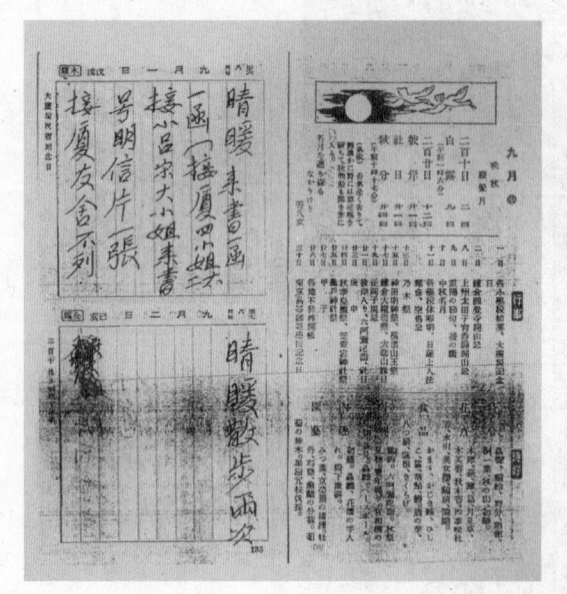

林尔嘉日记

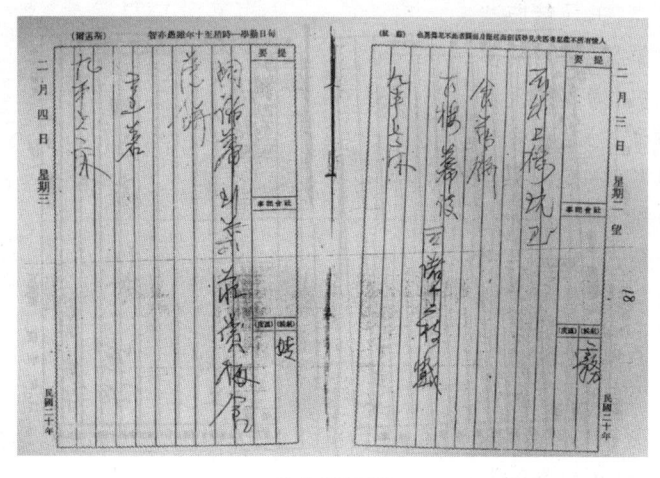

林尔嘉日记

三、台湾东海钟声社

日据台湾中前期,诗钟一体又在台湾重新兴起,并迅速发展为与击钵吟并驾齐驱的文体种类,二者共同构成了这一时期台湾汉文学的主体,占据台湾诗坛的主流,并且替代了由于日本殖民同化教育的步步进逼与重重压迫而陡然衰落的台湾民间传统汉书房,逐渐承担起延续和传承中华传统文化的历史重任,与掌控着政治霸权和话语霸权的日语文学相抗衡。这一时期,台湾累计设立诗文社团60个,加上日据初期设立的9个,共69个。这些诗文社团,绝大多数都是诗钟与律绝并作,钟声与钵韵同响,其中确切记载在这时期有开展诗钟活动的为6个,即栎社、南社、菽庄吟社、芸香吟会、斗山吟社、东海钟声社。

日据中前期台湾的诗钟社团,以民国12年(1923年)七月林景仁在台北创设的东海钟声社为最盛,该社荟萃了日据时期台湾钟坛的主要诗钟名家,包括林景仁、王贻瑄、苏镜潭、庄怡华、连横、张汉、魏清德、谢汝铨、刘育英、林熊祥、林柏寿、庄嵩、黄赞钧、刘克明、罗秀惠、黄欣等,所作诗钟"诸格悉备,计不下百数十题"[①],经林景仁重加芟汰,得254联,辑为《东海钟声》一册,分八期刊载于1924年创刊、由连横主编的《台湾诗荟》,在台湾钟坛影响甚大,使日据中后期台湾诗钟创作风气日渐浓厚并趋于鼎盛。这一时期,抒写亡台之痛、故园之思、对日本殖民统治者之恨、维系汉文化之责,成为台湾诗钟创作的共同主题,针对台湾击钵吟创作中存在的媚日与媚俗之风,台湾钟手还进行了辛辣的讽刺和严肃的批判。

其次,东海钟声社创办人林景仁(林菽庄长子)认为,诗钟可以在"游戏"之中"温修书史"、"安顿身心",具有寓教于乐的功能。其《东海钟声·序》谓:"诗钟之作,盖仿刻烛击钵之遗意。闻前辈言,谓滥觞自吾闽。殆骚人墨客,藉此道游戏,以温修书史,且安顿身心也"。他在"七月望日渡台舟中作"写道:

朝辞射鲛浦,夕发钓龙台。

---

① 张作梅编订:《诗钟集粹六种》,台北中华诗苑印行1957年版。

> 金全诚备矣,玉局赋归哉。
> 短袂翩飘举,轻槎渤澥开。
> 孤怀凭控引,鹜浸接天迴。
> 朗朗叩舷诵,时时掩卷吁。
> 水仙致思慕,岛客吊头颅。
> 江汉东流迅,英灵正气徂。
> 闲然念千载,何处问禹貜。
> 身心成酩酊,魂梦入艰危。
> 望火鲲鬐近,傍崖鹈首迟。
> 廿年混见惯,忠信是吾师。

1945年台湾光复,林尔嘉策杖还乡,在台湾组织"亦小壶天吟社"以结褉神交故旧,举觞唱酬,悲怆激烈,人云《福台新咏》。

乙丑(1949年)上元风雨约客不来口占:

> 有约不来客,从闻风雨声;
> 携家归故里,休战话南京;
> 但愿人长寿,何妨月不明,
> 古今驰夜禁,都为庆升平。

乙丑(1949年)花朝,亦小壶天修葺竣工,集亲友十二人仿古作真率会并写照,客多赋诗旋成七律一首纪之:

> 图仿洛中真率会,豪情雅致笔难描;
> 寿花觅句语尤吉,对月开樽兴倍饶;
> 今昔不同休感喟,安闲自爱且逍遥,
> 春光容易清明近,共待踏青竞脚腰。

读书"味吾味斋"偶作:

> 田园寥落劫余身,事过回思百感新,
> 味吾味处求吾乐,不妨高卧养天真。

1949年阴历6月24日,俗传为荷花生日,林尔嘉忆及菽庄曾辟荷田数亩往事,写下《荷花生日有怀菽庄》,诗前有序曰:"吾台光复,如觌再天,回首前尘,益增感喟。鹭屿本第一家乡所在,万国公地收复以后,早脱羁绊。台厦相隔盈盈一水,使陶元亮三径能赋归来,斯庚子山暮年不哀萧瑟,幸复何如!"甚至出现"鹭屿本第一家乡所在"之句,然而台厦两处家园,都是情感所寄,难以割舍。

> 兴来得醉直须醉,开后无花爱此花;
> 因尔流连耽菊酒,不堪惆怅话桑麻;
> 漉巾有客嘲彭泽,落帽凭他笑孟嘉;
> 瀛岛看云莺鹭岛,枕山襟海亦吾家。

四、林尔嘉的诗词创作情怀

林尔嘉酷爱中华文化,志趣高雅,收藏大量书画和图书。他知识渊博,通晓诗赋及日文、英文。一生写了300多首诗,几十副对联,收入《顽石山房笔记》、《菽庄诗稿》,1973年5月,

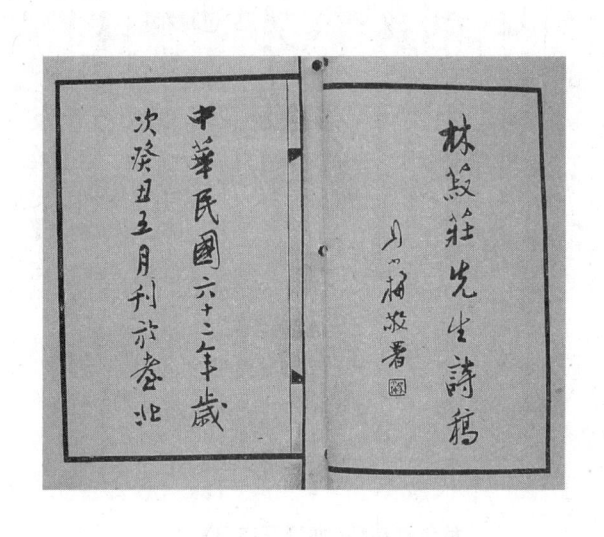

《林菽庄先生诗稿》

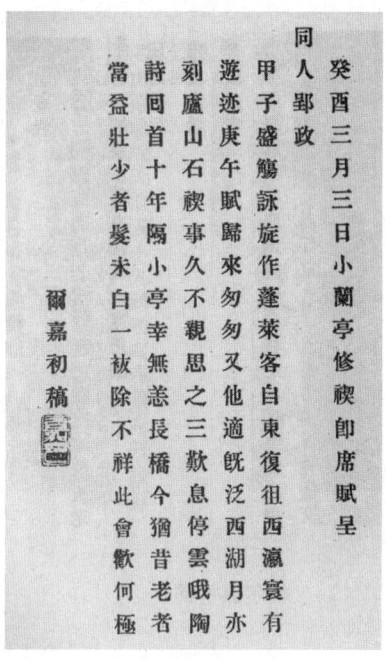

林尔嘉诗稿

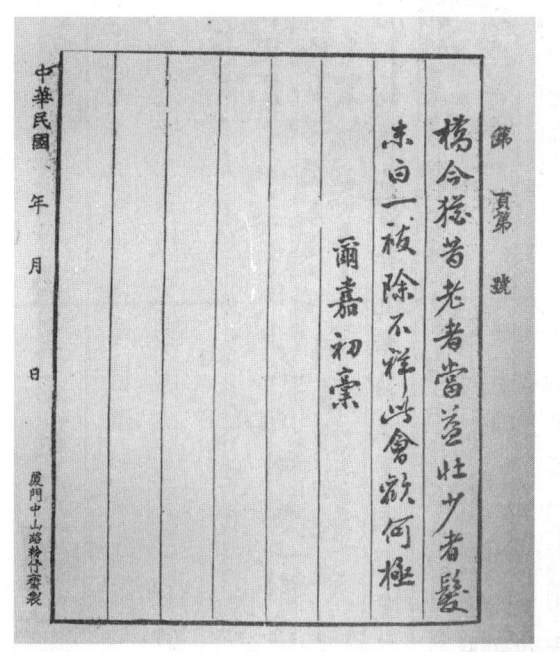

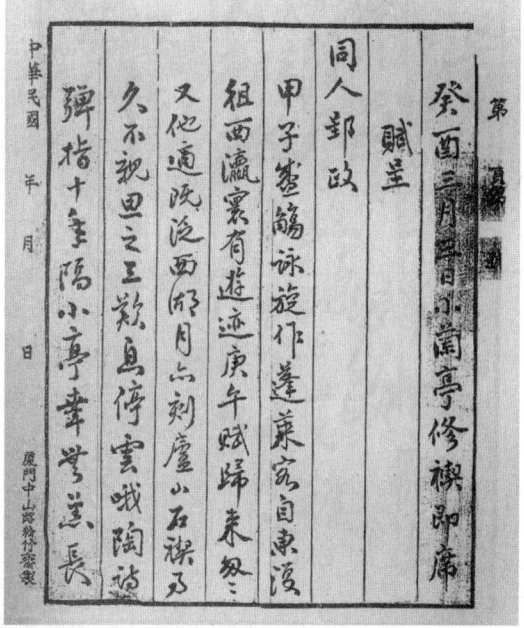

林尔嘉手稿

他的子孙们将其诗作编成《菽庄诗稿》又称《林菽庄先生诗稿》在台北出版。全书计收录了林尔嘉诗作 311 首，书前有林尔嘉肖像、墨迹、4 幅菽庄花园全景照，书后附录菽庄花园文献、鹭江摩崖、庐山文献、莫干山西湖摩崖、戊辰三三小兰亭修禊诗存、戊辰九九登高诗存 6 部分，其中有楹联、题词、铭文等。

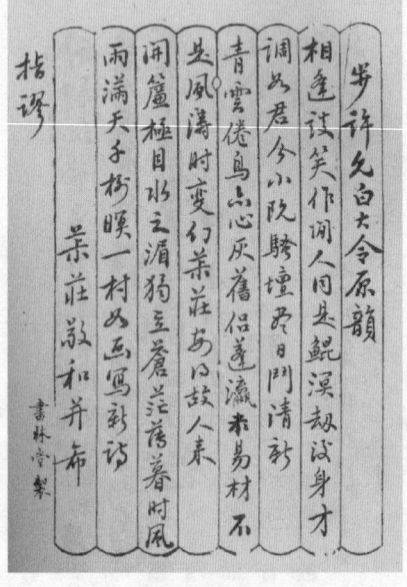

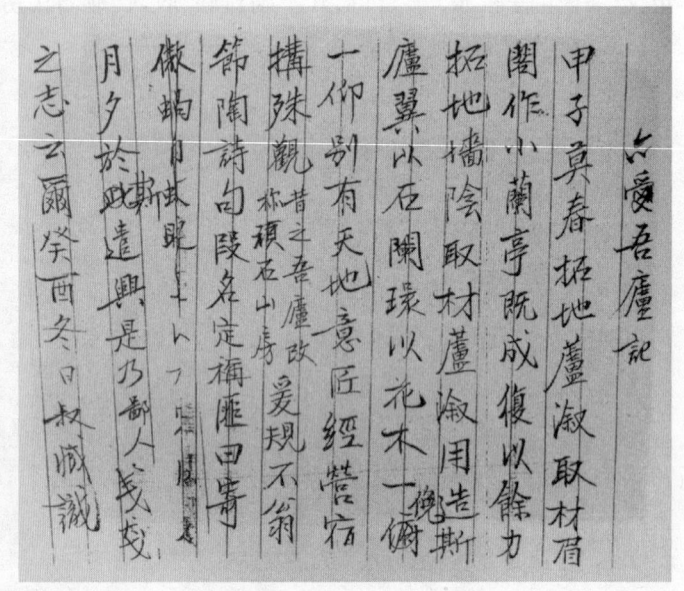

林尔嘉手稿

林尔嘉手稿《亦爱吾庐记》

林尔嘉手书的对联

综观林尔嘉所写的诗,大概可以分为10类:

1. 描绘菽庄景色

1894年甲午战争后,腐败无能的清政府被迫割台。林维源父子不愿当亡国奴,遂举家内迁。随着岁月的流逝,林尔嘉思念故园,遂仿照台北板桥别墅建造菽庄花园。

1914年写的《菽庄口占》诗曰:

　　卷帘一色海天清,静里从容见物情。
　　潮水也知人世变,去来时作不平鸣。

壬戌(1922年)七月既望壬秋阁落成,是夕久雨初霁,与客泛舟鹭江。林叔臧在题写《壬戌七月既望壬秋阁落成是夕雨初霁与客泛舟鹭江》的四首诗中写道:

　　无定阴晴一莞然,欲将消息问青天,
　　雨听昨夜潇潇急,月看今宵故故园。
　　应有奇谈惊海客,可无韵事续坡仙。
　　横江鹤去箫声在,未信消沉八百年。
　　小阁临江纪落成,酒酣日汐初生。
　　片帆我欲乘风去,双桨人争荡月行。
　　遗貌重抚姿飒爽,豪吟勃发思纵横。
　　数残甲子元丰后,为问当头几度明。

　　小阁临江纪落成,酒酣日晶汐初生。
　　片帆我欲乘风去,双桨人争荡月行。
　　遗貌重抚姿飒爽,豪吟勃发思纵横。
　　数残甲子元丰后,为问当头几度明?

　　藤牌子中亦多才,一舸苍茫吊古来。
　　乱后虎头山色改,淘余鹿耳浪声哀。
　　英雄往事横吟槊,风月闲愁入酒杯。
　　今日江山无霸气,不堪回首水操台。

　　峨嵋有客赋同游,借得风来赏素秋。
　　过眼丙丁皆幻劫,前身壬戌一孤舟。
　　良辰难得逢新霁,今日何曾管古愁。
　　行乐及时随所适,江山端不让黄州。

壬戌(1922年)菽庄感事,东蛰庵、谷仁、耐公、枢南、杏泉、乃赓、蔚其、乃沃。

　　为有幽居欲避人,转因风月费留宾。
　　无多白社新诗客,半是东瀛旧弃民。
　　菊爱陶潜饶逸兴,诗吟杜甫枉伤神。
　　沧桑过后烽烟起,历劫余生语已陈。

菽庄花园（菽庄梦中得句）
雨后风轻入望凉，江天一角写晴光。
四山寂静涛志壮，独立平台待夕阳。

微云低抹暮山苍，雨后风轻入望凉。
行过桥栏四十四，悬崖吹下草花香。

亭真率见人真率，闲坐微吟长抱膝。
雨后风轻入望凉，江湾尽处孤帆出。

大海依然袖里藏，一园深闭日舒长。
开轩恰对双峰塔，雨后风轻入望凉。

诗人在赏景时，联想到台湾沦日，世事变迁，他的愤懑之情，借海水宣泄而出。这是根据抒情的需要，取景入诗。

林尔嘉以其诗情美感创造了清雅的菽庄空间，而菽庄景色的召唤，亦触发其写下一篇篇动人的作品，其笔下的菽庄，是灵感的泉源，也是情致的寄托，他留下许多歌咏菽庄美景的诗句，承续着中国传统山水田园诗的风格，是文学美感与空间的和谐交融。

2. 追忆台湾及板桥别墅

板桥林家在台北的林本源庭园，又称板桥别墅，也叫林家花园。林尔嘉幼时在那里读书嬉戏，度过了无忧的少年时代，留下许多美好的记忆。内渡后尽管他设法将台湾的景物"搬"到海峡这边来，但时常在梦中回到了鲲身鹿耳。

和穹宾星使出示除夕偶成原韵兼以送别（乙未1895年）：

寻堪劳燕又分飞，满目河山事已非。
夜雨有情思弟约，春风无赖送人归。
马援何日标铜柱，李泌当年暂白衣，
相见何迟相别早，只今杨柳赋依依。

奉和陈省濂访寄陈俭门太守原韵（戊午1918年）：

一事无成怕问年，几经烽火幸依然，
蓬瀛昔日神仙侣，散入江湖钓暮烟。
趋时更觉感时多，东望鲲溟怅若何？
国事休论新与旧，古来为政在人和。
知君不为买山归，回首青山路已非，
同上江楼天欲暮，坐迎新月送残晖。
此身犹健已心灰，常闭蓬门今始开，
为有射屏能中雀，好风才得送君来。

1921年菽庄三九会时，林尔嘉赋诗曰：

> 登高望板桥,梦寐钓游乡。
> 苍苍不可问,畏见东海桑。

这里的"畏见"是不得已作出的反语,诗人是梦寐之中都想回台湾!

3. 吟赞厦门风光

海上花园厦门,气候宜人,四季如春,具有山、海、岩、洞、寺、园、花、木诸种神秀,加之名人古迹和具有特色的民俗风情,使之成为东南沿海的璀璨明珠。

1933年的《白鹿洞》诗曰:

> 曾入匡庐寻白鹿,归来蹣屐复游山。
> 非关腰脚今犹健,风景依然爱此间。

虎溪岩

> 几度匡庐过虎溪,归来还爱此山低。
> 一登绝顶能观海,不似云深路易迷。

白鹿含烟位于厦门玉屏山西面,岩寺后山有小路通往虎溪岩,明万历年间兴建宛在洞,清乾隆年间又建六合洞、朝天洞,洞内塑一白鹿。古时,山下有农舍,清晨炊烟与朝雾相间,故有白鹿含烟一景,文人雅士常在此聚会。

乙亥(1935年)仲夏,鸠工为五老峰道人凿石开洞、七月七日落成,越二日,偕内侄,隆重登待晴亭,临风把酒,作歌纪之:

> 壬申始作庐山游,庐山卜筑在癸酉,
> 一年数上五老峰,是真面目识已久。
> 今朝杖策复登临,纵观云海宜雨后,
> 天高风急似深秋,人似龙山落帽否?
> 菽庄仿古展重阳,东篱待菊例曾有,
> 何妨此日当登高,别开生面作重九。
> 欲插茱萸未及时,异乡为客思亲友,
> 此会少长两三人,序齿让我独称叟。
> 待晴亭上望南昌,陶然共醉杯中酒。
> 抚今追昔吟兴豪,文章天成须妙手。
> 君不见,云根凿破洞天开,摩崖旧题诗一首。
> 又不见,腾王阁序至今传,王郎阎公同不朽。

4. 郑成功史迹抒怀

日据台湾后,台湾文学出现了一个特殊现象——有关郑成功的咏史抒怀作品大量出现,鼓浪屿水操台、台南延平郡王祠等郑氏遗迹成为争相吟咏的对象。1922年农历7月泛舟鹭江时,作七律四首,其三曰:"藤牌子弟亦多才,一舸苍茫吊古来。乱后虎头山色改,淘余鹿耳浪声哀。英雄往事横吟槊,风月闲愁入酒杯。今日江山无霸气,不堪回首水操台。"诗由藤牌子弟吊古起兴而以国人孱弱,瀛岛沦夷,愧见先贤的复杂情感收束,拍岸涛声,如亦悲鸣,往往悠悠,都化闲愁入酒,恰似秋夕雨余的丝丝凉意。句中隐含身世情感,是其佳作。诗人借郑氏驱夷复台事迹,以浇心中块垒。

5. 抒发去国乡愁

1924年秋，林尔嘉积劳成疾，赴欧游历养病。去国七年间，遍游英法德意奥荷等30多国，沿途采风，偶有所得，即"一一拾之于诗囊"。但他和诗友们联系紧密，虽"远适异国，消夏名区，古迹新闻，长笺短札，邮筒往复，殆无虚日"。1929年，身体稍复，于阿罗沙收到菽庄旧友消息，写下《已巳瑞士阿罗沙上山诗寄同社诸君子》：

昆仑本属西羌宇，天地由来玄牝门；
九暑雪生绀碧色，万龄松养虬龙根；
振衣濯足独成泳，龟骨蛤蜊谁共论；
东盼神州杳无极，白云冉冉横朝昏。

诗主要表达对社友的真挚情谊，而以昆仑山喻瑞士山峰，营造远离中土的想象，是其时古典诗中少有的异国风情。1931年某日，在瑞士风景胜地阿罗沙养病的林尔嘉，于拍照留影之际忽生乡愁，遂寄诗给在厦菽庄吟侣："青松白雪无情物，红豆春风有所思。六千尺山五年客，朝朝暮暮数归期。"

林尔嘉游历海外

菽庄吟侣也很想念这位"缩海为园，嘎嘎造成一胜地；爱诗若命，年年作主大吟坛"的朋友，于是公推曾惺曾和韵促归："古雪六千尺绝顶，秋人五万里相思。东西流水成今日，万壑朝宗无尽期。"林尔嘉得诗，不觉病情已去了一大半，立即起程回鼓浪屿。

6. 歌颂祖国大好河山

1930年林尔嘉归国后，又漫游国内名山大川，状山川风物，写经历感受，抒怀抱情操，便成了其诗歌的内容之一，留下大量山水记游诗作。《台湾省通志·学行篇》形容："既归，遨游国内名山大川，北及燕赵，南至湘粤，每届夏令，辄避暑匡庐五老峰上。"其展履甚广，最常游赏之处仍以匡庐、杭州为最，"年年秋作西湖游，岁岁消夏庐山里，"留下《庐山文献》、《莫干山西湖摩崖》两卷，与厦门之《鹭江摩崖》、鼓浪屿《菽庄花园文献》并列为重要创作。林尔嘉一生颇好摩崖，所至往往留题，见者多云："诗艺书艺，俱堪称道，镌刻技法亦甚精到"，为山水增色。

1932年7月，他写《庐山仙人洞》一诗，由许世英书刻于石上：

炉火无烟九转丹，白云深处夏生寒。
分明记得来时路，莫作桃源一例看。

乙亥(1935年)夏日识庐感赋：

> 园无半亩号壶天,容膝易安屋数椽。
> 寿补蹉跎忘岁月,老归平淡乐林泉。
> 未登彼岸休曰佛,自有丹丘可学仙。
> 结习难除应笑我,白云深处耸吟肩。

诗人足迹所及,均有留题,如庐山峰顶建"识庐"、"待晴亭"、"观云台"等处。

丙子(1936年)仲冬客次书感,用重阳登孤山感赋韵,寄壶天醉客,并示杏初：

> 自幸贫非病,独伤心事违。
> 濠濮观鱼乐,扬州骑鹤归。
> 点金还有术,奇想入非非。

丁丑(1937年)暮春北游返沪客次书感：

> 回首轻车出凤城,惜余春听上林莺。
> 岱宗即景规诗圣,沪渎为宾笑馆甥。
> 欲悟色空须避世,精研道德始无争。
> 眼含东海遗民泪,愁见河山一战枰。

7. 与友人酬唱

林尔嘉从小沉潜经史百家、汉学诗赋,国学功底深厚。即使是与友人酬唱的诗作,也以激发"忠孝"为第一要义,表现出一种浩然之气。抗战期间,他避居上海,闭门谢客,以免招惹失节之耻。

1941年,《菽庄丛刻》完成,吟侣寄去给他,并附诗作,林尔嘉当即写了《读菽庄丛刻感赋寄沈琛笙沈子石李绣伊三社友》："故园乌衣不可闻,剧怜青鸟费殷勤。骚坛旧侣皆云散,丛刻新编有古芬。对饮长思三李白,深交幸得两休文。老来犹作江南客,如海人中避劫尘。"

厦门古有"乌衣国"之称。此诗以素淡的笔墨,抒发真情实感,质朴明朗,情韵悠扬,抒发了世事沧桑、国事日非的感叹!

8. 吟咏花卉节事

林尔嘉慕陶渊明性格,爱菊成癖,在菽庄花园中种植数千盆各种菊花。每当菊花盛开,必邀请菽庄吟社诗友作寿菊雅集,广泛求诗作。其曾自道："平生偏爱菊,颇具渊明癖。晚节缅孤芳,殷勤深护惜。每值花开时,相对忘晨夕。"他和好友经常唱和陶渊明的"众鸟欣有托,吾亦爱吾庐,既耕亦已种,是还读我书"。菊花背后的隐逸、安谧想象,对乱世里的林尔嘉与菽庄文士而言,实蕴含着深刻的情感。

《己未(1919年)重阳自东初归偶集同人观菊菽庄》一诗写道：

> 潮回岸白见晴沙,傍海高轩自一家。
> 倦客更眈三径静,寒晖渐向隔山斜。
> 诗联汐社情吟侣,节到重阳感岁华。
> 秋尽归帆见正急,不都辜负故园花。

菽庄庚中咏菊

记取榕江滞客桡,归期屡误鹭门潮。
遥知冒雨花容淡,待到凌霜骨相骄。
风雅千秋诗卷在,河山一局动灰消。
手栽松菊存陶径,莫问当年旧板桥。

屿陷徜伴八载过,只谈风月补蹉跎。
一杯聊酌篱边酒,千顷难平槛外波。
我辈疏慵非避世,此间安乐且称窝。
秋花开尽春花发,底事花中爱菊多。

9. 声讨日寇、欢呼胜利

早在林氏家族定居厦门后,台湾总督府曾三番五次派员来厦游说,软硬兼施、威胁利诱,但他们始终不为之所动,坚决拒绝加入日籍,保持高尚的民族气节。

1937年林尔嘉避暑庐山时,抗战爆发。国难当头,诗人忠义奋发,写诗寄吟侣沈琮笙:

卧薪日已久,民苦不聊生。
背城拼一战,不为城下盟。
匹夫知有责,举国欲皆兵。
黄龙待痛饮,啸侣歌太平。

此诗以勾践卧薪尝胆实现抱负,岳飞痛饮黄龙为例,勉励友人学习先贤,效忠祖国。抗战胜利,林尔嘉更是"万卷诗书喜欲狂",他写道:

看到瀛东复版图,年过稀古老狂夫。
故人来道故乡事,无恙河山风景殊。

抗战期间,是中国百年积弱,到了存亡关头,爱国志士最为焦虑的时刻,诗人困居沪港十年,从大我立场,为国家、百姓苦难立言的诗句增加,意境亦较前深刻,禾黍与羁旅结合,产生不少佳作,可谓质量俱进,穷而后工。

10. 祝寿祝婚怀念妻儿

甲戌(1934年),季丞四弟四十初度,画梅题句为寿:

人间到处是孤山,予季相期耐岁寒。
记取谪仙春夜宴,坐花又作故园看。

1941年11月16日,林尔嘉与龚云环结婚50周年纪念,可惜此时夫人已去世15年,他深情地写道:

愿作鸳鸯不羡仙,天长地久好因缘。
那堪回首蓬莱岛,记取生离死别年。

诗,是林尔嘉的生活实录、人生轨迹。他一生履历广阔,阅历广泛,生命丰富精彩。他幼读诗书,少遭离乱,曾满怀理想,并亲身参与实务建设,对时局的感受自较时人深刻,因此其诗作于台湾内渡遗民中呈现出不同风格。他的足迹遍及海内外,见闻一一实践于诗囊,状山川风物,写经历感受,抒怀抱情操,题材丰富,内容充实,既有淡远、雄奇、悲壮,也有绮丽、哀怨、柔情,随年龄、时代、题材之变化而变化。菽庄吟侣遍及中外,尤以其怀抱"爱诗若命,年年作主大吟坛"的热情,结社唱酬,对文坛贡献巨大。

他的诗作以激发"忠孝"为第一要义,效忠祖国,孝敬先贤,表现出一种浩然之气。由其子林刚义在《先考菽庄诗稿发刊前言》的叙述中或可见其一二:"刚义回忆垂髫时,先考叔臧公尝以'忠孝'二字做庭训,严示我辈,必须终身遵守;而先考生平所为诗文,亦多以激发'忠孝'为第一要义。前清光绪甲午之役,清师败绩,乙未,日寇侵台,先考毅然决然随侍,先祖考太仆公离台渡闽,隐居原籍龙溪,热爱祖国,效忠祖国,则为实践忠孝之具体行动者。"①

菽庄主人林尔嘉成功主盟骚坛30余年,有其性格因素,论政思维。林尔嘉继承家族传统,一向重视人和。民国肇建后,党争剧烈,各拥山头,菽庄吟社诗友无论官吏白衣,提到国事,林尔嘉总以和谐勖勉、群策国事相许。1918年寄和前台湾县(今台南)进士陈望曾诗作有云:

  一事无成怕问年,几经烽火幸依然;
  蓬瀛昔日神仙侣,散入江湖钓暮烟。
  趋时更觉感时多,东望鲲洋怅若何;
  国事休论新与旧,古来为政在人和。

殷望之诚,全寄诗中。林尔嘉的诗才使他官瘾淡泊,徜徉山水风物才是情之所钟。

沈骥(沈傲樵之子)在编纂《菽庄诗稿》时称"叔臧老伯得儒家正统磅礴之豪气,耿介范世,气度超群,守席履丰厚之业,抱豪杰拯世之志,本饥溺之忧,有霖雨之施,礼贤下士,教忠教孝,其发抒于篇什,固足以励末俗而扬诗教"。此言诚非夸大虚妄之言。

《虞书》有"诗言志,歌永言"之古训。明代大儒黄梨洲曰:"诗者,联属天地万物,而畅吾之精神意志者也。"林尔嘉之爱国爱乡诗篇珠玑纷陈,琳琅灿目,无论菽庄主人于大陆东望怀乡,抑或归台歌咏家山风物,身处剧变的年代里,林尔嘉以诗句留下时代的叹息。他不凡的生命体验与诗作,都已成为海峡两岸宝贵的人文资产,足以传之后世矣。

---

① 《菽庄诗稿》,1973年台北出版。

"闽侨救乡运动":鼓浪屿归侨精英的一次社会改良梦

何书彬*

【摘要】 民国肇建后,中国进入了一个社会运动层出不穷的时代。从清末起,华侨就是推动中国社会变革的主要力量之一;20世纪20年代,福建籍华侨又在鼓浪屿上发起了一场声势浩大的"闽侨救乡运动"。在以华侨为主要力量的多场社会运动中,这一场"闽侨救乡运动"是华侨卷入家乡政治最深的一次。

【关键词】 鼓浪屿 华侨 自治

1926年3月15日的鼓浪屿,迎来了一次大规模的闽侨聚会,这一天,"南洋闽侨救乡会代表大会"在鼓浪屿召开,在鼓浪屿以及南洋各地的李清泉、黄奕住、黄仲训、林文庆、黄孟圭等50多名闽侨领袖参加了这次大会,在北京、上海等地的福建同乡会也都派代表来鼓浪屿列席。

当时的中国仍处于动荡之中,在南北军阀的交兵中,福建时不时沦为战场,导致百业不兴,民生困顿,在大会上,这些闽侨领袖们痛陈时弊:"福建人烟稠密,生计大难,吾民之流转海外者,以数百万计,向来视故乡为瘠土,其实宝藏于野,而莫知启发,货弃于地,而莫能转运,以致产业不兴,民生凋敝,内以成兵匪之世界,外以启强敌之觊觎。"[①]

那么,什么才是改变这一惨状的根本之计呢? 这些闽侨领袖们认为,最有效的办法莫过于振兴交通,"敷设铁路为救乡之根本要图,以龙岩为本省南部要冲,物产丰富"[②],因而应组建铁路公司,由黄奕住、李清泉等先认股500余万元,续办已有的漳厦铁路,待厦门、漳州、龙岩全线通车后,继续敷设纵贯全省其他干线:由龙岩经永定通潮汕为第二干线;由厦门、漳州通同安,经泉州至福州为第三干线;由福州通延平(今南平),经浦城出福建,与江西、浙江的铁路相连,为第四干线;另在干线之外,修筑从泉州至安溪的铁路,作为一条支线。这些铁路所经之处,皆人烟稠密,物产富饶,"如安溪、浦城之铁,延平之煤,产额均不下于龙岩"[③]。这样的一个铁路网络形成后,广大内地的农、矿可振,沿海城市的工、商可兴。

这在当时的中国,是一个极具雄心的产业计划,但其并非仅仅是一份经济蓝图,还涉及政治之改良,按照大会拟定的规划,铁路网建成后,应"路矿兼营,由乡团、交通、实业着手,

---

* 何书彬:北京五星传奇文化传媒有限公司 北京 100000
① 厦门华侨志编委会编:《厦门华侨志》,鹭江出版社1991年版,第131页。
② 厦门华侨志编委会编:《厦门华侨志》,鹭江出版社1991年版,第131页。
③ 厦门华侨志编委会编:《厦门华侨志》,鹭江出版社1991年版,第131页。

进而逐一举办一切自治事业,以达到地方自治目的,而促进全国之富强也"①。

当这场大会结束的时候,以李清泉、黄奕住、林文庆等11人组成的筹办铁路委员会也随之成立,另有黄孟圭等7人为被推选为筹办保卫团委员。

为什么这些侨商领袖要在这个时候,提出这样一份宏大的计划呢?

一、再造故乡

如同鼓浪屿在20世纪20年代进入了它的黄金时代一样,这个时候的世界,在工业领域和消费领域也都洋溢着一片乐观主义精神。伴随着世界经济在第一次世界大战后进入一个繁荣时期,即"咆哮的二十年代",欧美各国迎来了一场前所未有的工业化浪潮,欧美民众纷纷投入一场消费盛宴,以汽车为例,在"一战"前,它尚属奢侈品,在20世纪20年代,它走进了千家万户,仅在美国一个国家,到1927年时,福特就卖出了1500万辆汽车,这场汽车普及的热潮,进而使得石油、橡胶、钢铁工业迅猛发展并且刺激了新的交通系统的建设,同时也带动了新的服务业,比如加油站、修车场、公路餐厅和汽车旅馆等的发展。

这场热潮改变着欧美各国的面貌,塑造着新的生活方式,也改变着和欧美经济密切相连的世界各地,在南洋,矿业开发和橡胶生产的速度猛增,提供了千百万新增的就业机会,也制造了一个又一个华侨巨富,这也使得在闽粤沿海持续了近百年的"下南洋"热潮更加高涨,在1926年,厦门海关统计的从厦门出洋人数达到了创纪录的267669人,返乡的人数也达到了创纪录的217629人。

那些在南洋亲身见证了这一切的闽侨们,无疑也希望在他们的家乡,可以出现同样的令人激动的变化;对于那些已经定居鼓浪屿的闽侨们而言,他们也在渴望能在更广阔的空间里实现他们的建设之梦。

铁路这种大运量的交通就这样很自然地进入了他们的视野。20世纪30年代,华侨学家、清华大学社会学系主任陈达在对闽南和潮汕等地侨乡做了数年的细致调查后,曾这样说到华侨们的观念变革:"他们久别了祖国,深入异乡,觉得什么都是新奇的,凡西洋人的经营,都觉得可仿效。譬如说,西洋的政治清明,社会有秩序,街道平整而洁净,交通非常方便而敏捷。橡胶园的工人,见大量的橡胶,用汽车运输,一会儿就到厂中;商店的伙计们,见各种的货品,由内地或由欧美,用铁道或轮船,于短时间内运来。这些方便,这些经济,都令他们感觉到喜欢和羡慕。至于家乡的情形,大致道路阻塞,交通不便,所以工商业不能发达。据他们在南洋的经验,知道交通是经商的一个基本条件,所以就从事于交通的营业。"②

这时的中国,也在五四运动之后,进入了一个激烈变革的年代。如果说,以往中国的工商业者,还往往因为官僚体制的戕害和对政治的恐惧,对政治抱以一种敬而远之的态度的话,那么在五四运动之后,他们已经彻底明白,其命运是与国家和社会的整体发展联系在一起的,人不能离开社会独自生活,无论何人,均不能脱离一个纷乱、无组织的中国社会而自成一体。如同当时的李大钊、陈独秀、胡适等新型知识分子一样,这个现代中国的新兴工商业

---

① 厦门华侨志编委会编:《厦门华侨志》,鹭江出版社1991年版,第131页。
② 陈达:《南洋华侨与闽粤社会》,商务印书馆2011年版,第179页。

阶层也开始积极发声。

以中国最大的工商业城市上海为例，在1921年上海工商业界的年会上，在沪从商的粤籍人士汤富福发表了激烈的演说，要求工商人者热心于政治改革："面对目前境遇的商人们，现在应该是抛弃过去的不过问政治的传统的时候了！我们长期以来拒绝参与所谓肮脏的政治，但是如果政治是肮脏的，那是因为商人们允许其肮脏。各商会过去一贯坚持不过问政治，但是在今天，这种不过问已经变得可耻了！"另一位上海工商界名流穆藕初，则用平和一点的语气，重复了相同的意见："以前我们认为工商业者只应该关心工商业，这种陈旧的观念今天已经没有了。团结起来，用一切办法迫使政府改良内政，已经成了我们工商业者的责任……我们相信，只有这样办才有希望使我们国家的工商业振兴。如果我们不采取这样的步骤，其结果将是所有的企业失败，国民将无以为生，国家将遭到毁灭。"

鼓浪屿"闽侨救乡代表大会"所提出的以路矿建设带动地方自治的计划，无疑在表明着这时的众多闽侨，已经决心涉足故乡政治并将之改良，要再造故乡。在中国近现代史上，这也是华侨介入家乡政治最深的一个案例。

发起这场运动的菲律宾华侨李清泉，在1926年时尚不到40岁，但已是菲律宾首屈一指的侨商巨擘。1919年，李清泉当选为马尼拉中华商会会长，那时他的家族木材公司已经拥有1000多万比索的巨额资本。1920年，李清泉组织创办了菲律宾第一家华侨银行——中兴银行，这家银行很快成为当时菲律宾最有影响力的银行，李清泉则成为当时南洋社会中最富有的人之一。

作为新一代的华侨商人，与其父辈相比，李清泉无疑有着更为现代的视野，也遇到了一个变革更为剧烈的时代。就在李清泉上任马尼拉中华商会会长的同一年，声势浩大的五四运动也波及到了南洋社会，当菲律宾的美国殖民政府召开庆祝欧战胜利的大会时，华侨团体均拒绝参加，身为马尼拉中华商会会长的李清泉复函美国驻菲总督说，因为各国无视中国的要求，而把德国在山东的权利转让给日本，所以这是列强的胜利，同时是中国的耻辱，华侨若是参加这样的庆祝，除了显示美国总统威尔逊提出的十四条原则已经流产外，什么也得不到。

让华侨们激愤的除了中国的处境，还有他们在南洋的遭遇，以菲律宾为例，殖民当局先后试图以禁米条例和薄记法案，来限制华侨商业的发展，亲身的经历使华侨更加明白，个人的命运乃是和民族的命运紧紧联系在一起的。

早在清末的时候，人们就已意识到，强国之道除了兵战，还有商战，"初则学商战于外人，继则与外人商战"，"非富无以保邦，非强无以保富"。民国初年的政局混乱和社会动荡更让人们感受到，若是内政得不到革新，那么富强也是永远无从谈起。

正是在这样的理念感召下，张謇这样的士大夫，决然下海经商，在南洋的诸多华侨巨商，也纷纷归国投资。在国家积弱积贫，内忧外患叠加的背景下，他们努力缩小着中国与世界的差距，凭一己之力修补这个满目疮痍的国家，比起革命者那种令人颤栗的破坏性力量，他们更相信唯有建设才能让这个国家走出落后和愚昧。

法国学者白吉尔曾经以这样一段精辟的评论，来论说这个时代的中国工商业者所扮演的角色："那些企业家，都是摈弃旧观念、倡导新思想的超群人物，正是在这种意义上，他们对中国社会现代化所做的贡献与五四知识分子的杰出作用相比，可谓是一珠双璧——尽管他们没有像后者那样的慷慨激昂。"①

二、漳龙路矿计划

到"闽侨救乡会"在鼓浪屿召开代表大会的时候,这场"救乡运动"已经持续了六年,但由于政局动荡,它在多数时候,只能惨淡进行。

1920年,李清泉到上海参加建港大会,在返回鼓浪屿家中后即开始筹划救乡运动,当年10月17日,他与黄奕住、黄秀烺、黄仲训等44人座谈。因为军阀混战和南北冲突接连不断,志在振兴实业的归侨商人,在回来后看到的是一片无比残破的家乡:"今日兴粤桂之师,明日振闽浙之旅,处处雀鼠尽,夜夜鸡犬惊。前如漳州、同安、安海之战事,尚在半生不死之境;近如安平、安溪、石狮、衙口之乱局,已入万劫不复之地。人民几为鱼肉,邑里变为丘墟;弱者散于四方,强者趋为流寇。顾瞻闽局,无泪可挥。迄今闽南一带,铁马悲鸣,枪林环峙,操戈同室,血碟郊原。"②

这无疑是一幅人间地狱般的景象,这也使这些侨商领袖深切地感受到,如今已不是支持这派势力或者那派势力的问题,拥护这个强者或者那个强者的问题,而是自己要做自己的主人,集合同仁力量来维护家乡的秩序,否则,一切建设都无从谈起。

在一开始,这些闽侨们提出的目标是"福建自治"。在李清泉返回菲律宾后,1921年,"福建自治筹备处"在马尼拉成立,提出三项主张:驱逐军阀李厚基(皖系军阀,时为福建督军兼省长);联络自治团体;整肃民军民团。

1922年,李厚基在军阀冲突中落败,广大闽侨刚刚感到一丝庆幸,福建兵祸又起,直系吴佩孚派孙传芳、周荫人入闽,福建再一次落入军阀手中。为了维持庞大的军费开销,留下来督闽的周荫人沿袭了李厚基的做法,广种鸦片,广增捐税。

迫于形势,李清泉等人在1924年将"福建自治筹备处"改组为"闽侨救乡会",一边派出代表到南洋各地联络,一边以马尼拉中华商会名义,致函泉州驻防军,请求不要再勒令乡民栽种罂粟,不要再勒收捐税。对手无寸铁的商人的请愿,后者置之不理,闽侨发出的电报,如石沉大海,没有得到丝毫回应。

也是在1924年,已在鼓浪屿定居的黄奕住开始在国内为救乡运动多方奔走,他的计划是整理路政,重新恢复闽侨投资家乡的信心。1924年5月28日、6月26日,上海《申报》连发两篇消息,报道黄奕住的努力:"漳厦铁路建设之今,形存实亡。其急需改造与继续建筑之必要,稍有地方观念者,莫不齐口同声。最近南洋华侨资本家黄奕住,因受国内外人士之督促,颇有起而完成此路之意……黄氏为此事,拟不久将偕黄世金等入京一行,向交通部接洽此事。各界对于黄氏之独自投资兴筑,颇多表示赞成。"③

1924年8月,黄奕住抵沪,欲如期入京,但恰恰在这个时候,军阀交兵导致南北水路交通均告断绝,在上海等待无果的黄奕住,不得不返回鼓浪屿。

---

① 吴晓波:《跌荡一百年:中国企业1870—1977》(上),中信出版社2009年版,第157页。
② 李锐:《侨魂——李清泉传》,海南出版社1999年版,第88页。
③ 赵德馨:《黄奕住传》,湖南人民出版社1998年版,第169页。

1926年,"南洋闽侨救乡运动"回到了它的发源地鼓浪屿,也是在这一年,"南洋闽侨救乡会代表大会"在鼓浪屿上黄奕住所设的公馆内召开,闽侨们在这个会上一共提出了17件提案,黄奕住提出的漳龙路矿计划得到了最多的回应。

漳龙路矿计划筹备处成立后,黄奕住即将之设于自家在鼓浪屿所建的中楼前。他一生所办企业甚多,其中在上海的中南银行资本为750万银元,为当时中国的侨办企业之最,但是唯一设牌于家中的,却只有漳龙路矿筹备处一个,可见他对此项事业之重视。

同时,黄奕住拟定了《民办福建全省铁路股份有限公司缘起》一文,说明他为何急于筹办此事:"强邻虎视眈眈,垂涎已久。倘再不着手进行,诚恐越俎代庖者大有人在,此同人之所由夙夜彷徨不能自已者也。天下兴亡,匹夫有责。人之好善,谁不如我?况以所集之资本,兴有利之事业,既可开发富源,振兴实业;又可便利交通,增进文化;更可挽回利权,以救危亡,而于个人之投资,则子母相权日进无量,一举而四善,备吾人何乐而不为?惟路权、矿权为国人所共有,设有外资之关系,启洋商侵入之渐,或有垄断之野心,成少数人独占之弊,皆非吾人所敢赞同。用是明定章程,由国民集资组织股本,拟向南洋侨商暨国内各埠分招以期普及。并定明每股二十元,使人人皆有入股之机会。庶几实业之兴,确为公众之利益,而救乡之义,得于大白于天下。"①

在《民办福建全省铁路股份有限公司计划书》中,黄奕住阐明该计划除了开采煤矿外,还要开采铁、铅等矿藏。他已派工程师勘测过厦门、漳州、龙岩一线,勘测结果表明,沿九龙江而上修筑铁路较为合适,因为在当时的技术条件下,这条线路所经之处地势较为平坦,可免除钻山开洞之劳,并且沿途都是传统的商业繁盛区,除矿产外,杉木、竹、纸、木炭、石灰、水果、粮食等土产也很富饶。至于路矿事业所需资金,仅筑造通达龙岩的铁路,就需要800万银元,再加上开发矿产所需,"非有一千万元以上之资本不为功"。

三、半途而废的漳厦铁路

在黄奕住提出这项计划的时候,李清泉身为"闽侨救乡运动"的主要主持者之一,也正在四处奔走,1926年,李清泉在北京,向北洋政府的内阁总理杜锡珪进言漳龙路矿计划,杜锡珪同意由黄奕住来主持商办。

这时国民党已在广东开始北伐,凭借苏联援助,国民党第一次练成了一支直属于自己的"党军",一路势如破竹,连克衡阳、长沙等地,虽然北伐军的兵锋距离北京还很远,但杜锡珪已经预感到北洋政府大势已去,开始早做打算。

在这种情况下,杜锡珪给漳龙路矿计划的所谓支持,又能有几分真实的含义呢?但是黄奕住却倍受鼓舞,1926年8月24日,他从鼓浪屿起身赴沪,面见当时正在直系孙传芳军中的北洋政府农商部长张志潭;9月22日,北洋政府批准黄奕住经营福建全省铁路。孙传芳也曾对黄奕住要办漳龙路矿一事表示支持,但不久他即在江西被北伐军击败,到了1926年底,北京政府倒台之局已彻底形成。

在时局的急剧变幻中,又有多少人真正关切漳龙计划呢?实际上,无论是李清泉,还是

---

① 赵德馨:《黄奕住传》,湖南人民出版社1998年版,第367页。

黄奕住，在这时的中国，要筹办这样的一个路矿事业，乃是明知不可为而为之，前车之鉴，早已有之。

这个漳龙路矿计划，实际是对先前的漳厦铁路事业的续办，那是在清末即开始修筑的一条铁路。1904年，全国各地掀起争路热潮，要求从列强手中收回路权，一批闽籍华侨在这场热潮中成立了福建全省铁路公司，筹集资本240万元，其中华侨资本为170万元。1906年，该公司开始修筑从嵩屿至漳州的铁路，但是，该公司虽然名为商办，却没有由华侨主持，而是由官僚把握实权，1910年，待嵩屿至江东桥的28公里铁路落成时，工程费已耗去220万银元，平均每公里耗费近8万银元，高出正常成本一倍，这自然引起了集资华侨的极大不满，对官僚机构失去信心的他们，不愿意再追加投资了。

这使漳厦铁路半途而废，从江东桥到漳州还有17公里，这段本应早日建成的铁路被悬之高阁。1911年，厦门海关税务司巴尔在《海关十年（1892—1911）报告》中，以极为惋惜的语气提到此事："1911年间，由于缺乏资金，筑路工作完全停业了。由于本地投资者没有表现出任何再认购必需资本的意愿，似乎将不会有任何把铁路继续修筑到漳州的前景了。这最初的目标看来将成为泡影。"

与此同时，巴尔在《海关十年（1892—1911）报告》中提到龙岩等地丰富的矿藏："从地理判断，人们普遍认为福建南部蕴藏着丰富的矿藏，在一些地区，煤、铁和其他矿藏矿脉的露头丰富……1906年和1907年，一个外国矿业工程师进行矿藏勘探。据说，他除了发现有价值的煤矿、铁矿、方铅矿、闪锌矿和瓷土外，还发现了一座1哩长、0.75哩宽的山脉里蕴藏着大量的磁铁矿，估计超过1000000吨。这一工程若能成功进行，可能使这个贫瘠荒芜的省份，变为一个繁荣的矿产工业中心。"此外，巴尔还提到，安溪的铁矿石含铁量高达70%，龙岩的煤矿比萍乡煤矿的煤炭质量更好。

这不是厦门海关税务司的《海关十年报告》第一次提到那些诱人的矿藏，厦门海关税务司在1880年的贸易报告中就曾提到，闽西山区蕴藏着大量矿藏，其中有丰富的铁矿，"这些金属矿藏一旦被开发并被制成成品，厦门口岸可获益匪浅"。此后，在例行报告中分析这些矿藏的储量和开发，就成为了海关报告的一个惯例。

这自然刺激了一些归侨投身矿业开发，但他们的境遇和漳厦铁路公司一样，皆因官僚戕害而不得不惨淡收场。

1914年，北洋政府把漳厦铁路收归国有，但却没有对华侨股款做任何处置，大量投资人血本无归，再加上华侨投资矿业事业的失败，自此后华侨无人敢再投资路矿，而把资本转向了投资较小、收效较快的轻工业领域。

停止在江东桥的漳厦铁路因为只是一条未完工的工程，乘客到江东桥后，还要转乘汽车前往漳州，使得这条铁路没有任何竞争力，它陷入年年亏损的状态，1924年，该公司拟再次招股，又遭华侨冷落。

在无人愿意投资铁路的情况下，黄奕住、李清泉等为何却要路矿并举呢？他们能有成功的机会吗？

四、未竟的铁路之梦

在"闽侨救乡运动"渴望实现漳龙路矿计划的时候，视福建为其势力范围的日本，也正在窥伺闽西的矿藏，在龙岩一带，日本勘探出了东西长60公里、南北宽30公里的煤矿矿层，它同时还盯上了闽西的铁矿和木材，计划将之作为南侵所用的资源。

1926年10月，何应钦率北伐军东路军进入福建，黄奕住积极支持，以个人身份接济何应钦的东路军20万元，随后又在厦门商会为何应钦筹借30万元，此外还主动募献草鞋费。他肯定清楚这其实是一种勒索，但是在当时的情况下，他又能如何呢？

在中国最大的工商业城市上海，那时大批商人也在观察着蒋介石的行动，对北洋政府已经失望的他们，选择了押注给蒋介石，但这注定是一次脆弱的合作，当北洋军阀仍是蒋介石的最大敌人时，他需要来自商人们的资金支持，但当他的地位稳固后，他的态度立刻就转变了，他和商人那种合作的关系，变成了从属与勒索的关系。"四一二"政变刚刚结束，蒋介石就向上海的商人勒索700万元，此外还要强行借贷3000万元，到1927年4月底，上海商会已完全处在国民党的控制之下。

在使用强力的同时，像对待他的政敌一样，蒋介石也不断使出笼络的手段。1927年5月12日，南京国民政府发出电令，任命黄奕住为福建省政府委员兼建设厅厅长，但是，黄奕住"不敢就职，而致电敬辞焉"。这时的黄奕住，深深地感到不安，6月12日，蒋介石亲自致电黄奕住，"劝购二五库券"，这实际是在强迫他做政治献金，黄奕住不敢不购，"认购十万元"。

在蒋介石的这些拉拢之外，更让黄奕住在意的是南京国民政府的经济政策，而形势的发展对于这些侨商来说，显然不容乐观，国民党在北伐前的"一大"上通过的《宣言》就提出："凡本国人及外国人的企业，或有独占的性质，或规模过大为私人之力所不能办者，如银行、铁路、航路之属，由国家经营管理之，使私有资本不能操纵国民之生计。此则节制资本之要旨也。"

但在当时的中国，又有多少资本可供"节制"呢？在海外的这些侨商们，如李清泉还曾到美国考察商务，他们肯定知道民营资本在铁路建设中的作用，也肯定深知铁路网的形成对振兴实业的意义。以美国为例，在19世纪中后期，为了建设连接东西海岸的铁路线，美国国会于1862年7月1日通过了太平洋铁路法案，给予铁路公司巨大的政策支持，根据该法案，修筑这条铁路线的联合太平洋铁路公司和中央太平洋铁路公司可获得4500万英亩的赠地及6000万美元的借款。1864年7月1日和2日，参议院和众议院又先后通过两个太平洋铁路法案的修正案，给予了铁路公司和承包商更大的实惠：第一，把赠地扩大一倍，每铺设1英里路轨，另外给予铁路两侧二十英里深的土地，或以铁路长度计算，每一英里授给二十平方英里的土地。第二，国家贷款降为二次抵押的地位，准许出售面值100美元的股票，数量由10万张增加到100万张。第三，铁路公司有权无偿获得铁路建设用地及其两侧毗连的相关公有土地，有权在公有土地上建设车站、铁路建筑物、车间库房、修理厂等。第四，铁路公司除获得沿线山林采伐权外，还能得到沿线公有地的采矿权。在这样的优惠政策下，铁路公司可以通过转让土地回收大笔资金，连接美国东西部的铁路在短期内就建成了，众多的铁路城镇在美国西部涌现,西雅图、洛杉矶等地飞速地由人烟稀少的居民点,发展为繁荣的现代都市,直到今天,它们依然在美国扮演着经济发动机的角色。

南京国民政府最终否定了黄奕住的漳龙路矿计划,对此,黄奕住只能慨叹:"此事遂寝,亦殊可惜也。"

一直到1932年,黄奕住才再次迎来重提漳龙路矿计划的机会。这一年,十九路军入闽,蔡廷锴、蒋光鼐主政福建,因为此前南洋闽侨曾对十九路军予以巨大支持,身为十九路军总指挥的蒋光鼐也对华侨抱以好感。认为事有可为的黄奕住向蒋光鼐请求展筑漳厦铁路到龙岩,以便开采矿藏。他的这个设想,得到了蒋光鼐的支持。

1933年5月,福建省政府设立建设委员会,由李清泉担任常务委员;6月1日,漳龙路矿筹备处在鼓浪屿成立,6月28日,漳龙路矿筹备处在鼓浪屿召开成立大会,推选黄奕住为筹备主任兼组织股主任,李清泉为设计股主任。按照他们的计划,这时要实施漳龙路矿计划,需筹集资金2000万元,拟分为20万股,每股100元,并由李清泉和黄奕住各自负责筹集1000万。随后,李清泉北上南京、上海聘请技术人员。

1933年9月,技术人员开始了沿规划铁路线的路基测绘和矿藏调查,探测到矿区数十处,并搜集了矿石标本数十箱,至12月初把全线测量完毕;同年11月初,航空测量队开始作业,沿线拍摄地形图,11月10日即完成测量。两次测量共耗费数万元,由黄奕住和李清泉分担。

闽侨们为之努力了十余年的路矿之梦,似乎就要成为现实了,但是快速变幻的时局随之又把这个梦想击碎了。1933年,蒋光鼐等发动福建事变,即"闽变",成立中华共和国人民革命政府,然而,这一政府仅仅存在了两个月。在蒋介石优势兵力的攻击下,次年1月,"闽变"即宣告结束。此后,"剿共"成为国民党当局在福建的头等大事,漳龙路矿计划至此再也没有任何重新开始的希望了。

1941年,厦门海关税务司卓尔敦在《厦门海关十年(1932—1941)报告》中,也像之前的历次《报告》一样,提到了福建那深埋地下的矿藏,以及从未完成的铁路:"尽管福建南部矿产资源丰富,但却没有做出什么努力来发展矿业。1932年和1933年,一个恢复漳厦铁路建设并进一步延伸到龙岩(在龙岩发现了无烟煤)的规划开始实施。该规划需耗资2000万元,其中4/5是支付修建和扩展铁路之用,其余的则用于开发矿产。主要的推动者是黄奕住、李清泉和李双辉,他们都是在南洋拥有巨大财富的富商。铁路建筑的完工预计需要两年半时间。当全部工程投入使用以后,每天的煤产量约为2000吨,每吨成本为2.5元,运费和其他费用大约使每吨成本增加3.8元。这样,抵达厦门的煤每吨费用大约为6.6元。目前的价格是每吨20～30元,因而有足够的金额作为利润。不幸的是,这一规划受到动乱局势的阻碍,所有工作都告暂停,计划于是落空。"

再接着,抗战爆发了,日军侵占厦门,清末以来残存的漳厦铁路也荡然无存了,嵩屿火车站被日军炸毁,驻守漳厦一带的中国军队在撤退时实施焦土战略,把残存的铁路全部拆卸,拆不走的则予以炸毁。

此后数十年间,福建再无一寸铁路,直到鹰厦铁路的修建。

五、"新福建"昙花一现

1932年1月28日，不可一世的日军把侵略矛头，直指中国的最繁盛之区——上海，"一·二八事变"爆发了，在历时33天的淞沪抗战中，十九路军连续粉碎日军5次总攻击，迫使日军三易主帅，完全退回到"一·二八事变"爆发前的地界。

华侨在这个过程中不但慷慨捐输，还组织华侨青年义勇队编入十九路军参战，后来，蒋光鼐在回忆中这样写道："海内外人民知道十九路军在上海发动抗战后，有的写信，有的打电报，有的寄钱，有的寄衣物食品等慰劳我们。人民群众对我军的热烈支援，鼓舞和激励了前线官兵舍身抗敌的决心和勇气，这是我军之所以能以少胜多、以劣势装备抵御全副现代化军队的关键所在。"①

蒋光鼐这样说，或许是夸大了华侨支援的作用，但是，通过这一役，他和华侨之间的合作更加密切却是不争的事实。

1932年5月21日，南京国民政府发布调令，委任蒋光鼐为福建绥靖主任，蔡廷锴为福建省主席。入闽之后，蒋光鼐、蔡廷锴即多次表示，要借助闽侨力量建设新福建，使福建成为"模范省"。

这让辛苦经营救乡运动十余年而所获无多的李清泉等人终于看到了希望。刚刚听到十九路军入闽的消息，他即以马尼拉中华商会的名义致电欢迎十九路军，同时委派马尼拉中华商会副会长许友超回国与十九路军讨论福建治安。1932年8月，许友超等100多名闽侨在香港召开"福建海内外民众团体代表联席会议"，提出改革省政、清除匪患、建设地方、整饬吏治等90件提案，拟归闽提交蒋光鼐、蔡廷锴。恰巧此时蔡廷锴从上海到了广州，大会遂派许友超等人前往广州向蔡廷锴呈报。蔡廷锴不但全部接受了这些提案，还邀请许友超出任厦门市长。随后，到福州上任的蔡廷锴即呼应闽侨的控告，逮捕了省防军混成旅旅长陈国辉。

陈国辉为1911年后在福建出现的"民军"头目之一，在其"民军"生涯中，陈国辉屡受收编，先后曾投靠许卓然、李厚基、许崇智、张贞、何应钦、方声涛等人，参加过北洋军、北伐军、靖国军、护法军、讨贼军、省防军，由一名勤务兵逐渐升至中将旅长，像当时的大小军阀一样，他肆无忌惮地在防区内擅加赋税，截留税款，还常采用绑架勒索手段敲剥华侨和侨眷。华侨多次欲除之而不得，众多侨眷和归乡的华侨，甚至也包括李清泉一家，不得不为躲开陈国辉而避居鼓浪屿。

1932年9月27日，陈国辉受命到省绥靖公署谒见蒋光鼐，当场被撤职查办。1932年12月23日，陈国辉被判处死刑，当日即被枪决。

匪患既除，最令闽侨关切就莫过于早日推行自治了。1932年6月，菲律宾闽侨代表在呈给南京国民政府的报告中，提出了这样的请求："呈请划闽南为特别区，容许华侨自治，实行经济建设事。窃惟华侨居留国外，不下五百万人，其半数来自闽省之南方，故闽南一带，实

---

① 中国人民政治协商会议全国委员会文史资料委员会编：《文史资料选辑》第37辑，文史出版社1980年版，第1～14页。

华侨之故乡也。但自民七以还,军匪窃据,苛税繁兴,纷纭扰攘……为地方计,为华侨切身利益计,非将闽省政制,根本改造,实不足以收久安长治之功……惟有恳请我中央政府,将闽南厦门、汀漳二旧道属划为华侨自治特别区,归中央管辖……设特别区委员会,以处理本区行政,由中央遴选出朴实廉洁声望素著之华侨,及本区人士充任委员,澄清吏治,整理财政,秩序恢复,进而试办地方自治,实行经济建设,果能如是,地方之安宁,有相当之保障,侨民眷怀祖国,热心实业,将不待招徕宣慰,亦相率归国,争先投资矣。"①

　　1932年12月7日,南京方面也颁布了福建省政府的改组令,在省政府委员中,既有蒋光鼐这样的军政要人,也有李清泉等闽侨领袖。1933年5月1日,李清泉到福州上任,并在《福建侨务公报》发布他对新福建的期望:希望地方安宁,政治清明;希望政府注意民生,保护实业,使华侨都能放心回来,投资兴办种种生产事业,使本省富源得以逐步开发;希望本省防务巩固,外面敌人不敢轻视。11月25日,蒋光鼐委任许友超出任厦门市长——这是中国历史上第一次由海外侨领出任国内城市的市长,也是厦门的建制第一次成为市,在此之前,虽然厦门早已经在事实上成为闽南的中心城市,但建制只不过是一个县。

　　但这时形势的发展已经越过了南京政府所能允许的边界。1933年11月20日,中华共和国人民革命政府在福州宣告成立,"闽变"爆发了,蒋介石随即派大军入闽镇压,并以空军和海军配合攻击。次年1月21日,"闽变"落幕,蒋光鼐、蔡廷锴等逃亡至香港,十九路军的番号随之被取消。

　　"闽变"后,虽然南京方面为了笼络华侨,仍发布任令让李清泉担任省政府委员,但已深知事无可为的他坚辞不就。闽侨"自治"之梦就此也戛然而止。南京国民政府彻底结束了厦门的半自治状态,也结束了身为投资厦门之主力的华侨的信心,自此之后,厦门经济开始处于停滞状态。又60年后,在通往市场经济的呼声中,这个城市又开始了通往未来的努力,这个努力,至今远未结束。

---

① 李锐:《侨魂——李清泉传》,海南出版社1999年版,第102页。

了闲别墅与《了闲分坛鸾章全集》

龚 洁*

鼓浪屿鼓声路西端,琴园大门缓坡南侧,有一块爬满爬墙虎的巨石,拨开密茂的绿叶,露出"了闲"两个大字,顺着石边的小门石阶,进入一个大花园,园内多种果树葱郁,蔓陀罗长得特别兴旺,浮白微黄带刺的喇叭形花朵,吊满枝头,宛如众侍女拥着华盖在欢迎什么神仙似的。在如此清幽的环境里,一幢两层小别墅矗立在面前。小别墅颇为奇异,不像鼓浪屿其他别墅那样有地下隔潮层,开门就是两房夹一厅的底层,大厅用铁拉栅门,钢花门楣上置"了闲别墅"四字,中心置一个香炉模型。别墅右前方还有一小亭叫"可亭",内立一道人,亭柱楹联是"听钟声歇事便了,看花影移心更闲"的尾字联。这就是福建了闲坛厦门分坛所在地,位于鼓声路1号。

在鼓浪屿众多现代别墅洋楼群里,突然出现这样一幢神秘异样的别墅,又处于现代别墅群的边缘,环境如此与众不同,它到底是谁家的?用途是什么?特别催人探寻。

一

据史料记载,清光绪戊戌年(1898),道教了闲坛就落户福州"玉尺山房",奉祀娄大真人,众多求卜,甚"著灵"。鼓浪屿人林端(寄凡)也加入其中。丙寅年(1926),他"慕道以分筏来厦",将分坛设在自己家里,"皈依之士日众",家里容纳不下。于是,他与坛侣"叶子守灏(守字为坛内辈份,下同)、卢子守熙、周子守温、王子守慎、吴子守华、罗子守逈"等七人,"共议择地建坛",经过多处踏勘,"择晃岩之西,车马不至,古木参天,远望浮屠,出没烟际"的鼓声路西端处,"洵佳壤也"。次年落成,9月16日举行开坛庆典。

丁卯(1927)正月十九日,举行开篆大典,周醒南请皈依,赐名温元,吴鸿勋、来玉林也请皈依,赐名华元、涵元,林在衡赐名达元,陈鸿崇赐名简元,郑汝霖赐名宪元,吴瑞征赐名恒元,王弼卿赐名慎元,王潮源赐名植元。共有33人分担坛内各项职务,主持扶乩作法。如周醒南的坛内道名为"崇温",任副坛监、会计主管。

扶乩,制一丁字形木架,悬锥于直端,状如踏碓之舂杵,承以沙盘,由两人扶其横两端。依术延神至,则锥自动画沙成文字,或与人诗词和唱,或示人吉凶休咎,或为人开药方,事毕,神退,锥亦不动。此种作法谓之扶乩,又称扶鸾。画出的诗文称"鸾章"。了闲分坛由林端任总鸾章主管,主持扶乩作法,分设天、地、人三班,兼设内外左右司鸾,还有内、外篆、庶务、伺香、伺朱墨、校对等,分工明细,各司其职,轮流作业。

---

* 龚洁:厦门地方文史专家 福建 厦门 361000

了闲分坛内经常扶乩,从1926到1930年5年时间里,得到鸾颂诗文达数千万言。1928年起将若干诗文送省坛刊登,不能满足坛友的需求。而且,"鸾章后举一漏百,以未能窥全豹为憾"。"而省外诸善信复函索全帙,苦无以应"。诸道侣因有总刊之议,又因积稿甚多,编校需时,乃分工集事,经讨论于辛未(1931)季冬编辑《了闲分坛鸾章全集》,林端任编辑,叶良鑑任校勘,维晶分任腾写,五月始事成。直到1931年以后,分坛的鸾章仍随时即送,受到坛友们的欢迎。

　　厦门了闲分坛的《鸾章全集》,一直没有见到,我在写《鼓浪屿老别墅》时,访问了闲别墅的许多人,包括曾住在里面20多年,后在沈阳铁路局任高级工程师的郭宗灏先生,也未告诉我有此全集。近日,东渡古玩城"文德堂"征集到一套完整的《了闲分坛鸾章全集》(见图1、2),分装8册,内容翔实,品相亦较好,使我们能全窥厦门了闲分坛的组织、级别、誓戒、奖惩和扶乩活动产生的诗文、药方等情况,以及分坛的各方人士名册,既补充了鼓浪屿了闲分坛的活动历史,又使我们了解了当今国内难得一见的道教扶乩文化的面貌,还可以作为今天鼓浪屿申遗的元素,殊为珍贵!

图1　　　　　　　　　图2

二

　　"鸾章",出自南朝·梁·沈约的《谢齐竟陵王示永明乐歌启》:"风翠鸾章,霞鲜锦缛"。鼓浪屿了闲分坛编的《鸾章全集》,系从数千万言的诗文中精选出来的,确实是一套扶乩沙盘里画出的文采华丽的诗文,难得一见。兹将《鸾章全集》的主要内容列后,以飨读者。

　　卷一为娄大真人、戚真人、慧真人及许、林、王、郑、李、杨真官和张、金使者以及郭无闷仙卿12人的像、传略,还有降坛记、赐像记、分筏记、灵签和筹建了闲分坛始末记。

　　卷二至卷七为丙寅(1926)、丁卯(1927)、戊辰(1928)、己巳(1929)、庚午(1930)五年的鸾诗、鸾文。有历年皈依人的姓名和赐名,以及每月为真人、真官举行的常典、庆典、大典的记录,还有杨在田的捐款。

　　卷八为各类求医叩病的医案药方。如妻子为不思饮食、喉痛的丈夫向真人、真官叩病的"请方";儿子为因阴霾壅滞、心失其主、血乃不行的母亲叩病请方;有丈夫为妻子、儿子为父亲、父母为子女以及兄弟间互相叩病请方的记录。

有一份《了闲分坛坛职、鸾职、伺子姓名表》，详细记录了33人的道名、姓名、坛职和鸾职的明细情况。如林端（寄凡）的道名叫崇蕃，坛职是"坛总鸾章主管"，鸾职是"天班大司鸾兼纠仪"。

还有了闲坛的"誓戒"。"五誓"：孝友、恕字宣讲、惜字、恤贫济幽、随量而事、不得背道离盟；"十戒"：忤逆、奸淫、杀害、蛊毒、贪嗔、欺妄、争斗、盗窃、咒诅、亵渎。

据记载，了闲坛的道级分为：庄、性、崇、理、守、元、道、玄八级。如林端为"崇蕃"，属第3级；施荫棠为"守穆"，属第5级。还有功格分：赐衔、升依、进级、记功、嘉奖5格；过格分：除名、外篆、降级、记过、申斥5格。

此外，还有分坛七名领导人：林寄凡、叶良鑑、卢季纯、王弼卿、罗元超、周醒南、王君秀的"偈语"。如周醒南的偈语是"惟温乃和，以跻道境，敛尔浮华，返尔凤秉"。王君秀的偈语是"天何所施，我何所秉，道在一真，人重三品"。

本卷还收录：分坛伺子外篆、女篆、男女童篆名单。庚午年（1930）的省坛皈依伺子、道名、职务、内篆、外篆、女篆、男女童篆道号姓名表，使我们今天能一目了然！

后 记

厦门了闲分坛1931年以后的鸾章未见记载，可能是没有再出版专集，也可能另有原因。我在访问中发现，厦门了闲分坛在解放后撤往香港，一直没有停止活动，坛址设在周醒南家里。2005年我曾接待香港了闲坛的一行5人，全是大学教授，他们特意来访鼓浪屿了闲坛，对了闲别墅十分虔诚。他们带来了一套大型的鸾诗、鸾文集，内有厦门分坛的鸾章诗文，颇为齐全。

鸦片战争期间鼓浪屿若干史实的考证

何丙仲*

2008年11月,鼓浪屿开始了申报世界文化遗产的工作。从那个时候开始,学术界对该岛的历史文化进行了梳理。然而,由于近代以来中外相关文献资料的不足,加上之前的搜集整理工作大多停留在文史资料的层面上,缺乏认真研究,以至于影响了对鼓浪屿历史的正确论述,某些史实不但语焉不详,甚至以讹传讹。因此,笔者认为有必要利用中外文资料,对一些比较重要的史和事,重新作一些考证,以求证于有道。

一、英军占领、撤出鼓浪屿的具体时间

鼓浪屿和舟山,是近代鸦片战争期间大清帝国被英军武力占据的两个岛屿。根据《南京条约》的条文规定:当清政府开放五口,"唯有定海县之舟山海岛、厦门厅之鼓浪屿小岛,仍归英兵暂为驻守,迨及所议洋银全数交清,而前议各海口已开辟,俾英人通商后,即将驻守二处军士退出,不复占据。"

鸦片战争厦门之役一开始,清军就已在"(鼓浪屿)岛上有数座坚强的炮台,一共架着七十六门大炮"[1]。英军则认定鼓浪屿"是厦门的锁匙","占领鼓浪屿,厦门本身或者更恰当地说它的城市与市郊就都在我们完全控制之下"[2]。1841年8月26日下午1时,英军"先对鼓浪屿炮台,后对厦门长列炮台进攻"[3]。在猛烈的炮火攻击下,守军不支,"某游击守鼓浪屿先逃"[4],英军登陆并占领了该岛。下午"5时前,厦门整个的外围防御工事已被我们(按:指英军)占领","鼓浪屿自被占领以来,一直保留在我们手里"[5]。因此可以确定,英军占领鼓浪屿的时间是1841年8月26日。

英军的总体侵略部署,重心并不在厦门,加上全权大臣璞鼎查(Henry Pottinger)认为,"鼓浪屿可以完全控制厦门港与进出厦门的通路,占领它将有许多好处,因此保留厦门便没有必要了"。因而,同年"9月5日,舰队起锚,驶向舟山,留下……三只运输船和500名士兵守卫,完全控制厦门的鼓浪屿"[6]。

---

* 何丙仲:厦门地方文史专家、文博研究员　福建　厦门　361000
[1] 福建地方史研究室编:《鸦片战争在闽台史料选编》,福建人民出版社1982年版,第157页。
[2] 福建地方史研究室编:《鸦片战争在闽台史料选编》,福建人民出版社1982年版,第168页。
[3] 福建地方史研究室编:《鸦片战争在闽台史料选编》,福建人民出版社1982年版,第174页。
[4] 福建地方史研究室编:《鸦片战争在闽台史料选编》,福建人民出版社1982年版,第146页。
[5] 福建地方史研究室编:《鸦片战争在闽台史料选编》,福建人民出版社1982年版,第181页。
[6] 福建地方史研究室编:《鸦片战争在闽台史料选编》,福建人民出版社1982年版,第162页。

英军何时撤离鼓浪屿？外文资料一般都笼统记载为1845年，个别的则记为1845年3月。① 中方资料此前阙如。今查中国第一历史档案馆所藏道光二十五年闽浙总督刘韵珂等的《敬陈历次筹办福州厦门两处夷人住处情形及鼓浪屿夷兵业已全数撤退缘由折》（按：下简称《缘由折》），其上有明确记载："鼓浪屿夷兵上年十二月间已撤去一队。……至本年二月十五日，夷兵皆全行撤退"。道光二十五年二月十五日，即公历1845年3月22日。当时英军分两批撤军，这是其最后全部撤离鼓浪屿的准确日期。

从1841年8月26日，到1845年3月22日，鼓浪屿被英军武力占据总共4年又7个月。和舟山相比，时间略少。舟山陷入英军手中共两次，第一次为1840年7月至第二年2月，英军在舟山设立巡理所，进行收税、殖民统治。第二次在1841年10月，其后由于英国政府外交政策作了调整，香港取代了舟山的地位，根据《英军退还舟山条约》（又称《虎门寨特约》），于1846年7月，撤出舟山。

鼓浪屿虽然被英军占领时间没舟山长，但英占时期，发生在厦门、鼓浪屿的一些事件，在近代史上要比舟山有影响。如1842年2月24日，基督教美国归正教会传教士大卫·雅裨理（David Abeel）、美国圣公会传教士文惠廉（Wm. J. Boone）夫妇一起来到鼓浪屿，在英军庇护下进行传教活动，开启了基督教新教在闽南活动的先声，影响至今。又如1843年11月2日，根据不平等的中英南京条约，厦门为"五口通商"的口岸之一正式开埠，厦门始作为中国东南沿海的港口，名扬到现在。此外，还包括不法洋商乘机利用开埠伊始，来厦门进行贩卖华工苦力、走私鸦片等罪恶行为。值得注意的是，据当时人所见，"时鼓浪屿夷目招工匠增造小舟，为窥内河计"②。这就是说，当时盘踞在鼓浪屿的英军，还有进一步以该岛为据点，扩大向闽南侵略的企图。

二、英国人最早在鼓浪屿租民房作领事馆

英军占据鼓浪屿期间，1843年11月至1845年3月，英国政府派遣纪里布（Henry Gribble）和阿礼国（Rutherford Alcock）先后来厦门担任领事。据《厦门的租界》一书所载，"1844年11月7日，阿礼国继任后，即着手在鼓浪屿修建第一座领事楼房"。以至于以后不少介绍鼓浪屿的出版物或宣传品，都依此为根据。

因这段时期，鼓浪屿驻着英军，英国新任领事在陌生的地方，出自安全和其他原因和本国人住在一起，是合乎情理的。然而，当时的鼓浪屿是否适合建造领事馆舍呢？诸多的文献和文物表明，清代乃至鸦片战争之前，鼓浪屿仍是一个以农业为主、近海渔业为辅的小岛屿，与人烟相对密集并且具备口岸条件的厦门岛一水之隔。首次登上鼓浪屿的英军发现该岛"地多岩石，起伏不平，大部分是不毛之地，但也有干净的稻田穿插其间，使此地环境极不卫生"③。加上岛上所驻英军不是永久驻扎的，根据《南京条约》第七条规定，清政府的"赔款"分四个年度还清。最后一次付款为"乙巳年"（即1845年），这笔"赔款"付清后，英军就必须

---

① 何丙仲编译：《近代西人眼中的厦门》，厦门大学出版社2009年版，第49页。
② 中国史学会主编：《鸦片战争》（六），上海人民出版社1955年版，第123页。
③ 福建地方史研究室编：《鸦片战争在闽台史料选编》，福建人民出版社1982年版，第182页。

撤出鼓浪屿。基于环境不佳和英国驻军的暂时性,我们对英国首任领事一来就建领事馆的说法,不敢苟同。

后来,我们在英国人所著的《巴夏礼在中国》(广西师范大学出版社 2008 年版)这部书中,终于找到蛛丝马迹。哈利·巴夏礼(Harry Parkes)当时是英国驻厦领事纪里布的翻译官。该书写道:"(1845 年 3 月份)英国的卫戍部队撤离了鼓浪屿。……领事馆必须在部队的保护之下,所以部队的移动必然造成领事馆的移动。"其后,清政府答应英国人在厦门建领事馆,该书又引用一封书信档案,写道:"我们收到了道台的信,信中披露了刘韵珂和耆英往来信函中关于放弃鼓浪屿的部分内容,前者建议我们在新的住所(即领事馆)建好之前先自己租房子。"①闽浙总督的《缘由折》对这个问题说得更清楚,该奏章云:"至厦门该夷住处……鼓浪屿缴还后,原在该屿居住之夷官人等,仍须在屿内租屋栖止,俟新屋造成,再行迁出。"奏章后段还说,"夷兵皆全行撤退。惟夷官夷商五人……仍住屿内所占民房"。

根据这些史料,我们可以断定,最早来厦门的英国领事,为得到英军的保护,在鼓浪屿租住民居充当领事馆。美国归正教会传教士也不例外,雅裨理租住的房子的旧照片,现今关于鼓浪屿历史的出版物还经常引用。因为是租住在民居里,所以《巴夏礼在中国》的作者参考这位翻译官的日记,还说"后来的几个月里,他出售了很多猪以及家禽"②。可惜我们现在无法辨认出鼓浪屿哪一幢旧民居,是最早的英国领事馆。

三、厦门本岛最初的英国领事馆

1845 年 3 月 22 日,英军全部撤出鼓浪屿。这对租用民房办公的英国领事和传教士来说是一件大事,因为"英国的卫戍部队撤离了鼓浪屿。这也将影响到领事馆的转移问题,领事馆必须在部队的保护之下,所以部队的移动必然造成领事馆的移动"③。

据上文所引的《缘由折》载,"自前岁领事记里布(按:即纪里布)前来开市之后,即经兴泉永道恒昌等饬令选择。该领事欲仍在鼓浪屿居住,多方推托。臣等以鼓浪屿乃应缴纳之地,不能任其久占,叠饬该道等反复开导,……记里布始于上年(按:即 1844 年)七月间在厦门择得官荒二处为建造夷馆之所,并以房屋营造需时,鼓浪屿缴还后,原在该屿居住之夷官人等,仍须在屿内租屋栖止,俟新屋造成,再行迁出。"这就是说,英国领事一到厦门,清政府地方当局就令其在厦门岛上择地建领事馆。但英国领事推三托四,一定要住在鼓浪屿。到了英军撤出之前的 1844 年,清政府地方官员还主动为英国领事看好地,甚至为他们选好房子,提前为其迁到厦门办公做了准备。但英国领事对为其选择的房子"任意挑剔,虽

---

① [英]斯坦利·普尔、弗雷德里克服·维克多·狄更斯:《巴夏礼在中国》,广西师范大学出版社 2008 年版,第 71 页。

② [英]斯坦利·普尔、弗雷德里克服·维克多·狄更斯:《巴夏礼在中国》,广西师范大学出版社 2008 年版,第 54 页。

③ [英]斯坦利·普尔、弗雷德里克服·维克多·狄更斯:《巴夏礼在中国》,广西师范大学出版社 2008 年版,第 71 页。

有整齐洁净之房,悉皆为湫隘,不肯向租。其意欲内地民人在厦代建夷馆,给令赁住,以省工本而获新居"。为此,英国领事和厦门地方官员讨价还价。时任翻译官的巴夏礼在1844年11月6日的日记里,记述了英国领事阿礼国和清朝官员会谈的情况,其中写道:"阿礼国先生提出的一个重要要求是,他们(按:指中国官员)立刻为我们建造像样的住宅,然后我们可以以租赁的方式租用它们。……他们为何不能立即为我们盖一幢房子作为领事馆呢?"①

最后,看来清政府厦门官员不得不让步,同意由厦门当局按照外国图纸建造领事馆,租给英国领事办公。《缘由折》记载:"亚利国(按:即阿礼国)欲华民代建夷馆,伊止出钱租住,其情虽属贪狡,但民间建筑室庐租给他人居住,事所常有,不妨仿照办理,庶在彼可省建屋之赀;在民可收租房之利,于事颇为两便。且鼓浪屿境土俱可按籍收回,不留一夷在内,于疆事更有裨益。"所以,闽浙总督当即派员至厦,与道台等"访求代建夷馆之人"。结果"本年(按:即1845年)正月间,即据该道等招得该处诚实匠头,情愿集资代造"。

接下来就是选地的问题。据《缘由折》所载:阿礼国又提出,"记里布前择官荒各处,地势空阔,恐遭窃劫,恳为另择妥便之区"。于是,道台不得不又"带同亚利国勘有兴泉永道旧署余地一段,自兵燹之后,废为瓦砾之场,可以建屋。当据亚利国绘具屋图,交匠头照图营建。核计工料等项共需番银九千圆,亚利国愿每年出租银九百圆,并愿先付两年租银,以助缮造。议俟新屋造成,该领事即率同该国官商迁入居住"。

中山公园西邻的原厦门市图书馆所在地,即兴泉永道的道署衙门遗址。该地点现存一方清同治三年(1864年)的《重建兴泉永道署碑记》,其所载内容与刘韵珂等在《缘由折》所说的基本一致。该《碑记》记载:"同治二年夏四月,英人归我兴泉永道署。……逮道光二十五年(1845年),总督刘韵珂、恒昌贳于英,改洋楼,阅今始重建。"②当时刘韵珂向皇帝谎报,说该道署有"余地一段,自兵燹之后,废为瓦砾之场",实则是英军占据了整座衙门,害得道台搬到"户部小衙门行辕治事",其条件之糟,可见《碑记》之记述。英军建夷馆时,甚至把整座道署衙门拆毁。所谓的"夷馆"、"洋楼",就是英国领事馆。

1845年至1863年4月,英国人拆毁兴泉永道道署衙门,让中国人建筑馆舍,租给他们当领事馆,租金每年番银九百圆。

近代的外文资料也都有关于英国领事馆即原来的道台衙门的记载。1896年《中国丛报》第22卷第3号在介绍厦门景观的文章中,还指出一处荷兰人的遗迹就"坐落在从前英国领事馆(原注:现在的道台衙门)不远处"。1908年包罗所写的《厦门》,也说"从前英国领事馆(原注:现在的道台衙门)不远处有雕刻着荷兰人形象浮雕的凯旋门"③。

现存在鼓浪屿的原英国驻厦门领事馆办公楼,乃"同治二年(1863年)夏四月,英人归我兴泉永道署"之后才建造的。具体建筑年月不详。

---

① [英]斯坦利·普尔、弗雷德里克服·维克多·狄更斯:《巴夏礼在中国》,广西师范大学出版社2008年版,第68页。

② 何丙仲编纂:《厦门碑志汇编》,中国广播电视出版社2004年版,第189页。

③ 何丙仲编译:《近代西人眼中的厦门》,厦门大学出版社2009年版,第134页。

四、英军撤出鼓浪屿前后的岛上原住民

中英鸦片战争厦门之战,尽管以清军战败,厦门沦陷为告终,但中国军民反抗外来侵略的爱国精神,仍旧是厦门地方史光荣的一页。英军登陆厦门、鼓浪屿后的烧杀抢掠,有关鸦片战争的史料零星有所提及,然而都失之简略。而外文资料对其所作所为,也尽掩饰之能事,乃至将那些敢于起来反抗的厦门人民污蔑为"恶棍"、"暴民"。但在外国人的笔下,依然会透露出一些信息。如英国人柏拉德的《"复仇神"号轮船航行作战记》,就提到厦门的"虎兵"。书中说:"在厦门,所谓的'虎兵'第一次出现了。那就是身上穿着黄布衣服的人,衣服上面有黑斑点或条纹,头上包着头帕,形似虎头,使人看起来显得很凶猛可怕,胆战心惊。"因为文物、文献的缺失,我们至今无法了解到"虎兵"到底是怎么回事。

鼓浪屿也一样,对这个鸦片战争中被占领4年又7个月的岛屿,岛上居民在此之前之后的状况,也因中外文献的不足而知之不多。倒是闽浙总督刘韵珂等的《缘由折》,记载了一些我们素未所知的历史事实。如(1)英军撤出时,要求地方当局派兵保护。《缘由折》写道:"(英国人)所占民房仅止数座,余屋尽皆空出。经兴泉永道委员前往查点,交给地保看守,并因该夷恳求拨兵防护,移经水师提督臣窦振彪派委守备一员,带兵六十名,赴屿驻守。"(2)英军占据鼓浪屿,使岛上人民流离失所。刘韵珂等汇报说:"所有该处居民流离已久,本可即令复回故土。但人数较多,其中强弱不一。自二十一年(按:即1841年)被兵(古文,遭受兵灾之意)后,该民人等失业数年。"(3)清政府地方当局担心积怨已久的鼓浪屿人乘返乡之机采取报复行动,建议分批返回。刘韵珂等向皇上请示说:"今于该领事等未迁以前,即令全数搬回,设有不逞之人挟嫌寻衅,妄图报复,难保不另起事端,自应详查妥办,以昭慎重。臣等复饬该道等察看民情,如果并无怀仇图报之心,自可即令归业。否则将距各夷住处较远之民人先行遣回,其余仍令暂缓,以期始终绥靖。"连一个人口不足三千人的小岛屿①,其百姓要返回家乡的事也要向皇帝请示,可见不能以小事视之。道光皇帝在这件奏折后加以硃批:"只可以如此办理,另有旨片随密寄发回。"

道光皇帝的"密片"内容已不可得知,但这件《缘由折》揭示了鸦片战争中,鼓浪屿的一段史事,至少反映了英国侵略者的行径已激起鼓浪屿人民的极大不满。其后,一位外国人在他的著作中写道:"英军撤走以后,他们占用的这些房子就被拆掉,他们修的路也被破坏掉,英军留下的每一个痕迹都尽中国人之所能地给予销毁"②。

这段时间,有关鼓浪屿人民的爱国行动,颇值得今后继续深入研究。

---

① 何丙仲编译:《近代西人眼中的厦门》,厦门大学出版社2009年版。据该书统计,截至1876年,鼓浪屿有629户,居民2835人。

② 何丙仲编译:《近代西人眼中的厦门》,厦门大学出版社2009年版,第36页。

附录：

敬陈历次筹办福州厦门两处夷人住处情形及
鼓浪屿夷兵业已全数撤退缘由折

[中国第一历史档案馆明清档案部藏，全宗4,150号卷，第7号]

闽浙总督臣刘韵珂、福州将军臣敬敩、福建巡抚臣刘鸿翱跪奏，为敬陈历次筹办福州厦门两处夷人住处情形及鼓浪屿夷兵业已全数撤退缘由，恭摺密奏，仰祈圣鉴事。

窃照英夷所派福州领事官李太郭于上年五月间抵省，即经臣等与藩司徐继畬督饬地方官，在城外南台地方代觅民房一所，给令租住。该领事一住数月，意甚相安。至九月间，夷酋德庇时至福州查看马头，徐继畬出城与之接晤。该酋即以李太郭住屋卑陋为言，及德酋去后，徐继畬接据李太郭函信，恳于城内白塔寺附近地方代租房屋，俾其移寓。臣等当查江南原议和约，虽载有英国领事等官住在广州、福州等五处城邑专理商贾事宜之语。惟并未指明城内，且白塔寺地居省会之中，民居稠密，一旦该领事移入居住，舆情是否相安？自应详加体察，再行酌办，未便遽准。其时，绅民许有年等亦已闻知其事，即联名赴藩司衙门呈请谕阻。当经该司将民情不顺缘由，向李太郭晓谕，饬令地方官在南台为之另觅房屋，一面详经臣等移请钦差大臣、两广督臣耆英谕令德酋，转向李太郭阻止。耆英于未接臣等移咨之先，已在粤接有德酋照会，声称李太郭住宅卑陋，该大臣咨令臣等代为另觅，节经臣等饬令地方官在南台觅得宽大民房数处，引令李太郭前往相度。该领事总称不合其意。旋又以城内乌石山积翠寺地势偏僻，与白塔寺不同。该寺现有空房数间，轩爽高敞，欲图租赁居住，向藩司殷殷籲求。臣等与藩司再三固拒，而李太郭以城外恐有水火盗贼之虞，坚求入城，词意激切。时德酋复以伊不便谕令李太郭住于卑宅等词，覆经耆英转行咨会，李太郭遂偕夷官一人，于上年十二月间向积翠寺僧人租房数间，移入居住。臣等复备文向耆英咨商。兹接该大臣来咨，令臣等察看情形，自行筹办。臣等伏查福州海口紧傍南台，此时英夷如在此口开市，则其所派之领事自应令在南台栖止，庶可弹压夷众、经理通商。兹自上年五月李太郭到后，时已九月有余，并未通市。该国货船来者绝少，即偶来一二只，亦因民间无人与之贸易，旋即他往。该领事并无应在城外查办之事，亦无应须责令弹压之人，其住城内与住城外系属同一闲居，本无二致。臣等当该领事初请移入城内之时，因其所指之白塔寺地方，为居民萃聚之处，诚恐华夷错杂，未克相安。是以未经允准，并咨请耆英行令德酋谕阻，冀其听从。嗣该领事舍原请之区，另请租住积翠僧寺，其地乃城市中之山林，寺屋建于南阜山下，毗连城垣，与居民互相隔绝，并无华夷错杂之嫌。而臣等前请耆英转饬德酋谕阻，该酋又以未便向谕致覆。臣等细察该夷性最固执，此时驱之愈力，则彼据之愈坚，势必徒费唇舌。且原议和约内所载"领事住于五处城邑"一语，并未分别内外。今臣等若必令在城外居住，更难保该夷不以臣等违约，反唇相稽，彼时愈觉难于辩论。中国现在之所以驾驭该夷者，全凭和约各条向其制裁，各省必须一律坚守，方可示诚信而期折服。设中国于原约稍有参差，则该夷他日别有要求，反得缓引藉口，于大局所关，殊非浅鲜。查该领事自移寓之后，业经两月，情极驯扰，未尝轻自出入。民间见其如此，亦无猜忌。臣等细加筹画，应即准其暂在积翠寺租住，以符原约而顺夷情。俟将来通商之时，察看情形，另行酌办。当将准令在城居住之处，向李太郭晓谕。

该领事极为感激，称谢无已。前月杪李太郭经德酋调赴厦门，而将去岁派至厦门之领事亚利国改赴福州。臣等饬令藩司复向抚谕，亚利国亦复感谢。现与带来之夷官一名，及其妻夷妇二口，并与李太郭仝来之夷官一名，均在积翠寺居住。此臣等历次筹办福州海口英夷领事住处之原委也。

至厦门该夷住处，自前岁领事记里布前来开市之后，即经兴泉永道恒昌等饬令选择。该领事欲仍在鼓浪屿居住，多方推托。臣等以鼓浪屿乃应行缴纳之地，不能任其久占。叠饬该道等反复开导，并咨经耆英向德酋晓谕。嗣因德酋有"甲辰年银款交清，先将鼓浪屿缴还"之说，记里布始于上年七月间，在厦门择得官荒二处，为建造夷馆之所，并以房屋营造需时，鼓浪屿缴还后，原在该屿居住之夷官人等仍须在屿内租屋栖止，俟新屋造成，再行迁出。十月间，德酋至厦门查看马头，所言亦复相同，并称俟伊回粤后，与钦差商酌，当经臣等附片具奏，一面移咨耆英酌核办理，并饬兴泉永道等催令记里布在选定处所建盖房屋。记里布旋即回粤，亚利国至厦接充领事，复又托故迁延。时耆英在粤，亦与德酋再三辩论，并劝令在厦租房。该酋以"必须厦门有合宜屋宇，方可移居"之言具覆。耆英移经臣等檄饬该道等速为选择。讵亚利国任意挑剔，虽有整齐洁净之房，悉皆目为湫隘，不肯向租。其意欲内地民人在厦代建夷馆，给令赁住，以省工本，而获新居，以致多所刁难。臣等察出夷情，因思鼓浪屿之缴还，必须厦门建有夷馆；厦门之夷馆一日不定，则缴还鼓浪屿之事亦一日不了。纵使夷兵撤退而夷官等仍留屿内，则缴还与不缴无殊，不特坠记里布前请在该屿居住之计中，且与原议和约相悖，殊非制驭外夷之策。查阿利国欲华民代建夷馆，伊止出钱租住，其情虽属贪狡，但民间建筑室庐租给他人居住，事所常有，不妨仿照办理，庶在彼可省建屋之赀，在民可收租房之利，于事颇为两便。且鼓浪屿境土俱可按籍收回，不留一夷在内，于疆事更有裨益。当即遴委干员，驰往厦门与该道等访求代建夷馆之人，一面向亚利国据实告知，谕以如果有人出而承造，伊每年租银必须加重，俾承造者不致亏累。该领事深为感悦，愿出重租。至本年正月间，即据该道等招得该处诚实匠头，情愿集资代造。并据亚利国以记里布前择官荒各处地势空阔，恐遭窃劫，恳为另择妥便之区。复经该道等带同亚利国勘有兴泉永道旧署余地一段，自兵燹之后，废为瓦砾之场，可以建屋。当据亚利国绘具屋图，交匠头照图营建。核计工料等项共需番银九千圆，亚利国愿每年出租银九百圆，并愿先付两年租银，以助缮造。议俟新屋造成，该领事即率同该国官商迁入居住，将鼓浪屿全境交还中国，不敢再行逗留。该道等恐其复有反覆，令亚利国将所议各情备文照会，俾有证据。亚利国即遵谕出给文书。该道等将查办缘由，录具亚利国原文禀送臣等查核。所禀办理极为妥周，其亚利国文内语意亦皆坚确，似不致再有更变。臣等即饬该道等转饬匠头赶紧兴工，约计两三月即可竣事。前月亚利国来省，李太郭赴厦，复经藩司向该二夷三面要约，李太郭声称：照亚利国原议办理，不敢复有异议。察其情词，亦属切实，可无他虑。此又臣等历次筹办厦门海口英夷住处之情由也。

至鼓浪屿夷兵上年十二月间，先已撤去一队。彼时，亚利国已请将空出民房交还。臣等以其零星缴纳，与原约不符，且其时厦门夷馆未定，诚恐该夷另有诡谋，未便准行，当饬兴泉永道谕令各民人暂缓复业，以免他弊。至本年二月十五日，夷兵皆全行撤退，惟夷官、夷商五人，因厦门夷馆甫经兴工建造，仍住屿内所占民房，仅止数座，余屋尽皆空出。经兴泉永道委员前往查点，交给地保看守。并因该夷恳求拨兵防护，移经水师提臣窦振彪派委守备一员，带兵六十名赴屿驻守。惟查该屿夷兵既已全退，夷官等亦不过在彼暂住，不久即当迁出。所有该处居民流离已久，本可即令复回故土，但人数较多，其中强弱不一。自二十一年被兵后，该民人等失业数年。今于该领事等未迁以前，即令全数搬回，设有不逞之人挟嫌寻衅，妄图报复，难保不另起事端，自应详查妥办，以昭慎重。臣等复饬该道等察看民情，如果并无怀仇图报之心，自可即令归业。否则将距各夷住处较远之民人先行遣回，其余仍令暂缓，以期始终绥靖。此又鼓浪屿夷兵先后撤退，臣等查办之情形也。

伏查英夷情既诡诈，性复贪刁，控驭稍未合宜，无论或抗或卑，皆难折服。惟有恪遵原约，本诚信以杜其鬼蜮之谋；熟察事机，示变通以驯其桀骜之气，庶足免枝节而靖边隅。现在福州、厦门两口该夷均有住处，福州并未通市，鼓浪屿夷兵已退，不日即当收复，可以上慰宸怀。此后臣等惟有设法笼络，加意抚循，俾该夷就我范围，瀛壖永臻静谧，以仰酬高厚鸿慈于万一。除俟厦门夷馆建筑完竣，夷官等迁入居住，将鼓浪屿全境收复，另行奏报，并将现办各情随时移咨耆英查照外，臣等谨合词恭摺具奏，伏乞皇上圣鉴训示。

道光二十五年三月十五日　谨奏。

（道光皇帝硃批）：只可如此办理，另有旨片随密寄发回。

《厦门历史名人画传》导言

周旻[*]

古往今来,读史使人明智,富于借鉴意义,这些都是共识。重要的是,需要寻找合适的载体和端口来延续一个城市对历史文脉的记忆。这是今人创造文化自信的应有作为。因此有必要和那些创造或改变历史的名人们默默对视和对话一番。《厦门历史名人画传》,就是传承历史文脉记忆的一种探索。

一、现状:历史文脉记忆已模糊且碎片化

去年是甲午战争120周年,社会热点再次关注历史,思考未来。沧海桑田,世界在变化。如今,针对现实问题,国家、政党、机构、实体、阶层、智库和个人,都会借助于便捷的信息获取方式,可以由此上溯有关历史,寻求和思考某些问题的答案和意义。

多数情况下,许多人并不了解他们所生活的城市的历史,更不了解那些曾经主导或改变历史的重要人物。当然,不能过多地苛求如今的人群普遍地记住所有的历史。因为,依据人类的本性,一般只是记住曾经对于自己有影响的事情。随着人口的迁徙,外来人口的加入,老城区的改造,造城运动的主导价值观,旅游商业的模式化,外来文化以及多元文化的重构,闽南文化和历史文化面临某种强力消解,也面临新的选择。根据了解和调查,一般民众对历史名人的记忆极为淡漠,存在类型化现象,例如看到历史人物着清代服装,便一概认定是林则徐,一见着战袍威武状就以为是郑成功。寻找历史以及历史名人也几乎都是功利的、零星碎片式的,缺乏基本的、系统的梳理研究与评价,尤其缺乏必要的普及与传播。

历史是不能割断的。在高速发展经济的过程中,把一个城市引向没有记忆的方向,绝对是短视行为。城市的主政者应当警醒,传承文脉不要停留在一般号召上;做现代城市发展研究的社科工作者应该身体力行,把握好文化继承和创造的引领节奏和效果;而广大民众应该自觉提升包括历史文脉传统在内的社科人文素养,从而养成深入人心的文化自信的话语权。

厦门处于闽台重要地区,历来受到重视,出生或活动在这一地区的名人辈出。自古以来,唐有陈黯隐居金榜山,留下文脉痕迹。早期的鹭岛,并无太多文脉积淀,所以陈黯先生多次由闽南长途跋涉赴长安,屡试不第,只好隐居厦门金榜山,以陈场老自称。后来,宋代朱熹确实是个有心人,他到同安任职时,专门来金榜山考察陈黯遗迹,并且整理陈黯的诗文著作,以增广厦门的文脉延续。宋苏颂、朱熹,皆对中华文明有巨大贡献。特别是明末清初,郑成功、施琅对台湾的收复和治理,成为国家大事。鸦片战争之后,厦门因其特殊的地缘政治地

---

[*] 周旻:厦门市社会科学联合会　福建　厦门　361000

位和对外开放商贸口岸,成为一种联系世界近代化过程的放射状样本。中西文化交流日益频繁。甲午战争以后,厦门成为名人从台湾内渡的首选地。辛亥革命以来,更是革命志士和南洋华侨传播革命主张,从事革命活动的重要枢纽地。民国时期名人辈出,一些大家和名人都曾经在厦门留下痕迹。抗日战争爆发,抵御外侮的仁人志士,避居厦门特别是鼓浪屿,表现了鲜明的民族气节。而那些关心民生,在教育、科技、医疗等方面长期服务民众,留下良好口碑的名人,更是赢得后人的敬重。这些名人恰似历史长空的灿烂星辰,无论何时都在远处深处闪烁着智慧、坚持、奉献和创造的光芒,令人景仰,令人怀想。

我们需要寻找载体和端口来延续一个城市对历史文脉的记忆。选择历史名人的研究与传播,是急迫需要做好的重要事情。近年来,厦门地方文史专家的努力,值得我们敬佩。例如洪卜仁先生关于厦门名人故居的研究,龚洁先生关于鼓浪屿申遗之国际社区制度和人物的研究,彭一万先生关于鼓浪屿音乐名人的研究,何丙仲先生关于教会文化的研究,颜立水先生关于朱熹在同安的行迹研究,李启宇先生关于历史上厦门书院的研究,郭坤聪先生关于厦门中华片区老街的名人研究,以及南洋华侨史、厦门海关史、厦门大学校史等专家的研究等等,都对厦门文脉传承有很多贡献。

除了大部头的传记、旅游指南外,应该还有更多系统生动的载体和方式,来推进历史名人研究与传播。选择名人画传作为主体,浓缩在一张四尺宣纸之上,不失为一种创新的尝试。将历史名人参与的历史事件、从事的具体活动,吸收史家研究成果,注意过程、细节和结果的展示,由个体的人物到历史大势,从点到面,总结出若干特点规律,形成纵向的线的脉络,横向个体的链接,也就成为历史画卷。作为研究与普及相结合的读本,综合历史研究的、传记写作的、国画人物的、书法题款、诗歌创作等多种元素于一体,做成画传形式。每一位名人的历史贡献,都浓缩在一个画幅里。一幅幅画卷展开,闽台群英谱便得以生动再现。

我用这样的方式初步完成以上的题目,在规模和方法上进行探索和创新,为改变历史记忆模糊且碎片化的现状,做一些努力。

二、开始总是炮声改变历史

郑成功病故后,施琅几次反清降清。渡海攻台作战两次,都因飓风未有战果。在北京清苦煎熬做了十几年闲官,施琅终于得到机会。康熙皇帝听进了姚启圣和李光地等重臣的建议,启用晋江的施琅统帅水师再次攻台。澎湖一战,击溃明郑精锐水师,郑克塽率众降清,康熙一统天下。康熙皇帝定然听到不少关于郑成功和施琅之间的恩怨,解决台湾统一问题以后,康熙慨然为施琅作联曰:"平台千古,复台千古;郑氏一人,施氏一人。"为国家大计,如此高度评价郑成功和施琅的历史功绩。尽管清代官方已有定论,多种不同的价值观指导下的各类评论,依然对施琅的定评提出商榷。不过,施琅重视台湾治理的建议,得到朝廷采纳,海峡从此平静。

鸦片战争之前的几年,清朝道光皇帝委派了一位叫做周凯的官员,来担任厦门和台湾的地方官。此前,周凯在湖北襄阳做知府,他从浙江买来桑树,鼓励百姓种桑养蚕,经营丝绸致富。那里的民众对他的离开十分不舍,因为他找到一条让当地百姓改变贫穷命运的路子。周凯来到厦门,巩固海防,修撰厦门志书为守备参考。有京都24诗人衔头的周凯,和门人在于屏书院画了厦门名胜《闽南纪胜》。当年,周凯登临过鼓浪屿对面的凤凰山,后来叫同文顶,遥看厦金海域的晴日波光与飓风拍岸,抒发文人的诗兴。后来,因为熟悉闽南海域防务而调往台湾,继续做熟悉海峡两岸维护一方安定发展的封疆大吏。自然,周凯也忘不了闲暇时与诗友唱和,刻石留字,起用有才学的人。1837年,辛劳敬业的周凯劳累成疾,病逝于台湾。周凯肯定想象不到,原来以为只要有一大批像他这样清廉为官治理一方,并且发挥一下诗画书法余兴,就可以确保大清国体无恙的想法,后来被证明是那么无力。历史并不以他的意志为转移。道光以后的大清帝国,不再延续基本稳定的政治经济和社会文化生态,从此迎来西方舰炮攻击海岸线,并开始直面世界格局的巨变。

早在第一次鸦片战争期间,邓廷桢领导福建沿海的防御抵抗,取得一定的效果:英国人两次进攻厦门都被击退。由第一次鸦片战争传导而来的紧张和不安,一直笼罩在东南沿海。1841年8月,闷热潮湿的厦门,英国职业军人、殖民地资深统治者,一个叫璞鼎查的人,接替第一次鸦片战争英国谈判代表义律,出任新的侵华总指挥,全权处理侵华事务。璞鼎查从印度来到广州,第二天即开始规划进攻路线。英军舰队起航,目标直指厦门。

英国舰队逼近厦门。有了厦门的炮台,厦门号称最坚固的海岸线。钦差大臣颜伯焘高调亲临厦门坐镇指挥,督察防务。他向朝廷报告,说是厦门炮台的防御水平全国最好,可以拒敌于海上万无一失。可是开战不久,鼓浪屿炮台被打哑了,几小时后英国人侧翼攻击得手,颜伯焘和其他形成犄角的炮台守将都退到同安。石壁炮台只剩下金门镇总兵江继芸孤军奋战。炮台大炮位置固定,留有死角,英国人从左侧和后面冲了上来,身负重伤的江继芸被逼到绝壁,最后跳海殉国。厦门失守。颜伯焘被撤职了,此前他是高调抗战,具有爱国修身清廉为官品质,经常倡导良好价值三观并有格言式的人物。颜伯焘被朝廷撤职回广东路经漳州,还受到官绅民众热情接待。他不胜感慨,不禁反复追问自己:到底是因为颜家三代重臣于朝廷有功,同僚宽容?还是朝廷判断有误,国民情绪把握不准?或是战略失当,武器实力不如英国人,或是战术指挥失当?如今,在广东颜氏家族的后代,并不把朝廷的处分看成定论。他们与史学界的一部分观点认为,颜伯焘是尽力了。从大趋势看,从政治体制、军事实力、舆论与信息准备、国民动员等,已经完成工业革命的英国,在各方面都要优于当时的中国。以海岸防御为例,炮台定向集中火力留有死角,从应战热情高涨到炮台失守乃至厦门失利后乱了阵脚而溃逃,从民众对于世界潮流的无知到大敌当前张皇失措,厦门失守在预料之中。

在中国东南沿海,英军统帅璞鼎查挥师北上,这位在印度已经声名显著的职业军人和殖民统治者,被重用到中国战场。他果然不负众望,一路舰炮开路,在中国东南沿海并无遭到强烈抵抗。伦敦一片欢呼。

璞鼎查一路挺进,在吴淞口碰上67岁的厦门同安人陈化成将军。陈化成主张用强硬的军事防御来拒敌于海上,他在台湾海峡两岸维护平安局势的生涯中,积累了丰富的海上作战经验,也积累了炮台防御阻击战经验。不过,以往的经历大多是消灭海盗诸如同安蔡迁这等武装而已,从未与工业革命后具有先进技术和实力的英国军队交手。凭着天朝的国威和忠于朝廷的信仰,陈化成并不理会此前中国军队在广州、厦门等地的失利情形,他严格治军,号召自己的嫡系水师团结友邻部队,盯住英国战舰的动态,以便正面迎敌。同时,陈化成也意识到战争结局的失败。他在给同安老乡苏廷玉的信中表达了为国捐躯的决心。这是一场影响历史的战斗。英军的攻击遭到陈化成的顽强抵抗。英军认为这是自与中国开战以来遇到的最强对手。陈化成严拒同僚劝降,坚持孤军奋战,身上中七处伤,血流如注。他交代部属说:"请割下我的头颅,抛尸水中。"后来部下将战死的陈将军藏匿在芦苇中,七天后被找到。在上海关帝庙祭祀,万众痛悼。魂兮归来,英雄归葬厦门金榜山。

陈化成将军殉国了。硝烟散去,中国海岸线一片沉寂。南京城被舰船利炮所包围,英国人口口声声喊着要屠城炮击。朝廷放弃抵抗,派耆英代表大清国与英国代表璞鼎查签订了《南京条约》。南京条约中的重要条款之一,要求中国开放广州、厦门、福州、宁波和上海五处为通商口岸,实行自由贸易。实际作用是打开中国大门,使中国成为西方的商品倾销地,并逐渐破坏中国原有的经济结构。

回想起来,开始总是炮声改变历史。

三、传教士与巡抚对话的意义

就在英军统帅璞鼎查举杯庆贺的时候,一位叫雅稗理的美国传教士,搭乘英国军舰首次登上鼓浪屿,开始他在华的宣教。此后,宣教士一串名单,都以不同的经历被刻在这个岛屿上。鼓浪屿从此走向世界。

徐继畲时任福建布政使,他是一位和林则徐同在道光年间历经大事的朝廷命官。他在外国宣教士居住区域划定问题方面,与林则徐有分歧。徐继畲在厦门开始和英国驻厦门领事举行事物性谈判。在翻译沟通环节,徐继畲注意到双方的翻译,那位第一时间登上鼓浪屿的美国宣教士雅稗里。徐继畲对于谈判事物话题之外的重要信息,似乎更加感兴趣。雅稗里送给徐继畲《圣经》和当时的世界地图。徐继畲的提问蕴含针对性,颇具对于传统观念的拷问意味,如西方世界地理观、国家政体、民主共和观念、军队武器威力,以及科学常识自然现象等等,雅稗里一一回答了徐继畲的问题。这次厦门的会面交流,被称为徐继畲与雅稗里的历史性对话。由此,中国人始知共和政体和华盛顿。徐继畲后来继续关注这个问题,他向更多的西方人士了解调研,写出《瀛环志略》一书,始将中国定为地球一隅,突破以天朝为中心的思维模式,思考封建专制体制的国家如何应对世界变局。此书一出,极为震动。炮声改变历史,也改变现实。炮声过后,需要思索。思索的读物之一,便是《瀛环志略》一类著述。直到后来,诸多变法人士如康有为、梁启超等读后大受启发。

为什么偏偏是教会文化得以先期进入传播最靠前面的序列?中国近代化的起始环节离不开这个媒介的作用。因此,有必要关注一下近代化进程中,资本以及资本阶层在整个中西文化冲突或融合中的走向以及所起的作用,亦即市场经济主体的产生及其扩张,与文化传播特别是不同文化冲突与融合的关系。

考察近代历史可知,近代化的终极目的在于比较完整地抛弃封建性,实现理想的现代性。一百多年来中西学术界关注的实质问题是现代性问题。基本达成的共识是,现代性作为价值观念的整体,涉及市场经济、民主政治、科技理性和多元文化等诸多方面。其中居于主导地位的核心点是市场经济制度的确立。市场经济制度得以运转的轴心是资本及资本的人格化代表,即资本阶层。因此,如何评价资本阶层的道德作用,就成为思想理论界众说纷纭、莫衷一是的话题。在当代资本主义发展进程中,资本及其资本阶层对道德的否定作用主要有三个特点:

一是贪婪性,二是奢侈性,三是世俗性。不过,贪婪性、奢侈性和世俗性只是反映了资本及其资本层本性的一个方面,如果仅仅止于此,那些热闹血腥的繁荣,很快会终止。值得重视的是,某种道德重建功能,使得资本主义的市场经济不会崩盘,而且继续发展。其表现主要有三个方面:

一是对主体自由与创新的不懈追求。人们通常把笛卡儿的"我思故我在"当作近代资本阶层主体自由话语的始作俑者,康德的"哥白尼革命"则发展出主体自由话语的典型形态,黑格尔把主体与绝对精神结合起来,使主体自由发展至登峰造极的程度。主体自由主要通过资本阶层在市场经济中的创新行动体现出来。就资本阶层的企业经营而言,包括创造新产品、采用新工艺、开辟新市场、寻求新的供货来源、创建新的组织制度等。

二是对社会平等与公正的永恒向往。市场经济要求内部成员在交易过程中平等待人,才能避免像封建领主那样通过战争强取豪夺。另外,他们深知社会混乱失序和外部侵扰对本阶层的资本经营会造成巨大负面影响,为此,他们创制出政党制度、权力制衡制度、宪政制度等多种多样的制度形式来保障社会公正得以实现。

三是对宗教自律与博爱的道德担当。为了防止资本贪婪性、奢侈性和世俗性这样的劣质性对传统道德文化产生的巨大消解作用,西方社会宗教特别是基督教确立了各种道德规范。丹尼尔·贝尔认为,西方社会宗教发挥两种功能,一是它提供了现在与过去的连续性;二是它一直把守着邪恶的大门。西方基督教是在经历了深刻的蜕变之后,才逐步在近现代社会发挥出强大的道德约束力,因为在中世纪晚期,天主教会内部同样变得腐败奢靡,在基督新教的强烈冲击下,它经过痛苦的革新才逐步再次走到世人道德生活的前台。马克斯·韦伯在《新伦理与资本主义精神》中对之进行深入精细的解说与论证,他认为正是基督教所倡导的经济理性主义、神圣天职观、新型的禁欲观、紧迫的时间感、博爱的社会服务意识等,为资本阶层早期的原始积累和后来的发展壮大提供了充足的精神养料。现代资本主义经济生活依旧发挥着不可替代的精神支柱作用。

鸦片战争之后,理解教会文化如此有效率地向东方的传播,离不开上述背景。

四、五种文化现象构成厦门样本

在中国近代史发展过程中,以福建的船政文化为特点的洋务运动实践,和与厦门鼓浪屿的样本,共同构成中国近代化的标志之一。开启中国近现代史研究的钥匙之一,可以通过把握厦门这个样本作出若干判断。面对被迫打开国门,成为五口通商之一的厦门,最典型的一个事件就是鼓浪屿成为公共租界。自此,厦门成为西方聚焦之地,其政治、地理、文化和经济空间,瞬间成为放射状联系世界。按照现在申遗的说法叫做国际社区。鼓浪屿或许具有典型的意义,但推而广之,不仅是鼓浪屿,在厦门,在闽台地区,这里有五种文化分别交集在一起,生成许多人和事。这是厦门包括鼓浪屿在近代世界变局中具有重要地位的一个观察点。

其一,具有鲜明西方文化色彩的教会文化。鼓浪屿成为前述资本及其阶层宗教道德重建的世界试验场,其附属的载体众多,有教会背景的医院、学校、音乐教育,以及福音宣讲舆论场。美籍荷兰人郁约翰,在南中国特别是闽南地区非常有名。他的第一所救世医院建立在福建平和小溪,后来又设立在鼓浪屿。郁约翰还以杰出的建筑设计师闻名。他设计著名的八卦楼、船屋别墅、同文书院主建筑等。郁约翰用救死扶伤以至付出生命的实践，以及科学治疗伤病的效果，传达出大爱无疆的口碑，比他留下的建筑之美更具亲民意义。英国人杜嘉德在闽南地区传教23年，他忘我工作，每天抽出至少8小时研究编撰《厦英词典》，指出厦门、漳州和泉州语调音调的区别。因为两岸闽南话相同，让第一次由厦门渡海到台南的杜嘉德兴奋无比，他呼吁苏格兰长老会总部赶紧派人入驻台南地区传教。筼筜湖畔竹树堂的打马字牧师不仅举家热衷福音传播，而且其妻子女儿一并参与建立学校，身为教师，开展教育普及知识活动。打马字的历史贡献还在于着力培养本土牧师，由他培养的第一位中国牧师叶汉章的出现，具有标志性意义。基督教会会意于闽南话的宣教效果，宣教士对闽南话的重视和整理运用，至少从方言的角度，强化了两岸的血缘和文缘关系，是外来文化对两岸固有的文脉和亲缘的又一次认同和强化。这一方面的研究，对于当今的两岸关系仍然具有重要意义。

  宣教士的努力还包括广为开办学校，传授知识。打马字的妻女，都是优秀的教育工作者，在竹树堂悦耳的唱诗音以外，应该还可以听见在他两个女儿的领读下，众多厦门少年的读书声。作为伴随竹树堂而生的学校，毓德女中后来的第一位中国人校长邵庆元先生，提出了新的办学观念，他强调学校不分男女，都应该培养学生的社会实践能力。或许，国家积弱积贫，急切需要大量人才来改变现状的心情，催促邵庆元先生思考教育救国这个大课题。他在毓德女中统招男女生，还将中学各个部分按照社会分工布局，将毓德中学称为毓德市，可见其培育社会急用人才的良苦用心。后来毕业于鼓浪屿的英华中学的一个班级，曾经有多人成为院士和学部委员以及其他杰出人才，至今轰动海内外。做过林文庆校长秘书的邵庆元先生，一家两代，出了9位教授、15位校长，被传为佳话。如果我们稍加注意，会发现那些出生于传教士家庭或在教会学校读书的孩子们，他们和传统书院、私塾的教育体制训练出来的孩子相比较，在知识结构方面有了根本的改变。他们精通外语，熏染了科学和艺术的氛围，看世界、做事情的态度，在当时可谓领异标新，率先融入中西文化交融的潮流。来自鼓浪屿的卢戆章、林巧稚、马约翰、余青松、周辨明、周淑安、林俊卿、卢嘉锡等，都成为领先于该领域的杰出人物。

  其二，以走向海洋特别是开发南洋为特征的华侨文化。自从鼓浪屿成为公共租界以后，在一段时间里，这个弹丸小岛很大程度上成为回避战争直接冲击的安全岛。因防务回撤、置业、退居、避难、经营，这一部分名人尤以甲午战争战败后和抗日战争全面爆发的情景为甚。陈胜元将军的后人林维源、林尔嘉，茶商、诗人林鹤年，教育家王人骥，应陈嘉庚之邀担任厦门大学校长16年的林文庆，不愿入印尼籍的巨富黄奕住，同时在鼓浪屿有显赫商业地位，黄奕住与黄仲训截然相反的资产处理方式，引人瞩目。前者汇回巨资，后者全部转出资产。再如实业家李清泉、叶清池等，皆占据鼓浪屿要地，或营建别墅，或在岛上谋事，或在岛上寄居。还有一部分华侨在南洋，保持着与闽南祖籍地的密切联系，热情坚定支持孙中山推翻封建帝制，实现共和。期间几经周折，始终如一。

  和华侨几近于斗富竞起洋房不同，各国驻鼓浪屿的领事馆，纷纷占据重要风水宝地，一批政客外交家集中于此。他们各显神通，各具特色，借由当时世界一流设计师出手设计，在小岛上展示各国的建筑文化精粹，以至于鼓浪屿后来号称万国建筑博物馆。

  再延伸向南洋。自辛亥革命以来，华侨对中国革命的支持影响巨大。辛亥革命不断失败，孙中山屡败屡战。整个过程都在华侨那里获得思想上、组织上、舆论上的支持。孙中山七次举义七次失败,特别是华侨对于孙中山处于革命低潮的支持,令人感动。一批优秀侨领在血雨腥风的岁月里,出钱出力甚至出人加入敢死队参加起义军事斗争。而胜利后他们往往不计个人名利,淡泊回归。这是一个寻求救国图存、民族振兴的历史过程,他们思考实业救国、科技救国、教育救国,并且实践终生,值得缅怀致敬。如对孙中山共和思想有启发的无字碑下的杨衢云;带领大批福州移民垦殖印尼、往返南洋和闽南地区宣传革命主张的黄乃裳;报业老总、舆论战将陈楚楠;缅甸华侨实业家庄银安,发动数千人参加同盟会,得到孙中山表彰;陈嘉庚倾巨资办厦大,从选校长的经过看就颇具典型性。陈嘉庚在延安和毛泽东的会面以及他关于中国希望在延安的政治选择,都具有时代意义。可以看出华侨这股力量在不同历史阶段参与革命的分量。有了陈嘉庚奠定基础和不断努力,厦门大学林文庆、萨本栋和王亚南三位校长经历不同的艰难时期,都以高尚卓越的人格魅力和专业办学精神,把厦门大学办成南方之强,以上三位校长也成为丰碑式人物。

民国时期,大师云集厦门。一是政治时空相对自由安全,二是华侨提供较为充裕的经济支撑。民国前后,在异常动荡的南北政治格局中,一方面,革命、征讨、混战之声不绝于耳,国家分裂动荡,一方面,混乱不安环境下继续出品各类文化大师。军阀武人割据地盘的反复征战与文人惶恐不安的心境形成鲜明对比。由北南移的林语堂、鲁迅、顾颉刚等,用好斗的文字互相开战,同时以真性情对厦门以及厦门大学进行评价,其心态值得玩味。无论是橡胶大王陈嘉庚,还是从剃头匠熬成印尼糖业大王的黄奕住,还有一大批苦心经营事业有成的华侨实业家,都会在鼎盛时期特别是其经营困难衰落时期,一以贯之倾注心血支持教育办学,培养人才。廖承志与侨领许东亮执手成诺,更传为佳话。历经战乱和甲午战争失败,以及抗日战争的严峻形势,形成全民抗战的共识,中华民族的凝聚力,无论海内海外,比以往任何历史时期,都有空前提升。这是以付出饱尝大炮轰击和流淌同胞鲜血的代价换来的精神财富。

其三,不断强化的闽台缘情结。历史上在台湾治理框架体制内,两岸交流是全方位的。首先在治理台湾的官员的选拔方面,派往台湾一般都选用具有闽南地区沿海治理经验的官员。随郑成功赴台,辅助郑经治理台湾的同安人陈永华,成为在台湾推行大陆教育和科举制度的第一人。清代统一台湾后,康乾时期深入勘察台湾地形风物人情的第一人林君升,为治理台湾提供重要情报和信息。鸦片战争爆发前,在厦门已有政声的周凯,被派往台湾也出色完成使命。清代重臣沈葆桢、刘铭传都带去革命性的体制变革和开发成绩。这些变化,也相当深刻地影响了包括厦门在内的发展。吕文经随母亲从金门移居厦门,他参加中法马江海战,以中炮先退罪被革职充军处理。后来,吕文经曾七次运兵渡台湾,增强台湾防务实力,使得法国侵略军使用武力未能攻下台湾。尽管两次遭贬,然而从左宗棠、沈葆桢、丁日昌到李鸿章、岑春煊等封疆大吏,无不赞赏他,无不奏保他,且都将他留置身边,差遣委以重任。说明吕文经是清末海军的不可多得之才。晚年时局动荡,他遂告老回籍休养,嘱为其墓碑写上金门浯江,不忘祖居地。

其次如台湾首富板桥林家林维源、林尔嘉,台湾雾峰林家林祖密家族等,则以家族产业经济地位影响两岸。他们在甲午战败后内迁鼓浪屿,起到保持民族气节,抵御外侮,挺身爱国的名人示范作用。再如著名历史学家、诗人连横要求退出日本籍。受"五四"运动影响的赖和从厦门返台直接从事反日宣传创作活动。一批教育家、诗人如林鹤年、王人骥等,都从台湾内渡厦门,并用作品表达难以割舍的爱台湾情怀。如林鹤年在鼓浪屿的故居取名"怡园",怡者,心系台湾也。

其四，塑造地方文化与文脉传承的城市气质。名人的乱世情怀与地方特色文化创造，在此时也留下鲜明印记。鼓浪屿的优雅气质也在此时形成。林尔嘉、黄奕住、叶清池等实业家参与设计管理的厦门老城区市政建设网，仍为今人服务。周凯、周殿薰、李禧等一批地方官员和文人重视文脉传承，使图书典籍得以整理流通传播；一批名人担任大学、中学和小学校长，引领教育高水平；一批名人聚居于老城区，讲学、著述、交流，蔚为风气，使得城市以及街道知名度极高；一批学者研究成果推动文化创新进程。例如同安卢戆章的拼音革命，改变了国人的阅读习惯。横排代替直排字、拼音识别字词等，大大推动了知识普及。例如中华老街片区名人聚集。盐溪街周墨史为前清兄弟二人同时中举的举人，周墨史的中举文章还被作为范文传诵。他担任首任同文中学校长、厦门图书馆馆长。同安举人、名医吴瑞甫，舌战汪精卫，捍卫传统中医地位。吴瑞甫放弃广西候补知县一职，在同安后庐街继承中医家业。难能可贵是，他开城迎接辛亥革命军，主持同安光复仪式。日本统治期间，吴瑞甫拒绝出任伪厦门市长，由鼓浪屿转移至新加坡继续做医生，获得倾城赞誉。海沧新垵举人邱菽园是新加坡早期华侨政治运动和文化事业的重要领袖及著名诗人，人称"南洋才子"。他起初支持康梁变法，后又奋起登报声明与私藏华侨款的康有为绝交。或说他被张之洞策反，被迫表态，由此可以看出革命情形之复杂艰难。诗人陈桂琛曾在厦门同文书院任教，抗日战争爆发后，他在南洋上山打游击抵抗日本人遭杀害。三十年代陶铸领导的破狱斗争，为"左联"影响下的高云览创作《小城春秋》带来激情。《小城春秋》的出版，使厦门小城的街巷，成为众多读者心目中的厦门名片。"文脉传承谁在意，唯我中华众书生"。乱世情怀显示出书生的气节，尤为难得。在百姓的口碑里，名医和名师最为受人尊重。厦门名中医盛国荣、康良石，医者仁心，救死扶伤，至今百姓感念心中。

其五，佛教在厦门亦有盛极一时的传播。与基督教文化被广为接受并迅速扩大信众的情形相比较，佛教文化的世俗化、普及化也取得极好的效果。民国四大高僧印光法师、太虚法师、虚云法师和弘一法师，在闽台就有三位。除福州鼓山涌泉寺虚云法师，厦门有两位非常著名，一是太虚大师，一是弘一法师。他们因应历史发展情势，在各自领域苦心经营，潜心苦修，改革教制，创办佛学院，努力培养学僧，把闽南地区的佛教寺庙打造成具有影响力的佛教圣地。例如南普陀寺和闽南佛学院，此时培养的一大批人才，后来成为各地佛教界的高僧，为弘扬佛法，推动社会和谐做出重要贡献。太虚法师以后，常惺法师、转蓬和尚等的努力可圈可点。高僧弟子如丰子恺、虞愚等各有其创造性的文化传承，至今依然有活力。弘一法师、虞愚的书法艺术，以独特的风格延续至今，学习者甚多。丰子恺当年在南普陀演讲用人生三境界解释弘一法师出家原因，不啻为一家之言。而他由佛家理念指导创作的《护生集》作品，大部分在厦门完成。如今被放大喷绘在城市大街小巷，作为精神文明和核心价值观念的宣示性读物，得到肯定和传播。

只要是在这片土地上停留过或有重要关联的，留下影响历史的人物，都值得我们尊敬。邓小平在鼓浪屿散步，儿童相问邓爷爷好。邓公回北京不久，中央宣布厦门特区扩大到全岛。获得1956年诺贝尔物理奖的美国人布拉顿出生在鼓浪屿，他在自述里对童年的鼓浪屿很怀念。解放厦门鼓浪屿最后的战役中，解放军二七一团团长王兴芳等数百位指战员和张水锦一家等支援前线的船工不幸在战斗中光荣殉国，倒在鼓浪屿。祖籍同安的辜鸿铭，用极端方式宣扬他的爱中华文化情义。中国第一位女留学生、中国护理医学先驱金雅梅，美国学成归来的第一站就选择了教会推荐的厦门，为厦门民众看病，后来在天津建立了中国第一个护理医学教育学校等等。名人在一地停留时间长短不能说明一切,虽说雪泥鸿爪,也可能有抓铁留痕的效果。

五、研究历史名人可达成四个目的

其一,有利于增强文化自信,提升文化软实力。党的十八大以来,习近平总书记以对中华民族的深厚感情,倡导和推动中华优秀传统文化的传承与创新。认为抛弃传统、丢掉根本,就等于割断了自己的精神命脉。要系统梳理传统文化资源,弘扬传承包括历史名人在内的优秀传统文化,寻根、铸魂、聚心,有益于接续精神命脉、推进文明进程,具有极为重要的文明价值。

人影模糊,历史远去。一个城市不仅需要高楼设施,也需要所谓的软实力。软实力是包括名人在内的一切物质和文化创造。名人历史就是软实力的重要组成部分。每一个人哪怕是名人,只是在历史长河里极其短暂出现过,他们或许因劳累因病痛因牢狱因冤情因抗争外侮等等原因过早告别人世,他们停留在一个地方或许不长,但是所有片段加起来就是一个完整的历史。历史名人的作为累计起来,就是这个城市的内涵之一。将过去比较单一碎片式的印象,变成比较系统成规模的梳理研究,形成一个互为关联的整体历史名人群体研究,其成果就构成文化软实力的基础,可以增加我们的文化自信。

其二,有利于弘扬社会主义核心价值观。面对世界范围内思想文化交流交融交锋形势下价值观较量的新态势,面对市场经济条件下思想意识形态多元多样多变的新特点,必须积极培育和践行社会主义核心价值观。在多样中找共识,在多元中立主导。党的十八大报告提出,倡导富强、民主、文明、和谐,倡导自由、平等、公正、法治,倡导爱国、敬业、诚信、友善,积极培育社会主义核心价值观,这是对社会主义核心价值观的最新概括。在历史名人奋斗的历程中,有许多值得继承的观念价值,可以深度唤起中华民族的情感认同、价值归属和信念支撑。虽然历史名人经历不同、环境不同、结局不同,但有其共同特点,例如信仰坚定,不断追求真理,推动社会进步,不断探索国家民族富强之路;一生重然诺讲信誉,讲究职业道德,重视人格的养成;自强不息的进取精神,百折不回,具有崇高的献身精神;倡导和实践血脉相融的为民情怀;海纳百川,具有兼容并包的开放视野;可贵的实践意识及其创新精神等等。历史上那些忠贞爱国、抵抗外侮、英勇捐躯的民族英雄,那些用开放视野审视世界、不惧失败寻求救国之路的政治家,那些刻苦攻读、创造科学奇迹建设祖国的科学家,那些甘愿奉献、投身教育的教育家,那些守信经营、回报祖国回报社会的实业家,那些在国家民族危难时期坚持民族气节的人士,那些救死扶伤、弘扬大爱无疆精神的大夫,那些热心传播艺术理想、提升公众艺术素养的艺术家,那些传播福音的宣教士兼顾传播科学的不懈努力等等,这些都将构成我们中华民族寻找复兴之路的精神力量。这些鲜活的样本,在今天,依然是24字社会主义核心价值观的基础,需要学习传播和弘扬。

其三,研究历史规律,推动社会进步。博大精深的优秀历史文化传统,也是我们在世界文化激荡中站稳脚跟的根基。对于包括历史名人研究在内的文化传统的挖掘和阐发,有助于实现中华传统美德的创造性转化、创造性发展,把跨越时空、超越国度、富有永恒的魅力和具有当代价值的文化精神弘扬起来,可以面向世界更好地进行创新与创造。历史名人历经的时代,正是世界格局产生巨变的时代。落后就要挨打,如何寻求一条正确的发展道路,历史名人都以自身的实践进行艰难的探索,他们用生命做出部分回答。在大趋势里研究具体人和事,会使人更加理性和明智,看清得失。结合当今的国情,在提升公民的人文社科素质的同时,增加对于国情和历史参照系的了解,从而坚定发展道路的选择,应该特别有启迪作用。这也是历史名人的研究与传播,在社会科学和人文精神普及宣传方面有着不可替代的重要性和必要性的原因。例如研究苏颂,应该着眼于其维护北宋文官政治生态健康的努力,以及他在科技和药物学方面的贡献;多角度考察晚清衰败的历史原因;认识到甲午战争双方在军事实力、国家体制、信息舆论等方面的不同,导致战后中日两国的走向(日本走向军国主义,自我膨胀;而中国的抗日战争则产生了民族凝聚力);乱世官场腐败的风气和个别勤勉清廉官员的矛盾;华侨对中国的贡献(陈嘉庚在考察重庆和延安后,做出政治选择,认为中国的希望在延安);华侨实业家许东亮重然诺,早年在南洋保护抗日志士,晚年受廖承志之托,全力支持华侨大学办学;陶铸领导厦门破狱斗争激发高云览创作出《小城春秋》,而选择这样的题材,恰恰和高云览早年在上海参加左联的经历有关,陶铸在"文革"遭迫害吟出"心底无私天地宽"的绝唱,也体现出革命家的宽阔襟怀等等。

其四,提高闽台和地方历史文化研究水平。闽台关系以及对台湾的治理,历来都是中央政府十分重视的重要课题。闽台特别是厦门与台湾两地历史名人的活动,有关政治、经济、军事、宗教、民俗、科技、教育、语言等方面,都有相关的课题需要研究。例如,郑成功治台、陈永华对台湾教育科举制的推广;施琅复台,提请朝廷重视对台湾的综合治理;周凯治理厦门和治理台湾的政绩;雅稗里与徐继畬在厦门的历史性对话意义;颜伯焘与厦门失守的关系;传教士研究闽南方言对强化闽台交流的作用;福建水师吕文经被撤职又7次主动运兵力渡台问题;台湾雾峰林家抗法抗日以及林祖密与孙中山的关系;林维源内迁定居鼓浪屿拒绝日本人邀其出山问题;林尔嘉建造菽庄花园对台湾板桥的怀旧问题等等。对历史事件发生的原因、过程及其结果的分析与评价,也是历史名人研究的重要内容。作者将自身长期观察研究的所得,结合学界最新研究成果,在画传中特别留出文字内容加以概要提示。

六、历史名人画传四大创新特点

一是选择作为厦门历史名人的基本原则。大约包括三种情况:一类是出生在厦门,有在这个地方生活过一段时间,或一辈子终老于此,或在本地及别处做事出名的;二是史载籍贯在厦门包括古代同安所辖的金门等地理概念的人物;三是既不是厦门籍贯,也不是出生于此,但曾经在厦门或与厦门相关联的历史进程中产生过影响的历史人物。只要是在这片土地上停留过或有重要关联的,留下历史影响的人物,都值得我们尊敬。根据以上原则,本画传按生年排序,选择百位厦门历史名人进行研究和创作,侧重近现代,大体可以看出名人所在时期历史发展脉络。这也意味着虽为厦门名人,其实更具有非地域性局限的动态、开放特点。

二是集中刻画揭示历史名人的历史地位和作用,同时注意各自找到一个历史事件的不同侧面,从而组合出历史实况。例如朱熹的历史贡献是辑定《四书》、《五经》作为历代教育机构固定的学宫教材,历时800余年。而辜鸿铭则是向西方人翻译介绍《四书》里的三书第一人,他的著作在西方广为传播,成为西方了解中华传统文化的重要典籍。两人都与同安有关系。前者在同安做主簿,后者为同安籍而生在南洋。近现代史中华民族几经磨难,名人都是为寻求国家富强民族兴盛而努力作为的优秀分子。他们在历史转折时期作用巨大,需要单独勾勒。如孙伏园,作为编辑敢于在《中央日报》副刊全文发表毛泽东的《湖南农民运动考察报告》,引起蒋介石不快。另外需要找出包括对手或敌人在内的历史人物,加以刻画。例如民族英雄陈化成,过去总不见具体对手的具体情形,把鸦片战争侵华总指挥璞鼎查画出来,并把他旗下英军对陈化成的评价写出来,把鸦片战争期间厦门炮台江继芸等战死英雄的表现,以及朝廷重臣林则徐、苏廷玉、颜伯焘、徐继畬等对时局的看法,放在一个时空里加以关照,力求视野开阔,保持信息对称,然后叠加组合在一起。借用历史事件的互见法,以便更好地看清历史全貌,思考得失。

三是传达历史名人形与神的历史真实。画传的主体是人物,首先是肖像画。其形貌基本都有历史基因遗传依据,包括人物自身的眉目刻画,或以黑白照片,或用其子孙的模样,或以历史记载为参考加以创作,主要画出人物性格和气质。例如郑成功,在族谱和台湾有关记载里是一位胖子,刻画郑成功,我认为他是一位收复台湾和治理台湾的政治家,不一定用现代人的理解纯用武将外形。朱熹未必按照孔圣人来画。弘一法师来厦门后,身体一直很衰弱,在鼓浪屿闭关时得了三种重病,所以并不是一般理解的佛学修养高便可以红光满面,身躯魁梧的。我画弘一法师,就取其面有菜色,在一脸倦容中透露出慈悲和坚毅的特质。甲午战败后,台湾内迁的王人骧,其做思明校长时故居的桌椅极为精致,以至于后人防小偷撬窗颇费精神。似可注意一下其旧居环境刻画。同时,为了揭示名人可贵的性格特征,注意提示环境特别是历史氛围对于人物的影响。例如鲁迅从北洋政府制造的学生惨案阴影里,来到厦门后,有些惊恐有些水土不服,从中可以找出对于厦门大学种种不满的原因。我觉得在《野草》、《两地书》里寻找鲁迅,会比较靠谱。林文庆担任厦大校长的作为需要肯定,他回新加坡出任日本人统治下的华侨协会会长的评价需要斟酌。延安鲁艺教育对李焕之红色经典歌曲创作有直接的影响。此类人物还有鲁艺版画系创办人朱鸣冈等。总之,大部分名人都有坚毅的眼神,这是一批有信仰有理想有主张的人,令我敬佩。下笔刻画时,每每与他们对视的过程就是我灵魂洗礼的过程。

四是诗书画印一体,艺术再现历史名人。这是我画历史名人的创作原则,也是创新之处。人物画不是照片,国画人物艺术上要求很高,需要用笔用墨,见笔见墨,有线条有皴擦,有意境,还必须保持写意性,并把这些元素融汇到形的真实和艺术真实之中。有一些创作,保留了我十六岁开始在乡下为老头老太画像的一些碳粉画素描技法,力求造型结构的准确。感谢已故雕塑家李维祀教授在研究生课程里对我的专业指导。为了突出人物形貌特点,在创作过程中,我基本采用单一肖像为主,有意省略复杂背景刻画。每一幅画基本上配有一首诗,大部分是我自己创作的,通过议论、状物、抒情,提炼出我对这个人物的评价或感受。另外,也引用个别名人佳作,便于欣赏。至于人物生平小传,主要提炼出历史人物的历史贡献、性格特点以及对于今天的启示等。并注意将学术界最新研究成果通俗化,突出普及的知识点。这一部分文字,有时像一篇随笔,有时像一篇论文,长长短短,不一而足,都是为了于画外有所补充。而这些内容,都以可识别的行书书写在画幅的重要位置。由于大多数画幅均为四尺竖幅,题款位置和书法的空间分割也力求有所变化。最后加盖名章或闲章,所用闲章,内容多为"面向大海"、"清气满乾坤"、"但愿人长久,千里共婵娟"、"淡泊明志"等,以明其志。诗文书画，既可以单独阅读欣赏，又可以互为补充，最终成为一个完整的作品。

七、成果运用与传播

画传只是一种形式，自然无法包括所有的历史。因此，提供的只是作者的一种研究视角以及成果。

历史文化传承，必须高度重视理念和成果的推介传播，当前，福建省的社会科学普及立法已经进入省人大常委会年度立法工作议程。说明提高国民的社科人文素质，得到政府和社会的重视。经过前期的检验，历史名人画传普遍受到关注和好评。例如在《海西晨报》等报刊开设的鼓浪屿历史名人画传专栏。人物画部分作品已经在高校做展览，加之新媒体传播，如在厦门大学、华侨大学、集美大学等，都广受大学师生的欢迎。在同文书院的旧址厦门同文顶，我把这个课题作为与厦门大学人文学院联合授课的基本内容，与欧美留学生的博士硕士群体做交流，取得很好的效果。日前又有党校、旅游局导游、鼓浪屿海关培训中心等单位和机构邀请讲座、展出。厦门大学"海上丝绸之路"网站也将做网络陈列展示。历史名人作为社科人文研究与普及宣传成果，应该运用多种方式，以取得最大的传播效果和社会效益。

名人远去，背影模糊。历史不断翻开新的篇章。午夜时分，我听着毛笔在宣纸上拖行的声音，那是我和历史名人对话留下的痕迹，心中不禁涌起一种穿越感。记得郑朝宗先生在回忆余骞先生的一篇文章里说道："千千万万的志士仁人，他们生前发出的光和热永存人间，虽然他们的名字不一定都挂在人们的口上。"翻检120年前甲午战争年间发生的故事，不知不觉，今年的夏天就要过去，秋天将临。

从周摩西到周慕西
——厦门第一个留德博士史料考辨

李启宇*

1997年开始接触厦门地方史时,就从美国归正教会牧师腓力普·威尔逊·毕编撰、陈国强翻译的《厦门方志》(英文书名 *In And About Amoy*)中接触到周摩西这个名字。据该书的介绍,"周摩西(音)先生是本地的骄傲。大约1901年,他到英国布拉德福德大学完成他的文学与神学的课程,随即继续去德国,在柏林大学获得哲学博士学位。去年(1910年),他回到英国,在基尔福的公理会被授以教职。近来(1911年),他到厦门,转道北京,在那里他已经接受北京大学哲学教授之位。"①

这个从厦门走出去的最早的博士、中国第一个哲学博士、北京大学哲学教授自然引起我浓厚的兴趣。遗憾的是,经过十余年的寻觅,没能发现更多的新的资料,对于周摩西,我所知道的还是《厦门方志》中所介绍的寥寥数语。

2014年撰写《厦门书院史话》,在查阅贺仲禹的资料时,无意间在贺仲禹所著《绣铁盫联话》一书中发现一段极为珍贵的资料。这段资料写的也是一个哲学博士。这位哲学博士"少有大志,年十九游学于英之耶克森大学,卒业后又至德京柏林修哲学。于其大学八年,授博士位,是为我国人得德国哲学博士之始。前清宣统二年(1910年)受聘为京师高等学堂德英文教员。民国二年(1913年)冬,因劳瘵至疾。就医伦敦,舟行凡六十日。病益剧。遽赴修文。年仅三十有七。闻者哀之。因开会追悼于北京之青年会。会场中悬挂挽联颇多……"②

贺仲禹笔下的这位博士的经历、专业、影响与 *In And About Amoy* 一书提到的周摩西大致相同,就连姓名也只有一字之差——贺仲禹笔下的博士名为周慕西。

周慕西会是我苦苦寻找多年的周摩西吗?腓力普·威尔逊·毕所著 *In And About Amoy* 这部书给出了肯定的答案。

"周摩西"在 *In And About Amoy* 一书的原文中为"Ziu Mo-se",系按照厦门话罗马字记录。在厦门话中,"摩"与"慕"单字读音相同,但音调略有区别,如果"摩"、"慕"与"西"字连读,则完全一样,这种情况在语法中属于连读变调。也就是说,将厦门话罗马字"Ziu Mo-se"译为普通话,可译为周摩西,也可译为周慕西。反之,厦门话周摩西、周慕西用厦门话罗马字表示,均为"Ziu Mo-se"。

贺仲禹为清末民初厦门著名的古文辞专家,生于1890年,1906年前后在鼓浪屿澄碧书

---

* 李启宇:厦门地方文史专家　福建　厦门　361000
① [美]腓力普·威尔逊·毕编撰、陈国强翻译:《厦门方志》,厦门博物馆1992年刊印,第42页。
② 贺仲禹:《绣铁盫联话》,厦门市图书馆藏本,第45页。

院即澄碧中学就学,毕业后在英华书院、女子师范、双十中学等校任国文教师,可以视为与周慕西同一辈的文化人。他对同时代名人的了解,肯定远远胜过一百多年之后 In And About Amoy 一书的翻译者。因此,这位"我国人得德国哲学博士之始"的名人,其真实姓名应该是周慕西。

果然,这个真实的姓名像一把钥匙,开启了紧闭多年的史料之门。我很顺利地在北京大学图书馆张红扬的题为"周慕西博士——北大教授捐书第一人"①的文章中找到周慕西的一些具体资料。

据张红扬的介绍,周慕西1879年生于厦门鼓浪屿,其父是个商人,曾多年兼任厦门伦敦布道团的执事。1892年,13岁的周慕西进入福州美国基督教卫理公会创办的鹤龄英华书院学习。1901年到英国不莱福特约克郡学院学习神学,毕业后赴德国哈勒大学学习神学,后转入柏林大学学习哲学。1911年周慕西获得博士学位,是首位在德国获得博士学位的中国人。几乎是在他毕业的同时,京师高等学堂又聘请周慕西回国任英德文教员。1912年京师大学堂改名为北京大学校,京师高等学堂改为北京大学校的预科,北京大学校首任校长严复聘请周慕西任预科学长即院长。随后因严复辞去北京大学校校长职务,周慕西也辞去预科学长的职务,但仍执教北京大学校。

张红扬介绍,周慕西擅长语言学、哲学、神学,通晓英语、德语、拉丁语、希腊语和希伯来语。民国初年,即便在北京大学校,周慕西这样的人才也堪称是凤毛麟角。据《北京大学史料》第二卷(上)记载,周慕西当年的月薪高达420元,是北京大学校预科中籍教员中最高的,比院长多出120元。②

周慕西正值事业基础初奠,欲大展宏图之际,却不幸感染疟疾,久治不愈。1914年4月赴英国伦敦医治,不料当年7月不治身亡,年仅36岁。周慕西逝世后,其夫人、北京伦敦布道团医院的护士长 Elizabeth Lloyd 将周慕西的西文藏书1227册赠送北京大学校图书馆,周慕西成为向北京大学图书馆赠书第一人。从教育的层面看,张红扬认为,周慕西"是一位受过西方规范教育、热爱教学且为学生尊敬爱戴的好老师,在师生中享有极高声誉"。周慕西逝世后,北京大学为其召开追悼大会,参加人数达1500人,参加追悼会的有北京大学校校长胡仁源、预科学长徐崇钦、京师大学堂西学教席美国人丁韪良、北大英国籍法学教授毕善功、英国汉学家欧格非、北京国民政府外交总长陆征祥、直隶民政长赵秉钧等。北大文科教席陈衍作哀辞,范文澜、张崧年、袁同礼、傅斯年等学生撰写祭文。为表彰周慕西在为人师表方面的业绩,北京国民政府授予周慕西四等嘉禾勋章。③

从宗教的角度看,周慕西是个虔诚的督教徒,美国归正教会牧师腓力普·威尔逊·毕称他"具有坚定的信仰与献身积极的建设性的基督教工作的精神"④。周慕西逝世后,北京基督教人士也在青年会为其举行追悼会。贺仲禹在《绣铁盦联话》中详细介绍了追悼会上的

---

① 张红扬:《周慕西博士——北大教授捐书第一人》,网址 www.guoxue.com/.,下载日期:2013年5月29日。
② 王学珍、郭建荣编:《北京大学史料》第二卷(上),北京大学出版社2000年版,第324页。
③ 张红扬:《周慕西博士——北大教授捐书第一人》,网址 www.guoxue.com/.,下载日期:2013年5月29日。
④ [美]腓力普·威尔逊·毕编撰、陈国强译:《厦门方志》,厦门博物馆1992年刊印,第42页。

挽联。送挽联的人除了学生之外,还有时任外交总长的陆征祥、时任海军总长的刘冠雄、时任北京大学校长的胡仁源、时任北京大学预科学长(即院长)的徐崇钦,还有魏宗莲、沈步洲等人,都是当时名噪一时的留洋归国教授。①

综合各方面的资料,《周慕西博士——北大教授捐书第一人》的作者为北京大学图书馆张红扬,拥有档案资料优势,所载当最为可靠。但美国归正教会牧师腓力普·威尔逊·毕编撰的 In And About Amoy 一书中称周慕西柏林大学毕业后一度回到英国,在基尔福的公理会任教职。从腓力普·威尔逊·毕的教会背景分析,此事应当具有较高的真实性。可能因为任教职的时间较短,所以周慕西在北京大学校的档案中被忽视了。腓力普·威尔逊·毕称"Ziu Mo-se"在北京大学任哲学系教授也不是空穴来风。据《冯友兰文集》所载冯友兰的回忆。北京大学在民国初的招生章程中载有中国哲学门、西洋哲学门、印度哲学门三门哲学功课,其中的西洋哲学门已找到一位教授,就是周慕西。冯友兰 1915 年 9 月入学后,才知道因为周慕西逝世,西洋哲学门未能开设。② In And About Amoy 称周慕西在英国所上的大学为布拉德福德大学,张红扬称为不莱福特约克郡学院,二者应为同一所学校。前者的"布拉德福德"应为后者"不莱福特"的另一种译法,后者的"约克郡"系指该大学所在地,"大学"和"学院"也是因译法不同所致。贺仲禹的《绣铁盒联话》写于 1930 年之后,据周慕西逝世已有 20 余年,传闻成分较多,如该书所载周慕西"游学于英之耶克森大学",显然就是从"约克郡学院"流转而来,故该书所提供的资料可靠性可能有所欠缺。但贺仲禹最大的贡献是打通了周摩西与周慕西的联系,他在《绣铁盒联话》收录的周慕西追悼会上的挽联则提供了了解周慕西留学以及从教生活的重要信息。

综合上述资料,周慕西大概的年谱如下:

1879 年　出生于鼓浪屿。
1892 年　就学于福州鹤龄英华书院。
1901 年　赴英国不莱福特约克郡学院学习神学。
1904 年　赴德国哈勒大学学习神学,后转入柏林大学学习哲学。
1910 年　获柏林大学哲学博士学位。同年到英国吉尔福的公理会任教职。
1911 年　被京师高等学堂聘请为英德文教员。
1912 年　京师高等学堂改称北京大学校预科,周慕西任预科学长即院长,随即辞职,仍任北京大学校预科教授。同年与北京伦敦布道会医院的护士长 Elizabeth Lloyd 结婚。
1914 年　4 月赴英国伦敦医治疟疾;7 月病故,年仅 36 岁。北京大学校、基督教北京青年会分别举行追悼会。周慕西藏书 1227 册赠送北京大学校图书馆,成为北京大学图书馆赠书第一人。同年,北京国民政府授予周慕西四等嘉禾勋章,以表彰其为人师表的业绩。

---

① 贺仲禹:《绣铁盒联话》,厦门市图书馆藏本,第 45 页。
② 冯友兰:《冯友兰文集》第 1 卷,长春出版社 2008 年版,第 126 页。

附录：

《绣铁盦联话》收录周慕西追悼会挽联

未振其羽，遽促其年，忆曩时斗室倾谈，远志终成千古恨；戢翼一棺，羁魂万里，痛此日归舆在望，重洋空赋大招篇。（陆征祥）

君身为哲学开先，方期文运起衰，到死竟辜扶世志；旅榇自英伦遄返，正值战云赤紧，残魂应恋望乡台。（刘冠雄）

君竟逝矣，半生力学，十载修名，浮世如空花，寂寞仅留身后忆；魂兮归来，万里故乡，一棺远道，战云满欧土，凄凉谁送挽歌诗。（胡仁源）

鸿都勒石，鹿苑传经，忆频年蒋径招邀，欢洽同舟，曾拨铜琶酬学士；伯道无儿，元瑜有妇，看此日桐棺归空，我来渍酒，那堪铁邃吊山阳。（徐崇钦）

哲人其萎乎，神州华表，海国仙槎，云树仰欧西，溯以往音尘，绝兼异域；人雅云遥矣，教坛无光，绛帐减色，雪泥留冀北，看天下桃李，尽出公门。（魏宗莲）

学术贯中西，说不尽三坟五典，八索九丘，当代有知音，正堪用其所长，为斯世斯民谋幸福；门墙遍桃李，经几许夏雨春风，冬霜秋露，校徒多颂德，何期天夺所眷，令一乡一国哭先生。（沈步洲）

北溟西滢，快读奇书，析理贯天人，妙阐宗风，大学久虚都讲席；丹荔黄蕉，遥申私祭，招魂逾岭峤，礼成卒哭，相看曷禁失声归。（学生挽联）

唯君以濂溪道脉，中都名儒，颉颃于柏林耶克森哲学钜子，应继密理图埃黎亚，蜚声希腊，尤复教宗邹鲁，师表幽燕，祖国育群才，日月光华开震旦；此时正奥塞失和，德法宣战，飚发乎欧洲，撤游山多瑙河畔，蔓延比利时巴尔干，波及东洋，何乃骨屯虞乡，魂折梁生，客星沉异域，风云黯淡哭伦敦。（学生挽联）

纵逍遥于北冥南冥，想至人生寄死归，漫为宋玉悲歌，万里招魂呼楚些；悟心理于西海东海，知夫子来时去顺，不似班超涕泣，几度陈情入汉关。（学生挽联）

北学未能或之先，所谓豪杰；西方不可以久居，魂兮归来。（学生挽联）

竹树脚下

马约翰著　詹朝霞译　鲁西奇审*

【译者按】《竹树脚下》(Beside The Bamboo)的作者为英国伦敦会(London Missionary Society)来厦传教士 John Macgowan(中文名译作马约翰、麦高温、麦嘉湖等,本文采用马约翰译名),此书于1914年在英国伦敦出版。

马约翰于1835年7月23日生于英国北爱尔兰的港口城市贝尔法斯特。1858年,马约翰加入英国伦敦会,次年,入神学院深造,毕业后被立为牧师,同年与莎拉女士结婚,并一起被派往中国传教。1860年3月23日,马约翰夫妇抵达中国上海。1863年,马约翰夫妇转往厦门。莎拉来厦后不久病重,病逝于经美国返回英国途中。1866年马约翰从丧妻之痛中走出,由英国返回厦门,从此以厦门为基地,开展传教和著述活动。1909年,马约翰在厦门迎来了来华的第50个年头。1910年马约翰返回英国。1922年3月17日,87岁高龄的马约翰在伦敦逝世。

马约翰是一位虔诚的基督徒,是一位卓有成就的基督教牧师,更是一位不知疲倦的东西方文化传播者。他敏于观察,勤于著述,著作颇丰,在华期间写下了大量介绍中国的文章和著作。《竹树脚下》就是他诸多著作中的一部。此书以一个英国人的视点,对19世纪末20世纪初的厦门社会风俗、宗教文化、生活形态等进行了细致入微的观察与描述。在马约翰笔下,厦门既有舢板与夫妻船的别有风情,也有乞丐与狗的贫穷肮脏,厦门人既勤劳温和又粗声大气,既崇拜祖宗偶像又茫然不知所以。实际上,马约翰笔下的厦门是整个中国的指代。厦门逼仄昏暗的街道,合族而居长幼尊卑有序的家庭,以及千年不变的居住模式与房屋陈设,都被作者视为中国的传统文化的标签,不辞辛苦地一一介绍给西方世界的读者。当然,马约翰没有忘记自己作为传教士的使命,在第八章《王太太听闻福音》中讲述了一个中国妇女如何从烧香拜佛走向基督教堂的过程。在第九章《阿柳的婚事》中,马约翰讲述了教会如何介入信徒王太太的女儿阿柳的婚事,成功将阿柳从一桩不如意的包办婚姻中解救出来的故事。而最后一章《一个基督徒能在中国做什么?》是全书的落脚点,马约翰直接讨论了基督教在中国的前途和命运,认为虽然基督教在中国举步维艰、任重道远,但传教士仍应具有矢志不渝义无反顾的决心和勇气。

---

* 詹朝霞:福建省厦门市社会科学院　福建　厦门　361000
　鲁西奇:厦门大学人文学院　福建　厦门　361005

一、到中国去

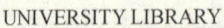

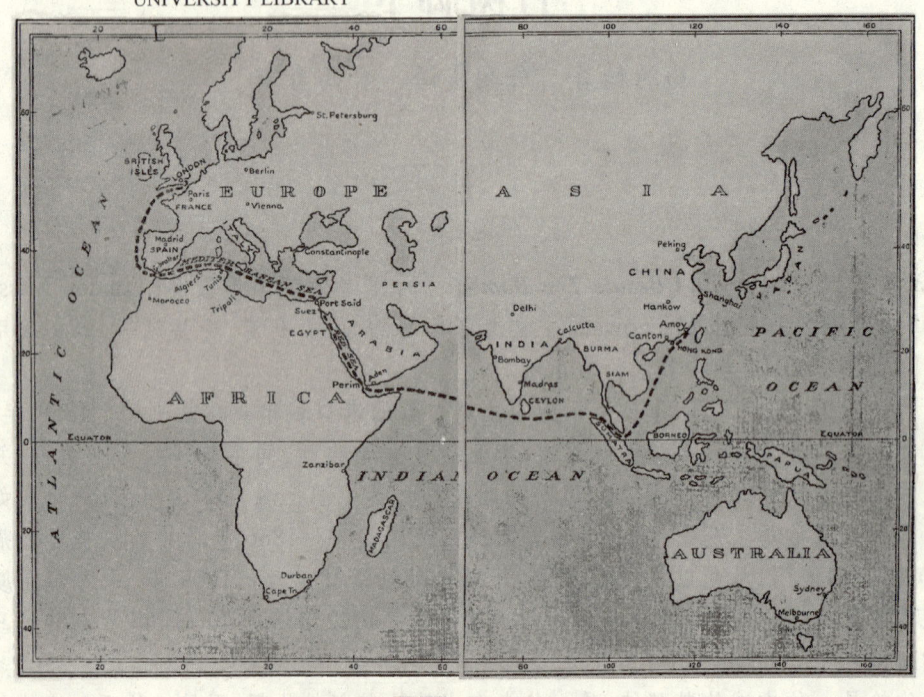

图 1 从伦敦到厦门路线图

（一）伦敦至塞得港

看看这本书前封页的地图，找到这次旅行所提到的地方。

我将带领你进入想象中的遥远中国的漫长之旅，用我们自己的眼睛打量生活在那儿陌生的人们。多少世纪以来，他们从未允许另一块大陆的人们打量他们的樊篱，或者，偷窥他们的后院。而现在，他们的前门被打开了，英国人被笑脸相迎。好，我们要出发了。庞然大物般的蒸汽轮船正停泊在河面，兴奋地颤抖着，汽笛声声呼唤我们赶快上船。

啊！我们终于出发了，很快，我们就会轻快地渡过英吉利海峡。海德沙滩（Beachy Head）和维特岛（Isle of Wight）微笑着向我们告别。

我们静静地航行，沿途的各种景观如走马灯式地映入我们的眼帘，又逐个隐没在灰色的云飘过时投下的阴影中：林中草地和牧场，遍布成熟庄稼的金黄田野，阴凉的小径两旁，则是我们在别的陆地上从未见过的山楂树篱，似乎在特别向我们致意。英格兰消失在漫无边际的雾海中。我们的船转向南航行，绕过人称"法兰西之岬"的韦桑角（Ushant），眼前豁然开朗，耳目一新。

我们将比斯开（Biscay）湾连同它永不止息的暴风雨，一起抛在身后，进入浩渺无际的大洋,那里曾是在英国历史上极为重要的事件发生的地方。就是在这里,纳尔逊海军上将实现了他一生最为辉煌的伟大胜利,他的同胞们至今思之,仍然心潮澎湃热血沸腾。

一想起在这片海域所发生的激烈战斗的画面,我们的心脏就忍不住砰砰直跳。时光流逝,无数的日夜无声无息地消失了,当年震耳的枪炮声犹在回响,近身格斗、舰船冲撞、拼死呐喊的场面宛若眼前……而最激动人心的时刻,是舰队旗舰上发出的伟大的信号:"此时此刻,英格兰需要你为她献身!"

转眼间,海面悄悄地发生了变化,碧空如洗。阳光已不再像往常那样冷漠遥远,气温一点点升高。天边的云朵色彩纷呈,美轮美奂。一天早晨,金色的阳光照耀在我们的甲板上,朝着太阳的方向,每一双眼睛都在迫不及待地向远方张望,一片美景展现在我们前方。碧蓝的海水波光粼粼,我们进入了地中海。

景色如此壮美,见所未见。左侧是巨大的直布罗陀石柱,陡峭直立,似乎很不喜欢我们的打扰。右侧有几个小岛,与岸边的岬角和山峰相连,正淋浴在阳光里,光影闪烁,就像华尔兹的乐符。更远处,阿特拉斯山脉隐约可见,黑黝黝的,透着阴冷的气息。

浮想联翩,思绪飘荡得非常遥远。无数个世纪过去,数不清的浪漫故事用绚烂多姿的色彩给我们编织了一幅美丽的图画。阳光踏浪而来,在海面上铺展延伸,形成一条金色大道,将黑暗和夜晚驱逐开来,引领着西方国家阔步迈进辉煌之境。

沿着这条充满魅力的航路,我们的轮船乘风破浪,一路前行。虽然航行旷日持久,我们仍然每天都能感受到大海的神奇,并为此而兴奋不已。

山顶覆盖着白雪的高山,以冷酷严峻的神情,俯视着在山麓延展的夏日景象。无数岛屿飘浮在海上,期间蕴藏着无数远古时代的奥秘:岛屿浮沉显隐,一如在海上游荡的精灵,时隐时现。可是,好日子总有尽头,阳光明媚的快乐之旅,很快就要结束了。一天早上,晨曦刚刚揭开夜幕的阴影,播洒在海面上,目力所及之处,就现出了陆地的轮廓。先是一个黑点出现在天际地平线上,几乎无法发现,就好像一朵过路的云迷了路。

然而,我们终于逮到了它。船长从望远镜中敏锐地发现了那个我们毫不在意却至关重大的事物。轮船立即调整方向,开足马力,朝它疾驰而去。

我们一往直前,黑点变得又黑又浓,很快,它的两边各涌出一条黑线,慢慢从海平面下显现。那是法老的领地,埃及横呈于我们面前。我们的轮船破浪前进。岸上的防波堤和灯塔迎向我们奔跑,而我们看上去像是要直直撞向它们,两者似乎在进行疯狂的比赛。终于,我们的前面呈现出高高的船桅杆,巨大的战舰(men-of-war)挡住了我们的航路。我们的船慢慢地减低了航速,唏哩卡拉的狂热音乐铺天盖地地压过来。轮船喘息着停下来,我们来到了塞得港。

(二)塞得港至巴林岛

除去那些为旅行者和过客开的旅馆,以及那些为外国公司所有的气派的商业建筑,塞得港是一个贫穷、悲惨而破败的地方。即使是它的主街道,从港口七弯八拐通向远方的伟大埃及,可供吹嘘的也只有摇摇欲坠的一些小破屋,看起来就像随时要被流浪的吉普赛人的乐队掀翻,而又在他们离去时弃之如敝履。

这个地方看起来极大地依赖每天进进出出海峡的轮船。每当一艘新到达的轮船在港湾抛锚,看见小船被放出,吵嚷喧闹的人群就蜂拥而至,争抢生意。

牵驴的男孩牵着他们使气任性的驴子，裹着白色穆斯林头巾的高个儿男人兜售着土耳其特色物品，高大的埃及人手提装着金黄橘子的篮子，衣衫破旧的男子拿着图片卡。这些人全部一轰而上，将新来者围得水泄不通，争先恐后地提供服务和叫卖小玩意儿。

在这些乱哄哄的人群中，总有些人卓尔不群地站在一边。他们是向客人介绍当地风光、学有所长的专业向导。他们在一边等着，直到那些急于向还晕头转向的游客兜售小东小西的小商小贩人声暂歇。这时他们会非常绅士地走上来，用流利的英语说他们可以带你一游。如果你稍有犹豫，他们就会让你确信，自金字塔建造以来，如果没有像他们这样专家的引导，你想了解塞得港简直是做梦。

我从船上一下来，就有一个这样的人站在防波堤附近。我被他体面的形象所吸引，以为他是到海边散步和呼吸新鲜空气的大人物。看着他，我觉得他简直就是身着《一千零一夜》服饰，进行微服私访检查法律是否得以执行的埃及首相。

我经过他的时候，他向我深深地鞠了一躬，问我是否愿意请他做导游。我犹豫了一下，含糊地回答说我暂时不需要。他奇怪地打量着我，脸上露出轻微的鄙视，好像自言自语地低声咕哝："那不过只需要一先令呀！"

我看我已伤害了他的自尊，就痛快地同意了他的请求。

我们在镇中探险遇到的最有趣的人物，当然是擦鞋匠。他们下定决心要为每一个从轮船上下来的客人擦鞋，不管他们愿不愿意。他们跟你没商量，摇头对他们毫无用处。他们手脚麻利，总有办法让每一只鞋闪闪发光。

我正站在"首相"旁边，试图对一些据他说与埃及重大历史事件有关的寻常之物发生兴趣，突然感觉到有什么东西从我的一只脚上爬过。我吓了一大跳，一个念头一闪而过，一定是一条混进一艘印度游轮周游世界的眼镜蛇。我惊恐地低头一看，原来是一个有着钻石一样闪闪发光的眼睛的黑脸伙计正在我的一只鞋上忙活。"首相"皱着眉挥挥手把他打发走了。

不一会儿，我们在一家卖柠檬水的店铺前坐下。"首相"觉得他必须赚到我答应给他的一先令，就开始炮制一些根本不可能的故事。突然，我在桌下的一条腿被什么东西一把抓住。

我差不多吓得大叫起来，因为认定是一种短吻鳄用它巨大的灯笼一样的下颚紧紧咬住了我。我朝下看了一眼，发现并没有尼罗河的庞然大物袭击我，不禁长吁了一口气。是那个前面被赶走的（擦皮鞋的）小伙计。趁导游不注意，他要尽力再把我的另一只靴子擦得亮晶晶。我彻底放松下来，对他的勇气和毅力表示赞赏，我微笑地看着他，鼓励他继续他的工作。

但是塞得港能展示的最美妙的、在别的地方见不到的、怪诞而激动人心的事情，是夜间为轮船装煤。

当这项工作临近的时候，大量的木筏，像黑夜本身一样黑，只能借助它们甲板上燃烧的标灯才能看清，不知从哪儿划出，却沿着轮船占据它们的一席之地。

上千的人，他们巨大的身躯，脸黑的像黑夜的阴影，一窝蜂地聚在甲板上。他们这样的打扮正好与昏暗的环境融为一体。他们的头上缠着黑乎乎脏兮兮的破布，衣服像是挂在腿上的长袍，被狂风，或者被他们搬煤的壮举，撕扯得奇形怪状。

两排木板随着船的甲板移动，然后可以看到奇妙的工作一分钟不停地进行，直到木伐卸完货，煤被装上轮船的燃料库。

每一个人抓住一个黄色的装满煤的篮子,疯狂地冲过狭窄的桥。他后面立即有一长串跟随者,队列从来不会被打破,步伐从来不会零乱。他们跑着,肩上压着满是污垢的担子跳上一条木板,把煤倒进甲板上张开的小洞,他们以相同的速度飞也似地让下一个人上来,没有半点小心,这样就可以一秒钟也不耽误。

不一会儿,木板上这了不起的人流奇观停止下来,木伐慢慢移走。火光已黯淡,在午夜的空气中渐渐熄灭。巨大的嗡嗡声起伏有致,慢慢消失。装煤的伟大戏剧至此告一段落。

我们的轮船再一次起航,几乎一瞬间就进入苏伊士运河美妙的航道。我们将通过苏伊士运河到达远东地区。

在苏伊士运河只停了一个小时。不久我们就把它抛在身后时,进入了一个区域。那儿看起来自然失去了她的灵气,她的手指也不再为装扮地球而忙碌。

我们确实进入了一个全新的世界。绿色的田野和树丛,和成片的树林消失了,连一根草也看不见。那些远处的海岸和沙滩、平原和山谷,似乎都是荒凉的所在。

我们在群山环抱的中间看见了西奈山,但是它们都是苍白无色和伤痕累累的,就像被来自地狱之火烧掉了生命的最后生机而显露出的颜色。

在伤痕累累和光秃秃的海滨,看不见任何溪流,甚至水的痕迹,我们行进于闷热沉重的空气中,天气变得越来越热,令人窒息。海岬(headlands)似乎从令人吃惊的火山底升起,上面连自然衣裳的碎片也没有。时不时地可以看见一座小岛,为一滴水滴落在它们焦干的头顶上而大声尖叫,盯着我们就像我们奇怪地注视着它们一样。

度日如年,时间如灌铅之足,空气火热,一触即燃,而我们遭的罪也快到头了。

最后让我们无比高兴的是我们已进入巴林岛沙滩的边缘。一片草也看不到,一棵树、一茎海藻也看不到。但前方仍有什么东西在我们眼前升起,让我们满怀惆怅。是英格兰的旗子,飘扬于要塞的城垛,立即有许多无形的仙子在我们眼前闪烁,围绕在我们周围的沉寂景色迅速消失,炽热的太阳已失去火力,普遍的乡愁在每个人心中泛起。

(三) 巴林岛到厦门

现在我们已在印度洋了。清新海风吹过甲板,吹走我们脸上的无聊和心中的无奈。旅程漫漫,唯我其往。

第一个引起我们注意的重大目标是索科特拉岛(Socotra 今属也门),一个忧郁的离群索居的小岛,在很久以前漂离大陆,漫游到这个孤独的海洋,最后迷了路,难怪它看起来如此孤独和冷峻。岛上任何地方都看不到房屋和人类居住的痕迹。没有孩子玩耍的沙滩,没有人类的声音在岩石和山洞间响起美妙的旋律。没有什么比没有男人、女人、孩子居住的陆地更荒凉的地方,那简直不可想象。

我们渐行渐远,回首望去,这座令人望而生畏的小岛高高的悬崖和阴沉的轮廓渐渐隐没在海平面下,我们的心里一阵阵悲凉。一天一天过去,大海一望无际,空无一物。远方看不到陆地,海面上见不着岛屿的踪影,天空中也没有白色的海鸟盘旋,向我们欢呼,给我们的旅行致意。极目所至,只有无穷的波浪,相互拍打着,无限单调。

我们的轮船一如既往地勇往直前,就像一个月前我们离开泰晤士河一样。空气中充满温暖,海面平静如丝,似乎从未遭受过风暴的侵袭。

不久,一阵来自北方的寒流侵袭了我们。这股寒流隐藏在海面之下,挟带着阴暗,悄悄潜来。远方黑云在集聚，海面上像是笼罩着一层积雪，而积雪的中心却又蕴藏着一颗暴烈的心。

几个小时过去了，大风狂作，呼啸直上，听不见人声。巨浪在空中掀起怒涛，卷起千堆雪。

狂风暴雨声嘶力竭，它咆哮的声音盖过大海无数的声音，似乎位于海洋中心的海洋之心在剧烈地震动。在可怕的狂风袭击之下，大海已失去理性，波涛如起伏的山峦，一层压过一层，此起彼伏，浪花则如小丘，在山峦间跳跃。

我们的轮船随着波涛起伏前进，一忽儿跃上高高的波峰，一忽儿冲下波谷，就像一个参加登山比赛的年轻运动员，迅速登上马特峰（Matterhorns）那样，令人头晕目眩。

三天过去。巨人之间的战争分秒必争从早打到晚，季风狂暴的嘶哑声也没有一丁点减弱。每当波涛如山峰般压过来，我们每一个人都面色苍白，每一颗心脏都跳到了喉咙口，眼睁睁地看着死神掠过我们的轮船，从船头冲到船尾，我们才又缓过气来。

狂风暴雨大战正酣，情形惨烈，多少日日夜夜我们惶恐不安。没有人被允许待在甲板上，没有人敢独自一人面对持续袭击我们轮船的汪洋大海。

在我们被困船舱底下昏暗阴湿的房间里的日子里，那种寂寞枯燥实在难以言说。尤其难以忍受的是夜晚，因为除了断断续续似睡非睡，想呼呼大睡是不可能的。轮船剧烈地晃动，无论是攀爬某种不可及的高度，还是像一个醉汉一样翻滚于两个海洋之间，互相抛来抛去，害得我们像死尸一样被牢牢控制，以免我们从铺上弹出而受重伤。

暴风雨终于慢慢平静下来，暴烈的大海重归于死一般的寂静。很快我们发现我们置身于一大堆群岛之间，在其间迂回进出。沿途所见美景让我们的痛苦一扫而光。

香港近在眼前。两天后我们的轮船调转方向，朝大陆方向直驰而去。一条山脉横亘在我们面前，似乎下决心挡住我们的去路。

这里是"南普陀寺"（The mighty Southern Warrior）。它高高在上，俯瞰着大海，时刻警惕着风暴袭击，以及有可能毁坏厦门的剧烈台风。它位于一个海湾的岸上。

在这著名的山上，一座宝塔高高伫立，远观如一魁梧男士。人们相信它有超凡的力量，可以保护这座城不受邪魔妖气的恶毒伤害。这些看不见的力量无处不在，它们使尽花招想要毁坏人类。它们将雾霾投到海上去毁坏船只，它们卷起飓风与勇士对打，妄想它们能战胜勇士就可以席扫厦门洗掠一空。它们呼号尖叫，疯狂撕扯，企图把勇士驱逐出境，但它们从未得手。山之凛然正气岿然不动。他经常迷失于铁坦尼克号的斗争，但是一阵大风已将浓雾驱散，他的形象依然挺拔，恶魔落荒而逃，一束阳光照耀勇士的头上，这座著名山上的各方神圣轮廓清晰可见，平静而祥和，好像从不曾经历过一场生死决战。

我们紧贴南普陀寺山的脚下悠然而过，继续前行，陆地迎面展开，小岛珠环玉抱一样护卫着一个壮丽海湾的入口。这就是著名的大厦之门，它后面的城市即因它而得名。我们乘风破浪扬帆前行跨过海湾，抛锚于厦门（Amoy），或者按中国人的叫法，大厦之门。

至此，我们结束了我们漫长的旅行，41天的航行终于结束了。

二、厦门,或者大厦之门

AMOY.
In the centre is the harbour in which the ships anchor safe from storms. On this side of the harbour is the island of Kulangsu; on which the foreigners reside. It is about three miles in circumference.
On the opposite side is the island of Amoy, about the size of the Isle of Wight. The town of 120,000 inhabitants is situated on the long peninsula that projects into the bay. The distant hills are on it. Amoy has been the most successful mission centre in the whole of China. The churches are numerous and largely self-supporting.

图 2 厦门

中景:船只躲避风浪的海港。海湾这边是鼓浪屿,外国人在此居住,大概方圆 3 英里。对岸是厦门,面积与怀特岛相近。12 万居民分布于嵌入海湾的狭长半岛,其间小山起伏。厦门是中国最成功的传教中心。教堂数量多且多半自养。

(一)港口

第一眼看见厦门的港口,我们兴奋无比。厦门港位于海湾尽头,我们破浪而过顺流而下,经过那些可爱的门,安全地泊进厦门城和一个距其一海哩半的叫做鼓浪屿的精巧小岛之间。

如此看来,上天下决心让灾难远离这块被其选中的地方,以安其心。当然,一年中也有几次台风肆虐风暴咆哮的日子。

不过厦门从来没有因此惨遭不幸。这些门,就像武装的哨兵,环卫着海湾的外围,抗击最强劲的大风,将巨浪粉碎得灰飞烟灭。

几乎目之所触都是一长排黑色的奇形怪状的岩石,其使命似乎是为了保卫位于其间的

Photo by]　　　　A TEMPLE IN A BAMBOO FOREST.　　　[BERNARD UPWARD.
In front is a rustic bridge that crosses a mountain brook. A Chinaman carrying his load on a bamboo pole is seen wending his way slowly up the steep path. In the centre of the wood is a temple which, on the days of the new and full moon, is visited by crowds of women who come from the neighbouring city.

图 3　竹林中的寺庙

前景：溪水上一弯小桥，一个挑着竹扁担的汉子慢行于山间台阶。

中景：一座寺庙，每逢初一、十五，成群结队的妇女们从周边城镇赶过来烧香。

海湾。同时南方勇士抬起他高贵的头，与打算跟这个城镇捣点乱的狂风作战，这个城就指望他的保护。

这个港口因其美丽景色而令人印象深刻。也许英国湖区可以相媲美，特别是彭里斯（Penrith）附近的厄尔斯沃特（Ullswater），其中有些山脉、山谷，和在太阳光束下闪闪发光的长长河段，无不让整个景致色彩华贵无与伦比。

厦门是中国沿海非常繁忙的地方之一。来自世界各地的轮船都能在这个伟大的海湾看到。

这儿有一艘大型汽船，烟囱被涂成淡蓝色。她不远万里从利物浦驶来，属于"蓝烟囱公司"。虽然远离家乡，她还是状况良好。漂洋过海后，她还是将无穷的能量与活力带给那个著名港口。一方面，她已把货物卸在停靠一旁的驳运船，另一方面，成箱的茶叶，来自内陆，来自西边直入云际的高山，被手手相传小心翼翼地装上船。

更远处是一艘巨型邮轮，飞扬着星条旗，她正要驶向圣弗兰西斯哥。看起来她比利物浦轮船更紧张匆忙。因为有邮件在身，所以她必须保持尊严，形成一种任何普通商船所不能忍受的氛围。几小时内，成箱的水仙球已装上船。过段时间后就会在美国的许多家庭开放，以其清雅洁白为人们带去喜悦。

但是这儿还有另一艘船，在我们的船边直冒蒸汽。它远比其他两艘船有趣得多。它是一艘苦力船，从头到尾装满移民。他们将要去新加坡槟榔屿碰碰运气和前程，这是他们远在内陆山区的家乡无法为之提供的。

Photo by] [BERNARD UPWARD.
The two boats are crowded with coolies who load and unload ships. They are poor farmers. To eke out a living, they leave the farms in charge of their wives, and come to the ports to earn a few dollars to make ends meet. A steam-launch is towing the boats to the ship.

图 4　苦力船

两艘挤满苦力的接驳船。他们是贫穷的农民，为了谋生抛妻别子、背井离乡，到港口谋得立锥之地。一艘汽艇正把接驳船拖向轮船。

我们来看看甲板上是怎样挤满了衣衫褴褛的穷苦人。他们简直没有立锥之地，实际上，他们中许多人身无片瓦，(但他们)看起来就像有自己的私人客舱一样欢呼雀跃，慵懒地靠在豪华沙发上。当轮船驶入大海，他们将在他们的地方安顿下来，但是那儿没有人被允许在航程中拥有比他们随身携带的草席更大的空间。直到航程最后结束，他将不得不满足于卧室、起居室和餐厅混为一体。

Photo by] [BERNARD UPWARD.
Coolies waiting for boats to convey them to a steamer to work. Each man has the implements by which he is known, viz., a bamboo pole and two stout ropes.

图 5　码头上等船的苦力

正在等船把他们载到汽船上工作的苦力。每个人随身携带的几件工具：一根竹竿和两条结实的粗绳。

有两件事情在这个港口非常特别，并且总是充满乐趣。

第一件是，船在厦门叫舢板。如果你放眼水面，你会看到它们往来穿梭，运载乘客，一些人上轮船，一些人到沿海的大城市，而另一些人，是过渡到对面的鼓浪屿。

厦门的船夫以他们驾驭舢板的高超技术著称，还有遇有紧急情况时他们轻而易举地载着客人飞速前进。

船身大概长 15 英尺，宽 4.5 英尺，船头逐渐削尖到两英尺以下。它们都是平底的，或接近平底，看起来尽可能最温柔地接触水面，结果他们看起来像很容易翻倒。舢板非常安全，很少听到它们发生什么事故。

船夫工作时直立于船尾，双手握紧长篙（桨），他随心所欲操纵方向，像威尼斯的岗朵拉。他的技术炉火纯青。他可以如此巧妙地摆弄双桨，以致他能在水上按自己的长度调转自如。碰上令人头痛的大风，或者遇到迎面扑来的恶浪，他都可以驾轻就熟，安然无恙。海浪疯狂袭来，他可以跑得比风还快。他将桨横在船尾，静静地坐在上面，气定神闲得像一个舵手，不会让一滴海水溅湿他的乘客。

这些舢板坐两个人很舒适，三四个人就有点挤了。然而，当人数成倍增加，20个人挤在一艘船上时，就像一窝蜂，寻找一个新家，再挪一点空出来，大家挤在一起。

你看他们这样很恐怖，以为每一分钟都有可能翻船，密集的船客会被扔进水里。但是，他们可一点都不害怕，因为他们笑容满面。一定是有人讲了一个笑话，笑声都从水上飘到我们这儿来了，显得他们无忧无虑，压根就没有想到灾难会拜访他们。

只有中国人才能千方百计地在一个小舢板上挤这么多人。同等数量的英国人是不会尝试这样的技术的。中国人能轻而易举这样做归功于他们从来不考虑他们怎么搁脚，就像一只母鸡，当它坐在一窝鸡蛋上，就不用占很多空间，它只需要简单地把鸡蛋圈在翅膀下，就可以把它们都安顿好了。

同样，一个中国男人也可以如法炮制。他悠闲地蹲在他的脚后上，占的空间不会比他站着多。他的腿实际上不见了，这样他就可以挤进不列颠人根本不可能挤进的空间。

其次，这个港口值得特别注意有意思的事情，还是船。但与我刚才所描述的船大相异趣。

这种船独具特色，独一无二。作为中国一种特定的生活方式的图景，非常有魅力，值得我们花力气研究。

我说的船是一种渔船，在这个港口经营着自己的营生。那些从大海湾游离出来的鱼误落网中，这本身就已非常奇特了。其生活之精彩，较之中国大江南北任何地方，都毫不逊色。

船大概长16英尺，宽4英尺，到船头渐缩小到2英尺。船被严格地划分为三部分。

首先，是船尾长5英尺多一点，上面许多柔韧的竹竿弯成拱形，支撑着巧指编织的结实的竹席，风雨不透。船在行驶中，船老大就站在这个位置，外面是绑着竹圈的巨大的桨，在无风扬帆的时候，可以轻易地推舟前行。

（船上）还有厨房，因为饭都在这儿做。吃饭的时候，家庭用的碗筷就摆出来。这里也可以被叫做备用卧室，因为当白日已尽，河水枕夜而流，一床席子在地板上一铺，家里的一两个成员，或者来访贵客很快就能酣然入眠。

第二部分还是结实的拱形竹席，结实到足以抵御印度洋的季风带来的大雨，大小与第一部分相同。其用途可以满足这个基本家庭的五花八门的需求。这里是起居室，而且名符其实，因为在这里根本就站立不了。这里也是一家之主的卧室，可以看到边上零乱的棉被。

紧接着这间卧室加起居室，是一个开放的空间，是小孩子们的乐园，和招呼邻里的地方。这个点儿也是渔夫下网的地方，就像飘动的魔毯罩住惊慌失措的鱼们，它们昏头昏脑不知如何逃生。

但是，这种独特的渔船令人无法忘记的魅力，是妻子。当丈夫手中忙着对付渔网，把网

Fishing boats such as are used in the smaller rivers in China. Each one is a home for a family, where they spend their lives. They are now back from their fishing, and are resting on a mud bank. In this picture the bow of one, with a woman shading her eyes from the sun, may be seen, whilst in the other the stern is visible, and various pieces of washing hanging out to dry. The mats that cover them are made of bamboo.

图6　夫妻船

在中国用于内河的渔船。每艘船就是一个家庭，他们在此讨生活。现在他们打渔归来，停泊于泥岸之上。图中船头一个妇女用手遮阳，同时可以看到另一只船的船尾，杂乱地晾晒着衣服。船上凉篷为竹子所做。

中的鱼拖上来的时候，妻子取代了船老大掌舵航行。船艺之高可与最好的航海员媲美。

她全无畏惧。背上用布带绑着婴儿，除此你几乎看不到这些妇女。小船激烈摇晃，小家伙开始嗯嗯呀呀扭动不安。母亲的心一下拧紧了。她一面要与掀翻小船的巨风恶浪作斗争，一面还得设法晃动肩膀赶走孩子眼睛上讨厌的苍蝇，让孩子再次安然入梦。

太阳已升得老高，必须得准备午饭了。帆已经降下，渔夫把船停在河面的避风处。女人现在已转变为家庭主妇。几块她站立的甲板被抬起，紧靠下面深处是一个微型厨房。

她点燃备用的木柴，转眼米饭就扑扑冒汽，一餐饭已上桌。在我看来，这个女人扮演了母亲、船长、家庭主妇和女仆等多种角色，而且每种角色都很出色，是非常有趣的人物。她用一辈子的时间来达到现在这样不可或缺。

她出生于跟她现在当家作主的船一样的船上。她成长于尺方天地，竹席做的屋顶和竹席做的墙为她遮风挡雨。偶尔，她可能站在岸边，抛锚停船，她会看到陆地上村庄相连，她会看到轮船上的男男女女来来去去，但她从没有想过改变自己的生活。

有一天，她实现了她最大的野心，一艘跟出生时一模一样的船，用深红色的旗子装饰，再叫上一个唢呐班子，对她来说就是最甜蜜的音乐，载着羞红了脸的新娘变成停泊在河流上另一艘船的女主人，满目是她昔日老家。

（二）厦门街道

现在已看到了港口，我们急于上岸，到这个了不起的拥有12万人口的城市探险一番。海风吹拂曲折的海岸。我们对是否会喜欢上这个城市颇感怀疑。因为就我们所见，这地方似乎貌不惊人乏善可陈。

从汽船的甲板上看，那儿弥漫着绝望和赤贫的空气。想看到令人愉快的色彩是妄想，好像最需要的是几把彩色油刷，让它看起来现代一点。还需大量的扫帚，扫净过去几个世纪堆积起来，把任何事物都染上灰暗的灰尘和污垢。

一大堆舢板工，这个时候正在等东边来的乘客。他们驾着舢板绕着轮船放出的跳板你推我挤。每一个人都扯着嗓门大声叫嚷，争先恐后地把我们拽上自己的船。

我们走下舷梯，故意将脚步放得慢慢的，对他们的兴奋视而不见。但是，我们一直被奋力挤进舷梯的最里面半圈的（船夫们）急切的眼睛扫描着。

我们下定决心，指定一个看起来整洁干净、新油漆的舢板，作为我们选择靠岸的工具。立即嘈杂声消失了，刚才还急切紧张的脸瞬间笑容满面，每个人都将船划开找别的客户了。看起来他们好像把整个事情当作玩笑，现在他们突然哈哈大笑互相打趣起来。

我们越接近陆地，所见的建筑物更是一片残破衰败景象。那些房屋一定是被它们的主人所遗弃，破败不堪。

我们到达石头防波堤顶上时，想寻找想象中这样的大城市所应有的体面的街道。但是我们目之所见不过一堆胡乱凑在一起的商店。

我们很是困惑，就问一个路过我们身边看起来面善的男人，街道在哪儿？他笑笑地指着我们正前面的窄窄的像是只有几码宽的泰晤士隧道，说："就是这儿。"我们马上就发现这是城里的主街道，汇聚了最好的商店和最有钱的公司。

开始我们几乎不敢进去，店里看起来阴暗肮脏。我们正打量它，那些公司看起来都凑一块了，结果我们害怕迷失其中，再也别想找到出口。我们还是一直往前走，这样我们可以跟着络绎不绝往里走的人群。然而，几分钟之后，东方的魅力就在我们眼前。我们慢慢移动，四处张望，满目

A SHOP.

图7　路边小摊

惊奇。

那些商店与我们习以为常的西方（商店）完全不一样。没有玻璃窗，没有任何类型的前台。它们大门大开，所做任何事情，所说的大部分话，在街上随处可见可闻。

最接近路边的部分用来做生意，同时，在许多店铺里，特别是穷人比较多的街道，后半部分一般留作居家所用。即使最宽的大街也很少超过10英尺或12英尺，每一件事每一句话对好事者都是公开的秘密。我们觉得不便对陌生人说的事儿在这儿百无禁忌。所以给人的印象是中国人没有秘密。一个奇妙的后果是他们丧失了低声细语的权利。

比如，你想告诉中国人一件非常隐私的事儿，你低头耳语，并提醒他以同样轻声细语回答。他立即显得不自在，好像要被拔掉一颗牙一样呲牙裂嘴。他回答时，倒确实是"低声细语"，但是你在另一条街上也能听到。你只好放弃低语的想法，因为你意识到这是中国丢失的艺术。

A STREET FORTUNE-TELLER.
The elderly man is a fortune-teller who will reveal the secrets of the unseen world for the modest sum of a halfpenny.

图8　街头算命先生
年长者是一位算命先生，仅半个便士便能告诉你未知世界的秘密。

我们漫步闲逛,渐渐感觉到空气中有什么不对头的地方。不仅失去了新鲜感,而且是明显的冒犯。空气变得有点紧张,人们聚拢在我们周围,看我们就像耳旁风一样漫不经心。

经过一定的演变过程,中国人的鼻子似乎变得对恶劣气味无动于衷。这真是自然最大的恩赐,因为恶臭帝国境内无处不有。他们始于这个民族,始于与圣人比邻而居的陋巷。他们住在孔夫子的隔壁,他们从前随军作战,然后现在成为中国社会的(基本)结构。

街道上有几件极其有趣的事情。它们狭窄而混乱。如此狭窄,以至于当夜色降临,没有月亮的天空,没有闪闪发光的满天的星星,不需要怎么费力想象,我们就觉得自己掉进了黑暗的煤矿。我们痴心妄想希望找到重返人间的出口。

路面情况糟糕,凹凸不平,通常由石板和石头交叉(混凝土)铺成。经过开肠破肚和暴雨灌注,路基薄弱不堪,这让东方人对旅行望而生畏。

没有辅道,没有路灯。最显而易见的事情是不见警察。在革命以前看不见他们一个人,无论是白天还是夜晚。这是一个中国人具有遵纪守法特性的最有力的证据。除了因为官吏不公,或宗族纠纷而偶起争端,争吵很少发生。在我居厦门的50年,我不记得看到过一起。

城镇的一派和气主要是靠市民们用心维持。每一个店主和每一位家长都是纠察委员会委员,哪儿发生麻烦了就冲出去,严厉处置吵吵闹闹的肇事者。

我们在熙熙攘攘沸腾的人群中挤进挤出,留下的最愉快的印象之一是人民本身。他们大多贫穷,从他们的穿着打扮可以看出。

他们大多数穿的衣服都是棉布,染成蓝色。这种颜色很受欢迎。不幸的是,本地的染工从来就没学会速染的秘密,结果是过一段时间布就褪色变得黯淡无光陈旧难看了。衣服也是,磨破后不得不打补丁,而后穿旧的衣服和消失的蓝色让一个个看起来灰头土脸无精打采。

The street quack is employed only by the very poorest. Having no capital to rent a shop, he selects a vacant wall and pastes up his qualifications and the numberless cures he has effected. His medicines are kept on the ground, where they pay no rent. He professes to be able to cure any known disease that may be brought him.

图9 街头郎中

只有最穷的人才会去看街头郎中。因为没有钱租店面,他只好找块空墙壁贴上他的行医资格和数不清的病例。地上放着他的药品,不需要租金。他对常见病例胸有成竹。

整个街道几乎完全看不到妇女,无疑让这些街道更加灰暗和无趣。偶尔一个女孩跟着她母亲出现,头上戴着一朵白花,穿着花色的丝绸裙子,就像一束金色阳光照亮了整条道路,离她最近的人都好像沾了她的光,变得漂亮起来。

且不管粗布衣服,那褪色的蓝布,高颧骨,好像刷在他们脸上的黄色,这些男人踩在这肮脏的大街上沉默的脚步却别具风味富有魅力,让我们实在难以抵挡。

是什么无名的魅力征服了我们?是每个人具有的神秘个性。他们都性子激烈。除此之外,他们还富有幽默感,他们闪亮的眼睛会告诉你这点。微笑扫过他们的脸庞,怯怯的表情呼唤着我们的信心。

AN ITINERANT MENDER OF CLOTHES.
She carries a basket with her, with odds and ends that she can use to give any worn-out garments a new lease of life. She is a good gossip and takes the place of the daily newspaper with her thrilling stories of what is going on in the town. She is content to earn threepence or fourpence a day.

图 10 流动缝补摊

带着一个装着针头线脑的篮子,她就能使破衣烂衫焕然一新。她消息灵通,对家长里短乐此不疲,满足于一天三个或四个便士的收入。

人民极度贫穷,可以从只有这个国家才有的硬币得到证明,即铜钱。大小跟一先令差不多,中间有一个孔,可以用来穿绳,100 个一串,方便携带。帝国没有足够大的口袋装下一先令,因为币值低到 20 个铜钱还不到英国的半个便士。带着一英镑旅行到任何相当距离的地方,需要一匹有脚力的驴子,因为还没设计出能装一个英国金币那么多钱的钱袋。

为了看看这些"大众的"硬币的真正市场价值,我建议我们来个穿越市区的短途旅行。为了支付我们远足的开销,我们每个人带 44 个铜钱,相当于一个英国便士。

The cash are the only coin the Chinese possess. Two piles of them lie side by side on the right. The large one to the left is standing on its edge, and on its face there is the name of the Emperor who reigned when it was issued, with the statement that it is a legal current coin. It takes forty of these to make a penny.

图 11　银钱

现金在中国仅为硬币。右边两堆面对面串在一起。左边倚边而立的是最大币值的硬币，其正面刻着发行年间皇帝的名字，以表明此为法定货币。40 个铜板相当于一个便士。

我们正走得晕乎乎的，突然眼前一亮，看见一种从来就对英国人有强大吸引力的东西。路边原木桌上零乱放着一些埃弗顿方格咖啡。魔术般地让我们西方人眼睛一亮。放下一个铜钱，我们就迫不及待地将方格咖啡卷席入口。我们一边走路，一边心有余悸地扭动嘴唇，为的是适应我们嘴里的奢侈品。为了掩饰我们的鬼脸，我们掏出手绢，立即吸引了路人的注意。手绢作为大众物品在中国不为所知，以致每个人都以为我们患了牙痛病，或者什么我们需要隐瞒的面部疾病。他们不明白我们在享受咖啡，经过我们身边时，都向我们投来同情的目光。

过了一会儿，我们沿花岗岩路走得累了，想找个地方坐下，但没有绿色公园，也没有路边椅子。中国人没有这个想法。所以我们一路走到香火旺盛的寺庙前的大广场，设法在角落里找到一条木头长凳，这是受人欢迎的讲古人为听众租用的。为了这点"特权"，我们一人支付他 3 个铜钱。

我们的右前方是一个挑担的水果小贩。我们走得累了，小贩很高明地叫卖他的水果，勾起我们的食欲，所以我们就买了柑橘，给了他 3 个铜钱，高于他的价钱，但我们不想跟他讨价还价。

盯着他的水果，我们的眼睛立马被切成片的透着光泽的菠萝吸引住了。我们毫不在意，花了 4 个铜钱买了一个菠萝。如果我们肯花一个半小时跟他砍价的话，我们本来只需付他 3 个铜钱的。

太阳高照，日头偏西，我们觉得吃饭的时间到了。环顾广场周围大声叫卖的小贩，我们看见了一个卖饮食的摊位。我们在门边的桌子旁边坐下来。桌子腿老得直摇晃，桌面积满灰尘和陈年积垢，弄得黑不溜秋，还有从来就弄不清楚的水渍。

一小杯酱油居中摆放，一双普通的竹筷好伙伴一样陪在旁边，等着下一个客人。一会

A man selling pears, which he is peeling for the one in front. The whole shop can be carried away on the shoulder by the bamboo pole that is seen lying between the two baskets.

A young fruit-seller with a supply of pineapples engaged in a chat with two lads, one of whom has been buying of him.

图 12　路边水果摊

上图：一个买梨的小贩，正在为等在面前的人削皮。整个"商店"可以用一根竹扁担挑两只箩筐一挑就走。

下图：一个卖菠萝的年轻水果小贩，正在跟两个小伙计搭讪，其中一个买了他的东西。

儿，一盘盘菜从蒸汽腾腾的大锅中端出，一碗米饭递给我们。米饭不只是满满的，简直堆得就像埃及的金字塔，不是指像金字塔一样瘦削的尖角，而是圆圆满满很好看，就像生意兴旺而心满意足。旁边一碗盐水萝卜丁充当调味品。

米饭雪白，每种粮食都各不相同。看起来像微型的勃朗峰的样子很能调动我们的胃口，在筷子的帮助下，我们开始削掉山顶，直到一扫而光。

饭还没吃完,餐馆的主人打定主意我们应该来点甜点,所以他在桌子的一角安排了一小堆花生,花样百出。我们忍受不了这些花招,所以在他们头儿的面前放下1个铜钱。我们安心下来,半个小时剥着花生,打量过往路人。米饭花了8个铜钱,盐水萝卜3个铜钱。

这顿"露餐"(al fresco)之后,我们漫步于一条主街道。我们转过一个街角,对面冷不丁站着一个"人物",他用符咒拦住我们好一会儿。这可能是人类最恐怖的一个画面,除了东方,在别的地方不可能出现。他头发不梳,还挂着锁,"美杜莎"垂着他的肩和背,他衣衫破烂,肮脏污秽。

The pig plays an important part in the life of the Chinese. It helps to pay the debts of the family. A large porker may be seen with a red string round its neck. This means that the head has been dedicated to some god to whom it will be given when it is killed.

图13 养猪

猪在中国人生活中扮演很重要的角色,它可以帮助家庭还债。如图可以看到很多猪的脖子上绑了红带,这意味着它被宰后,猪头将会祭献给某个神祇。

他怯怯地站在你面前,没有人不会逃走。他伸出一只手,我们本能地退缩。他高声地在我们面前长篇大论,好像我们是中国统治者一样,以乞求我们的同情为生。

如果偶尔碰到这样的事,普遍的习俗是,给乞丐1个铜钱应该是安全的。我们犯不着那么标新立异要打破那个时代的风俗规范。所以我们小心挑了个最好的(铜板)放在他鸡爪一样的手上。我们匆匆走开,以免他认定把我们抬得更高。

黄昏将至,我们回到了小摊,我们中午吃饭的地方。因为中国人对他们的进餐没有区别,我们点了令我们满意的与中午相同的菜。

便士还剩下4个铜钱,我们觉得必须花掉。我们漫不经心,粗心大意,在街的中央我们偶遇了人类的另一种漫画:穿着破衣烂衫,满是尘土污垢,手里麻木地举着一个空杯子——我们扔了硬币进去。他又惊又喜,瞬间成了"百万富翁"。他眼里闪着光,笑容灿烂。只不过一会儿的工夫,他不再是乞丐而成为一个人。

(三)厦门的狗

任何关于厦门的描写如果没有注意到无处不在的狗的话,就是不完全的,总之难以令人满意。

这些动物是这个著名城市最显著的元素,就如它们确实遍布大清帝国每一个乡镇,包括村庄和小村子,数量多得让人困惑。

中华帝国(Flowery Kingdom)的文人们,作为一种规则,提到这些狗,最通常的说法是,似乎任何关于它们的细节都是浪费笔墨。这无疑该归功于这些人对待动物的无知。公正地看待这个题目,需要一个乐于为之并在这个国家生活时间足够长的人,而且愿意研究可以改变这个群落被蔑视和虐待的部分风俗和法律。

人类生活所及之处,狗的数量相当之大,可以说,每一户人家和每一个店主至少养一只。没有一家不考虑至少养一只狗。

这是中国人的基本信念,当家里的当家人死了或到阴间,当他在阴间自立门户时,他还是需要一只狗。

AMOY DOGS.
They are savage and masterful to any suspicious characters, but affectionate to the families who own them. They are the unpaid police who can never be bribed. They never sleep when they ought not, and they can pierce the cleverest disguises.

图 14　厦门的狗

它们对可疑者凶狠异常,但对主人家很温顺。它们是无法贿赂的免费警察,它们从不睡觉,可以侦探出最狡猾的隐蔽者。

我偶然出席一个非常有趣的仪式,其中最主要的特点就是汇集全套家具,送给那些做了善事,到另一个世界去的乡绅在阴间的家。阳间活着的人家里有的,阴间一样也不少。

与死者地位相配的房子首当其冲。因为在那看不见的地方,没人相信会有聪明的建筑者,足以建造一座(死者)需要的舒适的大厦。继而围绕房子扩大到所需的桌子椅子床架和无穷多的厨房用具。除此之外,有着迟钝顺从表情的男女佣人,耐心地等待摆在他们前面的

A TRAVELLER PASSING A NIGHT WATCHMAN'S SHELTER.

图 15　一个经过"守夜者"窝棚的过路人

火热旅程。

　　既然极端的贫穷是那个爱阴间的特性，成堆的金银纸到处都是，毫不在意潜伏的贼会光顾。那儿他们没人保护也没人看护。不过对我来说，这种怪诞的集会最有趣的事，是一只狗静静地看着这一切，一脸的沉思，明显感到有什么事要发生。天还没破晓，它将开始一段长长的旅行，以前从来没有过的旅行。在遥远的地方，成为逝者家庭中的一员是它的命运。那儿狗不经常旅行。

　　所有我提到的物品都用纸做成。清单列出每一样东西，甚至包括一只狗，他们想为死者传达的信息，都立即付之一炬，只需要几分钟，在燃烧的火焰中，任何东西都去了阴间。他们相信没有狗的家不是完整的家。

　　中国人对待狗缺少温和友好的态度不比对我们好多少。主人很少对它们显示慈悲，也不爱抚宠爱它们，或对它们有多大的兴趣。它们的

A house and all its furniture made of paper for burning before the ancestral shrine.

图 16　纸房子
在祖宗牌位前烧掉的纸房子和纸家具。

忠诚才能与我们的狗并无二致,但从来不被鼓励表现出来,因为它们意识到任何试图表现亲热的举动都会招来一顿脚踢。

比如,一个男人出门办事,但他的狗从来没打算跟着他。它可能叫着或做出要陪主人出去的样子,但主人还是无动于衷。一个女人牵着绳子溜狗是从来看不见的。那种情形是如此荒唐,以致她走过的整条街都回荡着尖声大笑。

问题出来了,如果一个家庭不是出于慈爱养一只狗,那么为什么每户人家至少能发现有一只狗?真正的原因是,它们(狗们)在那儿扮演了警察的角色,保护家庭白天不被流浪汉和乞丐骚扰,还有凌晨一小段时间不要被小偷光顾。

在这儿讨论一下这些问题应该很有趣。是否因为同样的原因,一只纸剪的狗在火中化灰化烟,在阴间履行同样的职责?那儿有流浪汉、衣衫破烂的乞丐吗?半夜有贼需要防卫吗?中国人相信是这样。

直到革命前,中国对警察一无所知。他们白天巡逻,警惕着每一个可疑的人,防患于未然。夜深人静时,他们镇定地迈着军人步伐,检查商店橱窗,注视着寂静无声黑暗的街道,身着隐身衣的游荡者在夜间晃动的身影,两只眼睛贼溜溜乱转看能不能顺手牵羊。

小偷们一点也不担心治安,在街上肆无忌惮地串来串去,因为那儿没有人,而老实的人们已酣然入梦。但是有一种东西让他们心惊胆战,因为这种东西从来不睡觉,即使睡觉,也眨着眼睛,这就是狗。

最轻微的脚步声,轻得连人的耳朵都听不到,神秘地在空中穿行,却被狗听见。它们立即跳起,兴奋得发抖。低低的猎猎声说明它们处于警觉状态,声音越来越近,现在他们生气的咕噜声突然爆发成勃然大怒的狂吠。夜贼还不住手,但他们怎么也没办法贿赂四足警察闭口保持沉默,它们叫得更热闹了。

房子里的人都被愤怒的"哨兵"吵醒了,他们惊恐地听着这可怕的乱子,因为这些午夜强盗遇到反抗会毫不心软,遇到反抗者会毫不犹豫地行凶动武。

但是狗扭转了局势。那些隔壁邻居也大哭起来,他们家里爆发出哭叫声的狂风暴雨。主人被从美梦中粗暴地吵醒,就像有一些怪物在摇晃他们。一间又一间房子的主人拿着棍棒长矛。狗击退午夜敌人,它了解事情的来胧去脉,从危险之地夺路而逃。

这些狗出现在我们面前,我觉得它们是这个社群可以看到高贵的一部分。它们被打被踢被轻蔑地对待。它们通常吃得很差,缺少关爱,还身负看家护院的重任,日夜不眠高度警惕。

它们对陌生人很凶狠,但对家里的每一个成员,不管他们对它们有多坏,它们都尽可能温柔。当他们经过它们身边的时候,它们摇着尾巴,可怜巴巴地看着他们。

为了更充分地理解这些狗的特性,让我们到这个古老的城市的主街道去散散步。这样做我们有机会学习到他们规定中一些不成文的法律。

每一个商店都有狗。可以想象它被赋予看家护店的重任而坐立不安的样子。它觉得责任重大神情严肃。

有时,它在门边躺下,眼观八方看看有没有鬼鬼祟祟的可疑人物。突然它一个箭步冲进店里,像一个监督员履行自己的职责。

它似乎还在高度警惕中。它不得不全副心思保护自己的权利和特权,根据狗的法律,主人店前地板是它的领地,它可以在此自行其是,未经其允许别的狗不得擅自闯入。

已变得十分友好的隔壁邻居的狗,偶尔可以被允许跨越那道无形的线,每一只狗都心知肚明,在这块领地的分寸,决不可能为所欲为。

每一次拜访,那一定是一个盛大的仪式,摇着尾巴,打着滚来保持和平。它总是觉得,这个邻居领地的闯入者是一件该按隆重礼仪认真对待的事件,除非君王驾到的重要时刻才会被打断。有时,在绝对的友好气氛中,突然咆哮一声,深沉又野蛮,会挑起领地争夺战,这时别的狗会疯狂争夺分界线直到它重归自己领地。

街上有一个悲惨的现象,连狗都是充满厌恶地看着他,那就是乞丐。他出现在任何房子前面,蓬头垢面,肮脏破烂,是狗一见到就要采取行动的信号。

Photo by]   A BEGGAR.   [BERNARD UPWARD.

This woman is a beggar who has to pass her life in the most distressing manner possible. Her days are spent on the streets, wet or sunshine, in touching appeals to the charitable to have pity on her. Her clothes are a most extraordinary combination and it would be impossible to guess of how many suits they are the tattered remnants. How the various fragments are held together is a puzzle.

图 17 街头乞丐

一个乞讨的妇女,不得不以最卑微的方式讨生活。为了博取同情,无论雨淋日晒,她都在街头打发时光。她的衣服鸡零狗碎,都不知道是怎么缝补上去的。

乞丐确实是形容凄惨。他学会了怎么准确地控制发声,他相信叽叽咕咕地最能打动别人的心肠,指望别人给他钱。恳求的目光恰到好处,但对狗们一无所用。狗低声咕噜着,鼻子吸着气,围着乞丐的腿转来转去,它的青口白牙每分钟都威胁着这些残肢败体,摆开要为保护主人财产与闯入者一决死战的样子。

让狗们愤愤不平、满怀敌意的另一类人,是外国人。只要他们一出现就免不了一场恶战。不幸的是,对于它来说,从来不曾在不设防时从"敌人"的领地成功开溜。就好像它有一种特殊的气味,会在它的敌人面前泄露行踪。

在他被看见以前,狗们开始显得不安的样子。一种烦躁不安的情绪仿佛抓住了它们,它们到处乱跑,好像得了霍乱。

不久,当他出现在街头,每一只狗都在等着他。他越往前走,(狗们)就越兴奋,决心拼个你死我活更加确信无疑。每一只狗现在都是好斗的姿态,眼中凶光毕露,嘴唇张开,一排白牙随时准备撕碎任何到口的东西。

一群狂吠的狗只有在英国人使劲挥舞的手杖下才不停地狂叫。事情看起来严重了,不知道该怎么收场,突然,好像使了什么妖术魔杖,威胁的危险突然消失不见了。

其中有一只狗,巨大的白色畜生,有着凶猛好战的天性,得知它的住处被不懂规矩的乌合之众侵占,而没经过它的允许。它为它的权利受到威胁而浑身抽搐,它一瞬间激情澎湃电一般地冲进侵入者中间,以白齿利牙与它们一决死战。

暴徒们惊慌失措,自知理亏,良心发现让它们变成胆小鬼。有共同利益的守卫者的邻居也加入到战斗中。一时间,动物间的一场混战朝着它们自己王国的方向,差不多要把整条街撕破。给人强烈的感觉是,这些狗倾情而出只是为了关键时刻救人一命,一分钟以前还在为救他而殊死一战,现在却已是嬉笑打闹兴高采烈的一群,它们赶着回去保卫自己的王国。

三、中国人的房屋和陈设

(一) 中国人的房屋

虽然华南的房子平面图相当多,但绝大多数几乎一模一样。即使略有不同,建造者也会不遗余力地设法与周边的理想模式保持一致。

因为这个原因,以前在这些南部地区从来就没出过任何建筑师。没有这个需要。房子的平面图是不可以改变的。

不知多少世纪以前,一些聪明的人,或者发财致富的人,觉得应该住上更结实牢固的房子,而不是像他们父辈那样满足于帐篷。

但是问题就来了。他打算建什么样的房子呢?他从来没有见过可以做参考的模式。他总是不断转来转去为他的家禽牲畜寻找牧场地。他的生命都花在与风雨搏斗,保护他的帐篷不要被冬天的寒风和雾霾侵入。

他现在要好好地定居下来。他和他的部族来到浩瀚的黄河沿岸陆地,那儿的牧场连绵于天地之间,干旱从来没发生。

在这儿他可以饲养家禽,农民的天性根植于每一个中国人心中,可以无拘无束。所以宗

Photo by] A FINE ARCHWAY. [BERNARD UPWARD.
A beautiful specimen of the memorial arch, common throughout China. It is usually erected to commemorate some conspicuous example of a son for filial piety or a widow for abstaining from a second marriage. It is placed on a populous thoroughfare leading to some great city, and as near as possible to where the hero or heroine lived. The imperial permission has to be obtained for its erection.

图 18　一座壮观的门楼

一座美丽壮观的门楼,遍及中国。通常为表彰子女忠孝和妇女贞节而建。常建于通往大城市的主干道上,并且尽可能地靠近孝子节妇所在地,而且必须获得皇家钦许。

族决定不需走得太远,就在老天赐予他们的广阔平原住下。

但是必须放弃帐篷。一座房子必须取而代之。现在最大的问题是,在这些流浪的游牧民中谁有建房子的天才？然后这个人就出现了,就像在民族历史的危机关头所发生的那样,问题解决了。他思如泉涌,灵感一现,未来的家的设计他已成竹在胸。

他手边没有纸,因为还没被发明,钢笔和墨水还不为这些游牧民族所知,所以他用钩子,他在土地上画线条和方形,以及开放的院子,使中国以后的建筑者为之着迷了几个世纪。整个宗族(clan)聚在这个粗糙但令人惊奇的图画周围,他们为能想出这么美丽设计的聪明人佩服得五体投地。

他们长时间无比钦佩地盯着这些线条,好像它们出自看不见的仙女之手。他们如此沉醉于这些线条,以至于在以后的岁月里,从来没有人想到还有可能画出更令人陶醉和着迷的线条。

多少世纪过去了,人口总数增长,第一个定居者的帐篷早就消失了,大城市已经建立,华丽的房子建起来了。直到今天,最初的设计依然像曲折流经陆地的河流一样在中国人脑中奔腾不息。每一个建筑者像穴中蚂蚁,拘泥于古人的创造。因为这个原因,建筑师和石匠木匠砖瓦匠随处可找。直到革命时期,建筑专业完全不为人知。

这种深入中国人心的房子,是一种能够又容易又便宜地被复制的简单的房子。它由中间一个长方形房间(用作家庭的起居室),两边各一个房间(通常用作卧室)组成。一扇大门正对着通向院子的主入口,两边建有小厢房,经常用来作卧室或杂物间,同时一间作为厨房,全家人的饭食就在这儿烹调了。

想象一下，一座那么小的建筑只有那么点儿房间，就以为中国人的家庭也很小。但是不是，实际上，一般来说，情况恰恰相反。遍布整个帝国的宗族和家族系统，都意在自我扩张。

达到这一目标的办法是，执行一种几乎从来不被违反的严厉法规。这个法规是，家中儿子不准离开家庭另立门户。当女儿出嫁时，她们成为夫家宗族的人，但是儿子带着新娘在父亲家安家，以增加家族和宗族的势力。

我曾经与一个家有100多人口的中国人来往密切。这个人是中国的理想市民。他天性随和谦逊，但眼中和脸上透出骨子里的骄傲。他回答我的问题时，告诉我他家庭的人口数。他一路走过，人们都向他投来尊敬的目光。即使是军事家、政治家或者百万富翁，也不能像这个人一样获得如此敬重，他的家庭礼乐相和，其乐融融。

中国历史上有一个美丽的故事说，有一个著名的宗族，九代人口数慢慢增长，直到达到几千人。还没发现还有别的历史记载能够与此相比。

这个传说传遍了大地。人们不无嫉妒地说，那些数量繁多的儿子们坚定无畏，当宗族的声誉受到挑衅，或遭遇攻击，他们能肩并肩地击退敌人的武力进攻。

但是这个成功的宗族更被赋予传统色彩，大大增加了宗族的声誉。到处都在传说，人们惊奇地睁大眼睛，紧张地屏住呼吸，最完美的和谐存在于宗族中男人和女人和睦相处。

没有口角和争吵。激情和愤怒从来看不到。没有男人会恫吓别人，没有女人会对一个她的竞争者投以傲慢妒嫉的眼光。每一个人的目标好像就是别人的幸福，而抑制每一个恶念和行为。这样美妙的事情在尧和舜的繁荣时期后就从来没有听说过。当时封存于这两位中华民族伟大的创始人脑中的理想的未来，由他们付诸实现。

与这样的定居模式相关连的另一个非常引人注目的事情是，文明的教化已显现在其所属的狗身上。有一个影响很大的传说（传说在中华大地可是非常有力量的），说是狗在文明榜样的影响下，逐步改变了它们互相攻击的天性，并且为自己拥有可以飞快奔跑的后腿而感到烦恼。当它们彼此陪伴，它们把自己扭成半月的形状，并且把最礼貌的微笑挂在自己的脸上。

有人会吃惊吗？这个著名宗族人数增长到连皇帝都亲自拜访，还表达了他的惊奇，并赞赏这是他看到的人类生活的新景象。

当古代发明家设计有三个房间的房子，他没有预见到，在未到的世纪里，它将无法满足浩瀚的人口将填满这个东方帝国的平原、山谷和山边。

但是就像所有有创造力的事物，他和他的乡村助手画的简单线条包含了大房子的起源，并且扩展附属建筑，以及高贵的建筑物，在未来迅速传遍所有的地方。

家庭增长的需求，要求一座更大的房子，在后院的边缘，他们简单地再造一座，与第一座非常相像，立即居处就扩大了一倍。这一过程可以无限期地重复。中国人很具美感，因此每加一层，就比前面的增加一点高度。经过几次再建，它们就呈现出非常显赫壮观的外形。

这样安排，屋脊就显而易见，（人们）为装饰美观精致而用尽心思。外部末端弯曲的弧形像高高竖起的帽子。而在中间，仙女和花朵还有柳树与山色和谐地镶嵌成画。这样的建筑很有视角冲击力，有一种明亮轻快效果，而我们的红瓦或者灰瓦屋顶却从来没有这种感觉。

并非每一个人都能住上这样的房子。富人和穷人的计划都是一样的，但大多数人还是只能生活在糟糕的条件下。这在很大程度上是因为他们自己的过错，但是我不打算在这儿谈这个题目,因为我将在下一章详述。

(二)中国房屋的陈设

中国房屋的前门,与后门一样,从早到晚大大敞开。从早上天蒙蒙亮到一天的活干完,家里人都入睡的晚上。之所以如此是因为没有窗户透进光线,所以为了避免黑暗,两扇门必须敞开,并且白天都得开着。

这就意味着家庭生活展现在公众面前,家中悲喜剧都在过路观众面前一一上演。在街上闲逛就能知道所言不假。这儿就有一例:妻子坐在里面,前面放一个篮子,装满零零碎碎的针头线脑五花碎布,她正在给一件旧衣服打补丁。补丁的颜色与要补的衣服不太一样,但这无关大雅。重要的是遮掩(衣服的)破洞和裂缝,以便再穿一阵。两个小家伙在他们的母亲面前又蹦又跳,无忧无虑,与远离中国和异国他乡的孩子一样。这是我们乐于见到的恬静的中国家庭画面。

过了几个门,看见一个小姑娘正用丝线给她的裹脚鞋子绣花。鞋长不过3英寸多一点,但她能尽量做得更精致一些。她用尖尖的手指从她面前的纸张中挑选,用绿色、粉红和深红的线飞针走线,她缝补着面前的衣服,自然中的花朵就是现成的花样。她绣了一个漂亮的图案,黑亮的头发别上一朵茉莉花枝,想着一个青年后生出现在她眼前,她不禁眼波飞舞流盼生光。

再过去一户,是另一番图景,没那么令人愉快但充满戏剧性。我们看见一个三十来岁的女人,面红耳赤两眼发光,扯着嗓门拼命喊叫,对一个站着的垂头丧气的男人张牙舞爪。

这是招惹她生气的丈夫,她用尽肺活量来发泄愤怒。中国的妇女很相信大声喊叫的威力,像我们英国海军12.4英寸的枪。比起女人做出的任何凶恶表情,男人更怕这个。他要邻居相信他是一家之主,但是这一喊叫无疑是向家庭周围宣布了他的软弱和无能。他们让他丢脸,同时他的妻子的权威在大声尖叫中得以确立。

我们随便进入的一家房屋,第一眼看到的是一条狭长桌子,在一些琐碎的东西中间,是这户人家的神。它总是占据特殊的位置,而且别的任何东西都不能占有那个位置。它与人类有着相同的喜好。所以中国人相信,它喜欢看面前的风景,看着人群来来往往,在街上走来走去戴着面具的男男女女。如果不这样做,它就会孤独,失去灵魂,把它的不悦带给家庭。所以这个令人愉快和尊敬地方总分配给它。

房间两边放了高背木椅,厚重而肃静。两个椅子之间有一个小桌供客人来访时放茶杯。

这些椅子座位是如此坚硬,所以别想在上面坐得舒服。在中国,椅子的瘦骨嶙峋,看起来是专门为吓走客人而发明的。一个人坐上去,会发现是个错误。比如,一个筋疲力尽的人,把自己抛进一张椅子,几分钟过去,你就会发现他心神不安,然后脸上阴云密布。他在房间四处张望好像在寻找什么,最后突然跳起来让自己站立放松。

我不认为发明这种椅子的人是为了让人坐在上面。它们更多是为了阻止人们养成久坐的奢侈习惯,以及保证那些让斯巴达人衰落的习惯不再重演。我非常确信这样像母鸡一样两腿悬着,精巧却不招人喜欢的习惯,始于对这些可怕椅子的抗议。

这房间里发现的另一件家具是一张方形的杉木桌,桌面可以活动,桌腿可以像木匠的尺子一样折叠起来。吃完饭可以将桌子推在角落或移到院子。还有一些矮竹凳,小孩子可以坐在上面,女人缝缝补补的时候也这样。

这间公共房间另一件重要的东西是墙上的画，通常都是纸画，虽然富有人家，丝绸也常用来作绘画材料。

这些画通常2英尺宽、6英尺长，每一幅都在底部配有一个压重的卷轴。还有一道独特的工艺，有时会用两条交叉的线压住画面，以防被突如其来穿堂而过的风撕破。这些轴和线只有中国最高艺术品位的人才能设计得出。

这些画卷描绘的主题完全是东方的，表现中国人脑中古朴的思想和想法。仙女，或者山中道士，如本地话所言，是画中喜欢的人物。他可能是一个有灰白长胡须令人尊敬的老人，顺山而下，对山脚下所遇信男信女乐善好施。

仙女在中国绝不是一个妇女，也不是年轻而脚步轻快，像我们想象的那样，在月光下，在林中空地，或在巨大的榕树伸展的树枝下跳舞。

另一种经常在画中发现的景物是乡村景色。小山旁边，溪流淙淙。一座有小木桥的尖拱显而易见，这儿那儿有男人成堆地在路边休息，为画面增添所缺少的生机。

因为中国画家从来没有学习过画画，这些人看起来奇形怪状，好像他们不知道该拿他们的胳膊腿怎么办。如果他们画坐像可能会好点，因为他们的肢体倾向于一种非常艺术的方式，但我认为高明的艺术不应该如此。

一些画趣味盎然，一只牡鹿从近旁的小山晃悠而出，一幅迷惘的样子。一个人的出现把它吓了一大跳，它的眼睛满是惊恐，一会儿它像风一样逃入画中远处的深谷边岩石的安全地方。

过了这间用于家庭日常生活的房间，另外两间是卧室，他们的家具陈设几乎完全相同，描述一间就足够了。

房间光线阴暗，主要是因为没有充足的光线进来，没有玻璃窗可以让阳光照进来。

所有这建筑允许前后墙各有两个口子，大概2.5英寸宽、1英尺高。它们看起来实在像狐狸在它的地下宫殿留出的透气孔。

在晴朗无云的日子，太阳的金色光线透过这些口子直射进阴暗的屋子，驱散屋内东西的阴影。另一些时候，太阳躲进云层，雾气笼罩大地，或者大雨如注，到处一片昏暗，房间里乌云压顶没了笑声和阳光般的笑脸。

没有人尝试将家具摆得更艺术点儿以使人更愉快，比如在这儿那儿摆一只插满美丽芳香的鲜花的花瓶。按惯例这儿唯一被允许看的东西是，一张桌子，一张床，一两把高背椅，一把高高的竹凳，供家族中任何能写会算的读书人使用。

房间里的杰作是床架子。看起来"架子"很大，占了房间的四分之三空间。它又大又威风，就像多少世纪传承下来的东西，至少在设计上。过去的味道犹存。几乎可以感觉到多少代的呼吸生生不息，就像已逝祖先的魂魄流连不去。

床杆很高，支撑着一个网状木框，用来挂蚊帐，长长的帷帘垂在四周，每天晚上，灯一熄，与无数唱着歌飞舞着的蚊子开战。

千万不要跟一个西方人说这种巨大的讨厌的家具很舒服，也不要强求他在上面睡上一觉。实际上，他早就被吓跑了。床板是由粗木板做的，随便地不规则拼在一起，上面铺一块草席，这就是睡觉的人与木板之间的唯一间隔物。

没有什么床上用品，也没有任何类型的柔软的床垫铺在这些坚硬的木板上。冬天用的不同重量厚薄的棉被是有的，但没有奢侈品。因为至少在20个世纪里，男人和女人已经知道了没有比不平坦的木板草席上,更能让人呼呼大睡理想的东西了。

　　床上有一件有意思的东西是枕头。通常用的是由 3 英寸高的竹子做成,雅致地缠绕顶部,脖子就搁在中间空部。没有中国人会蠢到认为枕头是头部用来休息的。这是西方人易犯的错,但东方人要清楚得多。

　　对于非常贫穷的人家来说,钱是要命的东西。没有什么东西比用竹制品更便宜。夏天夜里走很长的路,空气热得像经过燃烧的火山,我曾经看到一个人躺在路边,枕着一块砖,后颈在上面像魔术师一样保持平衡,呼呼大睡。他们看起来很开心,平静得就像他们在梦中看到了电影画面。

　　一般来说,中国人没有时间来装饰和美化他们的卧室。没有玻璃以及狭窄的小口,使得光线不得不折道而返。

　　结果是,那里成了家里最没有吸引力的地方。即使在阳光灿烂的日子,角落里也是阴暗的。是因为头顶上的椽,挡了从外面照进来的微弱光线的道。

　　伟大祖先传下的四根柱子床的底下和后面,扫帚完全无用武之地,灰尘越积越厚。敞开的屋顶也是,从上面看下来宁静充实,而巨大的肥蜘蛛,它是光的敌人,从来没有沉迷于金色之梦,在角落里编织着蛛网,投下长长的致命的线去捕捉无路可逃的蚊子,伴随着它们部落的音乐,它们开始了夜间运动。卧室的各个地方都差不多。一个人有时不得不投住的旅馆和客房,通常都一样肮脏。

　　有一次,一天辛苦的旅行后,我到了一个著名的旅馆,它有个响亮的名字叫"五龙"。

　　对此类(旅馆)我已积累了一些经验,我打算找这类与我以前待过的品质不相上下的旅馆。当我的房间呈现在我面前,我紧张地四周看了一下,多么糟糕的一个洞穴,我将不得不待上一个晚上,我不禁打了个颤抖。

　　地板是泥土地,看起来从来没扫过。墙壁看得吓人,因为一大堆泥坷而被弄得漆黑。那是怎么弄的对我来说还是个谜。房间空气污浊,因为墙上甚至连普通的小口都没有的事实而加剧。要透气就只能靠把门打开。门关上的时候,人就被关在黑暗之中了,四面墙被污坷所染,比英国任何黏滑的房间还可怕。

　　我把店主叫过来,问他可否给我调一个较好点儿的房间?他吓了一跳,满眼不解地瞪着我说:"比这更好的房间?"他问道,激动得嗓子都尖了,"不,我不能,"他说,声音里满是生气。"这是我最好的一间,特地为最重要的客人留的。喏,就在一个星期前,我们省的大员就在这间屋子睡觉,他可没抱怨呢。"他增加了相当的热情。

　　我知道更多的抱怨只能让事情更糟糕,于是换了个愉快的话题。我笑笑,直视他的眼睛,我说:"麻烦你指给我看一下那个大官的床的位置,我也把我的床放在同样的地方,因为我想知道他不得不待在这间豪华房间的时候,他是怎样度过的。"

　　这使他安静下来。眼中的好斗之光熄灭下来,然后他满脸愉快心胸开阔地离开了我。当然他一开始对我的坏印象也消失无踪了。

　　第二天早上我很小心,不管怎样,天一亮,我就尽早继续我的旅程,从那间我被迫待了一晚上可怕的房间逃出来。应该说,我得到相当的安慰,他递过来的小额账单,我发现我住的那间房,加上一壶免费供应的泡茶的开水,我只被收了一小笔铜钱,相当于一个英国便士。

四、中国家庭画卷

图19 朝气蓬勃

朝气蓬勃的童年充满快乐。与英国一样,中国孩子倍受宠爱。他们在屋子里又哭又叫,又笑又闹。每个母亲都希望她的孩子胖一点。

在第一章我试图描绘一下大多数中国人居住的房子。我试着描述一个家庭,当你在这个人口稠密的中华帝国(Flowery Kingdom)旅行,在任何一个地方都能见到的,无论是闹市还是乡村还是茅草屋,一个家庭是由一个丈夫和他的妻子、他的母亲,和一个儿子还有女儿组成的。

为了使画面更真实生动,我必须描述他们每一个人,因为他们将在这本书的别的地方再次出现,而我想要读者认识他们每一个人。

房子的主人姓王,意思是"王子",一个看起来很愉悦的中国男人,你喜欢他获得你的信任的某种东西。他脾气火爆,有时他会有点失控,但火气来得快去得也快,一会儿微笑就伺机而出,脸上云开雾散阳光灿烂。

他34岁,有一点点驼背,这是由他的营生所致。他是一个珠宝商,而且精于此道。他弯着腰坐着,眼睛专注地看着银手镯,他灵巧的手指按旧时的样子打造首饰,所以妇女们喜欢这些精巧的首饰。

他是一个著名的手艺人,他的商店因清脆的玉和银耳环,最新式样的金发夹,镶嵌着考究的闪着蓝色光的翠鸟羽毛而著称。他是这一行的能工巧匠,无论是金的或银的,还是他面带笑容的好脾气,都将远近客人吸引到他店里。

他的妻子比他小两三岁,她如此相貌平平,你会觉得奇怪为什么他会同意跟她结婚。她的眼睛是扁桃形的,她的颧骨高高凸起,鼻子扁平不好看。

夫妻俩恩恩爱爱一心一意过日子。但在她坐上深红的新娘椅，在像从苏格兰峡谷传出的音乐声中，被抬到他的家以前，他们从来没有见过面。

A CHINESE LADY AT HOME.

图20　居家的中国女人

你看着这两个人就像遇到别的人，你别想做梦他们之间有最有限的思想沟通。没有互相交换的眼神，也没有一句话。你非常仔细观察他们，看他们是否会背叛自己，在惊鸿一瞥灵光一现之间，或者男人无师自通的此类"小诡计"，泄露自己内心的秘密。

女人的心会为她好性情、好相貌的丈夫而迸发爱情，但她一点都不敢显示出来。她的脸冷若冰霜，冰冷的表情掩藏着内心的火热。在这里，爱并不缺失。这是东方已经持续了无数年代的冷酷专横，要求相爱的男女必须漫不经心又故做高傲地藏起爱意。

儿子是十来岁的少年，他是母亲生活中的欢乐和骄傲，父亲对他充满深沉的爱，慈爱地看着他，每次目光投注在他身上，心中的骄傲就不由自主地膨胀。

儿子的到来比任何神通广大的男巫都更有魔力。男巫声称可以控制看不见的世界的魂灵。他的父亲现在可以面对世界，不再为曾经裹在身上的深红色斗蓬羞红了脸。儿子的到来，一个家族的体面被拯救了。这块土地上根植于父母心中的信念，父母俩都指望来年，围绕儿子的想象力与日俱增。他们想要的是这样：他长大成人后成为一个了不起的读书人，他在科举考试中成绩优异，被委以重任。父随子贵，儿子的尊崇也会让他们沾光。财富滚滚而至，父亲不用再做首饰，但却拥有帝国的特权。

但这未来的诱人画卷,儿子在父亲的脑中升起充满魔力完美的图景,不只是他坐在他店里仅有所见,他还能看到一个高手精工细作的戒子、手镯和金银首饰,怎样使一个女人魅力十足。

这个心肝宝贝关系到父母双方,从他们给他们的小小儿子取的名字就可以看出。他被叫做女孩。至于原因任何一个中国人都不言自明。民间相信,空气中充满鬼怪,它们会疯狂地与人类作对,尤其是男人和男孩。另一方面,他们对女孩很歧视,因为她们不值一提而放过她们。

侏儒、小鬼和小妖精,不管他们有多少不同的叫法,他们的脾气和心肠都一样坏。他们会想出很多极其简单的办法,但很容易被一些花招给骗了。

他们似乎只有在空中直线飞翔的时候才有力量。到了他们必须转个弯的时候,他们就晕头转向,他们的深谋远虑失败了。这样的认识使中国人从来不敢在乡村有一条直直的道路。曲里拐弯的道路要花好多时间。

当一个鬼怪,死活要纠缠一个人,像风一样飞,突然在路上遇到一个急转弯,它依然故我一往直前,变得茫然而迷了路,永远够不到它想伤害的人。所以,当任何这些可恶的东西听到叫女孩名字的少年,他们不会去看他的脸和他们头发的样子。他们想当然地认为他是一个女孩,从来没想到伤害他,所以就算还有别的麻烦企图伤害他,他至少可以确保不被无形中的力量所伤,以免一死。

女儿只有7岁,她的名字,叫阿柳,恰如其人。她更像她爸爸,而不太像她妈妈。她比同龄人高,像她名字一样苗条和斯文。

她的眼睛黑亮黑亮,就像看不见的泉水咕咕而出,溢出欢快的笑容。她的头发乌亮,编着麻花辫直垂腰际,辫尾(扎着)深红色丝线,因为深红色是幸运色,会带来幸福。

她是家中的阳光,因为她明亮的眼睛和不变的笑容,可以驱散任何企图溜进来的阴影。她曾梦想她出生的那一天就让家里充满欢乐,就像她现在每天做的一样吗?

这个家庭剩下的唯一要介绍的成员是祖母。我把她留在最后,是因为她是家里最重要的和最有权力的人。在中国几乎所有的家庭里,儿媳妇最怕的人就是婆婆。

在英国,一个男人到了结婚的年龄,他会考虑建立一个自己的家。他得租个房子与妻子结婚,共同建立一个家庭。年轻夫妇很少愿意和父母住在一起。

这样的事情在中国绝对听不到。儿子们总是带他们的妻子回家,他们共同生活,在家中长辈的控制下,只要活着,长辈的意志就是法律。儿子们从来等不到自己做主的那一天。

他们也许也有长大成人的儿子和女儿,但是他们会像他们父辈一样听从长辈的意志。

当家里发生纠纷,几乎总是因他年老的母亲和儿媳之间的鸡毛蒜皮的琐事。女孩可能兴致勃勃,她想她应该有好多她自己的治家办法。婆婆立即让她觉得她错了。一般的风俗给了她这样做的权力,如果新娘平静地顺从是明智的。

她的丈夫,不管多喜欢她,但一句都不敢吭,甚至眼睛都不敢眨。因为这样做就会让他背上不孝之名,到死都是在中国人眼里罪大恶极的人。

一个偶然的机会,我知道一个年轻的妻子被她变态的婆婆威胁。这个婆婆是一个专横跋扈的人,打定主意要显示她才是一家之主。年轻的妻子从来就无缘无故挨骂。

我建议儿子应该搬到一所他自己的房子。听到我的建议的人,脸上露出惊愕的表情,我严肃地告诉他这样的事情完全不是问题。

这种压迫在中国绝非少数。但是在我描述的家庭里还没有发现这类事情。这家的妈妈是一个年长的女人,头发已花白,脸上皱纹纵横,平和安详。她从来不是一个激情的女人,岁月只增加柔和的气质,这使她能够更温和地对待那个年轻的儿媳妇。

现在轮到她有一个恭敬顺从的儿媳妇了,她还有儿子,他是家里的光明,还有女儿,虽然她只是一个女孩,但以她纯真开朗的性情赢得了每一颗心。在中国这个古老的国家,当人们在灰色天空下,在暴风雨呼啸而过,在冰霜雪雨覆盖大地而寒冷交加,微笑、善语和好脾气是有效地增加人们幸福的力量。

五、中国人的日常宗教

图21　祖宗崇拜家庭
父亲与母亲数着佛珠。大点的孩子敲着木鱼和磬,小点的孩子合十祈祷。

中国人是一个有着高度信仰的人群,一个人若是走进他们的内在生活,就会认识到,圣保罗关于雅典人(Athenians)"他们在每一个方面都有显著的信仰"的描述,非常适用于我们对中国人的认识。

在英国,我们偶尔会遇到宣称自己不信上帝、不信天堂和地狱的人。他们称自己是无神论者(Atheists)或者是不可知论者(Agnostics)。现在像那样的人,我在中国居住期间从来没遇到过。

有一天我在路上与一个伙伴打招呼,附近是一个极小的神龛,里面坐着一个木头人,是这个地方的主管神(土地公)。围绕它混乱地堆着大量漂亮的祖先的牌位,属于另一个世界的男人的灵魂,这里他们的亲戚都已死去,所以不能再满足他们死去的朋友的需求。

一些好心肠的人建了这个小庙,把一些丢在一边的牌位收集在一起,为的是逢年过节祭拜周围的死者。不一定与他们有亲属关系的人,可能带着祭品喂饿死鬼,以使他们来年衣食无忧。

人群中的一个人,大着胆子友好地对我说:"我不同意你刚才说的,因为我相信人死灯灭。"我不想跟他争论,但是指着神龛,我说:"如果人死灯灭,那么那是什么意思?为什么要把它(神龛)修在路边方便人们祭拜的地方?"我继续说道,"人死并不意味着什么都完了,没有中国人会相信是这样。"我面前的人点头赞成,即使是那个反对我的人也只是盯着我,一句话也没有。

没有人会试图否认有一种超自然力量,就是上帝。人类由此创造。生死悲喜皆由它安排。由它判决朝代的统治者,同样由它不可思议的力量,决定一个朝代的衰落和消亡。人类也许可以按其所好来谋划和打算,但最后他们的计划成败只有上帝才能决定。

上帝公平正义,多少财富都无法贿赂它,没有征服者可以扭曲它的意志。没有人会梦想否认这种超自然的力量。而且,它从来不会使自己的喜好情感意志投降于任何一个帝国的男人和女人。

它从不可怜人的痛苦、饥饿或贫穷。它不会为人类的悲伤而流泪。它也从来不会将自身陷于人类的日常生活。这样的力量,从未得到过真爱,也从未造就过英雄,所以也不可能指望有人为之牺牲。一定应该有给大多数人的力量,人应该对此崇拜,而天堂只为完全为其牺牲的灵魂而打开。

现在不需要再试图解释何以如此,一个确信无疑的事实是,无数年来,中国一代一代广泛流传的宗教,就是偶像崇拜。无论是贫穷人家还是富裕人家,有文化的还是没文化的,都大行其道。伺奉他们是唯一的办法,已成为人们的宗教本能,不管男人还是女人。

神的数量相当的多,但是最受欢迎的,经常在人们家里发现的,却很少。在王家,我已描述过的,有三个(偶像),但是因为他们各有所指,我打算详加报告。

第一个是灶神。这个偶像非常实用,对家中成员所作所为明察秋毫。他不会让人觉察到这点,因为他看起来像猫头鹰一样严肃,而且对任何动静都毫无反应。确实听说,有人如果说了或做了什么好笑滑稽的事,就会发觉它眼中闪着幽默的光,或悄悄地笑。如果有人做了有违规矩的事,或者什么有污耳朵的谬论,它脸上就会皱着眉,好长时间阴沉着脸。

如果他要睡觉,必须是在晚上的黑暗之中,或者当厨房不用了,火被允许熄灭之后。但是他始终要警惕着,因为年终他得上报天庭,向玉皇大帝(在帝国崇拜的无数的神中最至高无上的神)汇报,这个家庭在过去一年中的所作所为。

另一个偶像是土地公,他是非常重要的一个神。住在它地面上的人都归它管。无论什么影响了它,都假定属于他的领土范围。山脚下或肥沃的山谷,或者河流岸边的庄稼和生长,都归功于他。

躺在地球表面底下,藏在肉眼看不到深处的矿产也是,都是它关照下的财宝的一部分。

巨龙从来不睡觉,睁着一只眼睛注视它的仆人,为他们保守秘密。无数的神灵也是,它们在地下走廊和大街移动,在奇妙的洞中度过时光,都是这看不见的主人的一部分,为它提供服务听从它的命令。

他的统治无所不在,但经常也很悲惨。当霍乱发生,热死病、静足病(silent-footed)等瘟

Some of the idols that are worshipped by the Chinese. The more famous ones, whose temples may be found throughout the length and breadth of the land, cannot be found amongst them. There are countless numbers of idols that even the Chinese have never heard about, but in old-fashioned homes their images may be found.

图 22 中国人的偶像崇拜

中国人崇拜的部分偶像。较有名的偶像,其庙宇遍布南北,却不能在它们中间找到。有无数的偶像甚至中国人自己也没听说过,但在旧式家庭中还可以发现它们的样子。

疫肆掠家乡,袭卷地上精华所在,这可从来不能归罪于糟糕的排水沟和没打扫的街道,还有恶臭的气味。

啊!不,这些流行病都是挤满洞穴的魔鬼们干的,那些洞穴得自幽灵之手。时间一到,就把疾病和死亡带给居于其上的家庭。

实际上,它们都归土地公统治。当灾难深重,人们变得无法承受时,街上哭声震天,人们为痛失亲爱的人而肝肠寸断,人们就地排着长长的队列祈求上天可怜他们。男巫像野蛮人一样裸体而出,用刀在背上猛砍,用小刀刺破脸颊,直到阴森恐怖血迹斑斑。

但是土地公端坐在它的神龛中,脸上无动于衷,好像它的思绪远在千里之外的梦中。突然,好像从梦中惊醒,它好像看到了在它面前喧闹的人群,男巫身上一道红光,只有魔鬼才能看到的挥舞的手,这些邪魔歪道尖叫着飞向地下的洞穴,流行病随之消失。

那儿是一个显而易见的地方,你肯定能发现这个著名的神出现的标记。你漫步于山边,那儿埋葬了成千上万的尸体,这儿那儿,你看到一座比其余都大的坟墓。这是属于有善行的人家,墓碑宏大精细,但醒目的是,一块高 1 英尺半、宽 1 英尺的石头,上面雕刻"土地"两个字,直立于坟墓边上。

这是土地公的标记。他是地上的神灵,亡者的朋友把他们托付给他照管,他有意识地徘徊在那些躺在坟墓中的人中间,随时准备赶走那些打扰沉睡于地下的亡灵的乞丐无赖流浪汉。

这家里的第三位神是三个神中最重要的。实际上,她在整个帝国是最受尊崇和最有名望的神。她的名字叫玉观音。很少有地方没有她的身影。

她慈眉善目,乐善好施,非常迷人。看着她平和慈祥的面孔,你感到她的心中充满慈悲,怜悯众生。每一个满怀悲伤和痛苦的人向她求助,都能得到她广大无边的帮助。

她的故事很浪漫动人。许多世纪以前,她出生于印度,是当地君主的女儿。她还是一个小女孩的时候,她非常快乐,常跑出她居住的宫殿,与住在贫民区的女孩和妇女们欢声笑语。她没有骄傲,却有强烈的同情心,为她赢得了所有与她接近的人的爱戴。她一年年长大,她的心深深为她所看见的,为贫穷所困遭遇不幸的人们所打动。减轻他们生活痛苦的强烈愿望渐渐在心中生长。有一天,她下决心要为这些印度妇女服务献出自己的生命。订婚的时候到了,她乞求父亲允许她保持自由。她宣布,她从来不希望结婚。她发誓要为减轻领地上妇女们的重担和悲伤用尽一生。

得到了父王的赞同后,她用心考虑提高妇女生活状态的计划。此后她用尽余生造福于人。她死后,众望所归希望尊她为女神。就此,纪念她的寺庙建起来,她的形象出现在每一个神龛中,敬拜的群众,为她英雄光荣的一生而感动,来朝拜她,祈求她继续这高尚的服务,与她活着的时候一样。

The Goddess of Mercy (Kwan-yin) is the most popular idol throughout the whole of China. She shows her Indian origin by being seated on a lotus flower.

图23 观音菩萨

观音菩萨是中国最受欢迎的偶像。她端坐于莲花座上,表明她来自于印度。

佛教从印度传入中国是公元一世纪,她的形象以中国人的样子出现。应中国皇帝邀请来访的高僧讲述了她生平的浪漫故事,还把他们信奉的宗教传给这个国家的人民。

一个不得不讲的如此动人的观音的故事,以前在中国从来没有听说过。听讲的男男女女浮想联翩,妇女们觉得应该是个仙女,因为她们从来没有在现实生活中看见这些印度僧人讲述的这个女神的神迹。她们,当然,必须崇拜她,而且在寺庙里表现对她的尊敬。她的形象到处可见,路边的神龛,各阶层人的家里。尽管事实上她是一个女人,而且属于异族,她的脸被印度的太阳晒得黝黑,多少年后她仍成为中国最受欢迎最受尊敬的女神。

普遍的印象是,东方女人居于次要地位。但想到观音在中国人生活中的巨大的影响,我们非常震惊。她是一个从来不会说中华帝国(Flowery Kingdom)语言的女人,但贫富贵贱都出现在她的神龛前,用他们的母语(印度人从来没有学过的),滔滔不绝地将他们的祈求说给她听。但她是女神,她知道人类的心灵,了解(人类的)苦难,所以能读懂每一个告诉她的故事,她的崇拜者这样说。

并不是只有女人在她的神龛前磕头鞠躬。男人们跟她们一样虔诚。大学者在她面前屈身以拜,百万富翁带着随员静静地站立在她面前,他们祈求女神能解救他们的危机。还有农夫、工匠和生意人，他的商号开始摇摇欲坠，另一些人的妻子或者心爱的儿子也许正与恶疾斗争。那个时候所有男人的灾难和困惑都在她的神龛前急急道来，用令人同情的语调乞求她的关注。

现在回过头来，每一个家庭还有自己的家祠偶像，人们一秒钟也不会相信它们可以提高品德来影响家里的任何人。比如，一个男人，坏脾气，动不动就暴怒，满口粗话，让人胆战心惊。神们坐在它们的神龛里，目光平静，面容慈和。他从来不会因为他们（神灵）的存在而控制一下自己。他们不会比家里的家具对他影响更多。

两个男人早上一小会儿时光坐在一起，交头接耳，唯恐隔墙有耳。

他们在供有女神的桌前闭口，她似乎仔细听他们说的每一个词。他们打算第二天半夜偷袭一个富人的房子。他们怎么进入那座建筑？被人发现了怎么应付？遇到试图反抗他们的人怎么抓住杀害他们？整个计划的一切细节在女神面前一一道来。他们甚至提到了今晚加入他们的同伙的名字，一群嗜杀的恶棍，靠杀人抢劫为生。万一他们带不走"战利品"。他们最终决定富人家的每一个人，男人女人和小孩，必须被无情地杀死，

女神保持始终如一的慈眉善目，没有一丝不悦的阴影掠过脸上，也没有因为听到在她耳目下密谋的这场残酷的悲剧的罪恶细节而颤抖。

实际上，中国人觉得那些偶像与他们崇拜的品德毫无关系。他们不过简单地把这看成陌生而神秘的力量，成全或毁坏一个人的命运。

一件确定的事情是，他们必须保持很好的幽默感，通过贿赂赠送和慷慨盛宴。经常送给神们的礼物有一炷香、一串纸钱，在他们面前燃烧，一番烟熏火燎之后，就变成了偶像们的金银财宝。偶像崇拜的整个过程是一个肮脏的交易，与之相关连的所有男女都要毫无尊严。

特别值得一提的是，中国人在多少漫长的世纪后认识到这种有辱人格的体制实际上就是他们自己。上帝，就我们所知，在普通人的生活中，甚至这个民族的那些学者和思想家那儿完全消失。未来，除了模糊不清的朦胧之路，从来就没有讨论。它不像基督教那样有魅力。朋友们在坟墓两边彼此隔离，也从来不想再次相遇。什么才能阻止社会被邪恶统治彻底沉沦？有而且只有一个神圣的，就是良心。这种美丽的力量代替了上帝，他的脸孔消失在黑暗的迷雾中。

这个伟大的帝国具有最强大的道德力量。它的最高权威无人可以争辩。比如，一个男人犯了大错，对任何指责他的争论都无动于衷。他用花言巧语保护自己。但是，假如让神的话语（flying word）触及他内在饥渴的灵魂，他立刻开始支吾其词，从他发抖的嘴唇中承认他被魔鬼所控制。

但是新的时代降临中国，一个新的声音伴随着灌注于人类耳朵的最甜美的音乐在这个大地上奏响神圣的旋律。中国人以奇妙的方式得到人子耶稣的注意，开始回应他的感召。许多年仍然会流逝，在那些人口众多的大城市，连同共和国偏僻的部分，已被革命精神鼓舞，但是结果是必然的。现在是西方集中力量，派遣出男人和女人去向清醒了的中国人传播上帝和救世主耶稣的福音。

六、寺庙祭拜

One of the most famous temples in the South of China. It is under imperial control, as is seen by the tiles on the roof, which are those that may be used only on the palace. It contains a large number of idols. For many years there lay in a conspicuous place a large cannon shot that one of the English men-of-war fired in 1841, when the town of Amoy was captured. It just missed the head of one of the principal idols by a mere shave, and it was exhibited to show the idol's marvellous power in being able to divert the shot. The land in front is filled with graves of Chinese soldiers who were killed in battle in Formosa.

图 24　南普陀寺

华南最著名的寺庙，受皇权的统制。其屋瓦仅可用于皇宫，有数不清的偶像。许多年来那儿躺着一门十分显眼的巨大的炮，1841 年厦门被占领时，一个参战的英国人开过火。仅仅因为稍稍一偏，一个主神的头被保住。它被用来证明神具有刀枪不入的力量。

除了家中的偶像崇拜，还有大量的公共寺庙，在遍布全国的城市和乡村随处可见。每一个寺庙都有自己供奉的神，各有其名。但是以中国开明的神学观点，相当数量杰出的人在神龛中也占有一席之地，在那儿那些希望有所作为的人可以近水楼台先得月。

偶像们全靠民众的供奉。有的门前冷落，有的门庭若市。比如，一个偶像因为有求必应而名声大噪。此类事例一多就足以声名鹊起。人们口口相传某个神的奇迹，听者眼里闪着激动的光。他们乐于为之吸引，没多久就会对家中的或者最近寺庙偶像大失所望。

有一次我站在两万男女的人群中间，这些人出发到 60 里远的寺庙，去向神表达各种各样的请求。大量无法证实的证据使他变得很出名。人们不怕路途遥远，忍受无法言说的艰苦，有些甚至过度疲劳死于途中。从困厄中解脱，在好处中求福，是他们疯狂的愿望。

我曾与一个十分清醒的年轻农夫交谈。他一脸愉快，一听到什么幽默的话，黑色的眼睛就闪闪发光。

过一会儿，我问他崇拜什么偶像。他犹豫了一会儿说："我家里（的偶像）比任何一个邻居家都多，不少于 40 个。""但是为什么这么多？"我问他。"人们一般满足于两三个，我想象你应该发现要满足这么多(偶像)的要求肯定少不了破费。你得给他们每个人做生日,还不算对你的还有别的要求。如果你要取悦于他们每一个人,这40个(偶像)一定是你的一大笔税负。"

无疑是被这点幽默打动,他顽皮的笑照亮了他平原一样的脸上的沟壑。"我有这么多(偶像)的原因是,"他说,"我认真计算的结果。"

"那些偶像一高兴能带来巨大的好处是每一个人都相信的事。"他继续说道,"如果人们怀疑他们,他们就不灵了。信则灵。被许多证据证实,无人可以怀疑,他们就存在。"

"我也是坚定地信仰偶像,我爸也是,我妈也是。有一天想想这个问题,我得出结论只敬两三个(偶像)是一个大失误。"

"有相当大的数量,"他说,"对我忽略他们感到愤怒。他们会嫉妒我崇拜的那些(偶像),他们会很不高兴,会成为我的敌人,尽他们的可能伤害我,我必须把他们都拉我一边,不然我永远不知道下一分钟会发生什么。现在我在我家开始时的3个上加37个,让他们排排坐在我家的神龛中。"

"他们爱你吗?"我问他。他脸上马上一片茫然,眼睛惊愕地睁得老大。

"你是什么意思?"他问。"我以前从来没有听过有人问这样古怪的问题。他们当然不爱我们,只有一个外国人才会想出这个问题。"

"好吧,我可以问你爱他们吗?"这个问题导致了很有趣的效果。他咧着嘴笑,早已驱散了脸上严肃的表情,然后爆发出一阵大笑。一种滑稽感打倒了这个乡下男人,因为我问他的问题是中国人从未想过的。

"没人想过去爱偶像,"他说,"他们也从未赢得为他们服务的任何一个人的心,因为他们对控制他们的人不会有爱。对他们只有模糊的恐惧,唯恐会激起他们的愤怒,他们的脸和眼与那些崇拜他们的男人和女人一样,没有人类的同情,没有热情让他们彼此相连。"

"但这种偶像崇拜是人们唯一知道的事情,"他继续说,"他们什么都无能为力。死亡与疾病向他们袭来,他们可以逃避吗? 比如,一个儿子,宝贵得胜于他父亲自己的生命,发着高烧,满口胡言乱语,他没药可治。医生摇着头说他要死了。但是父亲决不想他死,他决不能死。如果这样他的心会碎,他的家庭会崩溃。"

"在这绝望时刻他还能向谁求救呢? 除了偶像别无他人。它不说话,它真实存在,当他站在它的面前,沉下心来喃喃低语,他就得到了些许安慰。脸上没有同情,眼中也没有泪水滑落,但是他相信在它的控制之下的另一个世界的力量,如果通过足够的贿赂能够打动它,可以重新点燃他儿子的生命之火。"

"所以他站在它面前,"他解释道,点一束香,"烧一堆金银纸钱,可以增加神的财富,然后麻木地睁着眼睛看偶像将会有何作为。"

"如果儿子的烧退了,他就更相信了。如果儿子死了,他也不置一词,因为没有人敢这样做,只是低声绝望地咕哝,宣布他儿子从他的视线中永远消失了,因为这是天意。"

考虑到家庭的神不足以满足社区每个人的愿望,所以在每一个城市,实际上每一个村庄,都建有寺庙,供上特别的神,敞开大门准备聆听每一个有求于它的人。

这些寺庙各有不同,但是求拜的方式同出一辙。我将描述的其中一个,非常有趣也非常著名,因为遍布中国的每一个城市都有一个类似的寺庙。

庙中的神据说是中国人普陀的代理人,阴间最高的统治者,对赌徒、盗贼和镇上的坏蛋

Two women about to enter a small temple to ask the god some important question that they wish answered. The first woman holds in her left hand a bundle of incense sticks which she will burn before the idol. In her right hand she holds a number of strings of silver ingots These she will burn before his niche, and in some mysterious way after their passage through the flames, they will be turned into real silver and find their way into his treasury.

图 25

  两个打算走进一个小庙求卦的妇女。第一个妇女左手握着一把准备在偶像前点燃的香,右手拎着一串银钱。这些东西都要在菩萨前烧掉,还有一些经过火焰的神秘形式。(这些纸钱)会变成真金白银,找到发财之路。

具有强大的威慑力。然而,他的权威不仅仅由他们界定,而是延伸到影响镇中所有的市民的福祉所在,人们相信他能完全掌控。

  他是怎样在精神世界里获得这么高的地位是一个有趣的故事。再看看中国的神与印度有什么不同。整个中国没有发现一个像印度那样臭名昭著的(神)。中国人拒绝崇拜声名狼藉的男人和女人,像一些据说劣迹斑斑印度女神那样。

  有一天晚上一个渔夫在中国的一条大河上做晚饭,突然看见一个衣履整齐学者模样的人坐在他的船尾。

  他被眼前所见吓了一跳,胆战心惊地问,他是谁?怎么会在这儿?这人文雅微笑地说:"哦,你不知道我吗?近三年里我是你的一个近邻呀,我经常看你打鱼,我还看到你的网沉入水流中,抓到的鱼在网中游来游去。"

"我是一个被沉入这里的人的灵魂,"与此同时,他挥着手指着远处一个点说,"我在水中待的所有时间都非常不开心。我是那么孤独,那么可怜,眼巴巴地等着有机会投胎,但自从我死了后,没有一个人沉水,也没有幸运去抓一个人到河里,来取代我,让我自由。"

中国人普遍相信当一个人沉水了,他的灵魂必定仍在水中,直到可以抓到那个在河边走的倒霉的男人和女人,把他们拖进水中,让他们溺水而亡,他就可以被释放,别人的灵魂就会取代他。

"我没有像今天这样有这么好的精神,"他继续说道:"自从出事后我丢了性命,我高兴地告诉你,这是我浸在水中的最后一天,明天有一个妇女会来,我可以把她拖进水中,然后我就可以从我忍受了这么长时间的冰冷的水中逃走了。"

迫不及待想知道第二天会发生什么,那个渔夫坐着等那个将把自由交给水中灵魂的妇女。大概在下午,一个妇女突然出现在路上,哭着疯狂地奔向河边。她披头散发,衣衫不整,她一路哭着喊着就像她遭遇了灭顶之灾。渔夫赶紧将船划向岸边,在她正要跳进河中时及时抓住了她。

她哭诉道她替她丈夫收了一笔债,回家的时候被盗贼抢劫一空。那些她丢的钱是用来还一个逼上门来的债主,他声称如果今天没有拿到钱,他就会不择手段。

"我痛苦死了,"她说,"一想到我两手空空地回到家,我丈夫会怎么想,我就不想活了。我不敢面对他。他要知道这笔救命钱不见了,他会痛不欲生。唉,你为什么要救我?"她激烈地说道。"我还是必须要死,因为我们再也不会有被抢的那么多钱。"渔夫被这个心碎的女人讲的悲惨故事感动了,他给了她一笔被抢走的那么多数目的钱,并且和颜悦色、好言相劝。她赶紧回去告诉她丈夫她的离奇经历。

第二天日落时分,那个幽灵又出现了。他脸上阴云密布,非常沮丧。"昨天你为什么那么不仗义,要去救那个女人的命?"他责怪地问。"我正要脱胎换骨,你断了我的路,我的希望成了泡影。就差几分钟我就可以将她拖进水里,我就可以重获自由了。"

那个幽灵天生好心肠,对那些身陷苦难的人总是充满同情。渔夫心里清楚,开始责备他企图残忍地夺去那个女人的生命。他恳求他放弃任何找别人作替死鬼,自己重获自由的想法,自己去承担悲惨而冷酷的命运。

忠言入耳,最后幽灵被深深打动,他郑重承诺以后再也不诱惑人跳水了,再也不以牺牲别人的代价来解救自己了。

两年过去了,没有人在那条河溺水而死。幽灵忠实地遵守自己的诺言,那条河流再也没"收留"任何一个每天经过它的人。后来,刚巧厦门城里的寺庙需要有一个神来主持。在那个帝国中,众仙女的女王环顾四周,要挑选一个有资格担此重任的人,就选了这个好心的幽灵担此重任。她认为他行为高尚,自我牺牲,可以成为这个大商业中心的男女市民的保护神。

七、几件中国妇女必做之事

Photo by] [BERNARD UPWARD.
These are Chinese school-girls learning to write. Two of them are idling. Another is filling her brush with ink from the ink-stone in front of her. The one to the extreme left is busy writing.

图 26

学习写字的中国女孩。其中两个是在做样子,另一个正用毛笔在她面前的砚台中吸墨,左边的一个正奋笔疾书。

半个世纪以前,当我到达中国,我惊恐地发现,在第一次看见天堂之光前,没有一个小姑娘的生命是安全的。(她们的生命)完全取决于父母的一念之间,她的死活不是由他们对她的情感决定的,而是由她出生时的时辰偶然的动机决定的。

这一话题让我挥之不去,因为一次印象深刻的经历。

有一天我乘我的船沿一条大河旅行,西边的天空阴云密布,山间下起了大雨,河水泛滥成灾。浑黄的河水卷着泥沙从内地疯狂地奔向入海口。

看着这汹涌澎湃的水面,我发现一个巨大的陶罐在水中载沉载浮。"河那边我们看到的东西是什么?"我问船夫,"哦,那是一个普通的水罐,厨房用来装水的。"

为什么是一个厨房用具,而不是农舍的门漂到河上?我很好奇。我叫他把船靠近,让我看个究竟。好一会儿他都不愿这样做,因为他明知这只陶罐在这儿的原因,不希望自己卷入眼前的物件可能带给我们的麻烦。但是我坚持要他按我说的做。我们迅速靠近那只神秘的罐子,仔细往里头看,我惊恐地发现里面装着一个女婴,几个小时前刚出生。一个念头瞬间出现在我脑中,激流中的罐子是一个母亲为了救她置于罐中孩子的性命而巧妙设计的装置。她没有勇气去毁坏她,所以她把孩子扔进洪水中,指望好心人可以救她,不至于白白丢了性命。

我取出她,立即移到船上的小舱,小心地用法兰绒包好她,然后把她放平睡觉。但是那个婴儿不想睡觉。她饿了想吃东西,很快船上就响起一个初生儿的健壮响亮的哭声。

很幸运,我在船上有足够的牛奶供给,我叫船夫热好。不一会儿,我看见孩子脸上就露出心满意足的光。随着牛奶从她喉咙汩汩流下去,她的眼睛大放光芒。几分钟后,小小的黑色的眼睛就闭上了,陷入沉沉的梦中。

但是整日整夜,我得小心看护这个陌生的小家伙,在责任面前有点退缩。婴儿就在那儿,得仔细照料,看来没有人比她更清醒,她偶尔醒来,不停地扭动身体,突然会大哭起来,提醒人们她必须被关注。

第二天早晨我们到达厦门,让我惊喜不已的是,看见最温暖的一幕,那个被小心包裹的婴儿躺在船夫的臂弯中。我们往我家走,大概四分之一英里远,这被证实是我最有趣的一次步行。

人们遇到我们(在中国,十码之内你必定遇到人),好奇地盯着我们。"你们胳膊里是什么东西?"有些人会跟船夫窃窃私语。"一个婴儿。"他回答道。与此同时,用拇指朝我指指。"你在哪儿捡到她的?"问的人一脸好奇。"哦!在九龙江上的一个水罐里。"他回答得简洁明了。"那你要拿她怎么办?"有人急切地问。"我不知道,问他。"他指着我,咬着嘴唇,点着头。

我到达我的房门口的时候,我的妻子正等着欢迎我回来。她吃惊地看着我身边的船夫,问道:"他胳膊里是什么?""哦,"我回答道,"我给你带来一个礼物,一个非常美妙的东西,我知道你会喜欢,你得小心地对待。"

(我妻子)走近船夫,掀开包裹底下的孩子,她惊慌地大叫,"哇,是一个婴儿",她立刻抱紧双臂,就像我自己的女孩一样带着巨大的喜悦。他们有一个真实的活生生的婴儿,可以尽他们的可能照顾和宠爱。我不得不一遍一遍地讲故事,我怎么发现她,怎么不让她哭,怎么和船夫设法把她安全地带到厦门。

This is a picture of seven school-girls. One of their duties is to wash their own clothes. Women and girls have to do that everywhere in China. Laundries are unknown there. It is not considered any disgrace for a girl, even of a good family, to do her own washing.

图 27

七个女学生的照片。她们的任务之一是自己动手洗衣服。中国任何一个地方的女人和女孩都得做这事。没有人听说过干洗。即使在一个不错的家庭,自己洗衣也不会被认为有损尊严。

一段时间后，这个小流浪儿受洗了，在她如何得救的记忆中，我们叫她"lau-a"。lau 的意思是漂泊，a 是小的意思。小小漂泊者，是她以后会懂得的名字。而且她因为是第一个从悲剧的边缘拯救回来的人而倍受尊重。异教主义在中国总是试图贬低妇女，在生活中让她们抬不起头。但是许多时候，他们显然失败了，妇女走上前台，变得比最杰出的男人更出色。

每一个中国通肯定知道慈禧太后的名字，她掌握帝国最高权力30多年，挽救满族王朝于速死。安全地说，如果她的寿命能够延长，皇室就有可能仍然稳坐龙椅，革命会在她死后才发生。

另一个同样著名的女皇，生活在七世纪末。她本是一个穷人家的女儿，但是靠着美貌和能力，她步步高升直到中国的最高统治者。她的名字是武，但另一个封号是，"武则天"，广为人们所知。

还有另一个美丽的人物，在我看来，她远比前面两位光耀史册的著名女人卓越。是的，她只是一个年轻女孩，还没成年。她，几个月的壮举之后就销声匿迹。然而，她之所为，对民族的价值，两位女皇帝可加起来也无法与之相提并论。这片辽阔的土地无处不为之感动。对于遭遇不公平和压迫的人来说，无疑为（英国的）大宪章。

她为人所知是因为她的父亲横遭不白之冤。他是一个地方大员，遭恶人诬陷。他的敌人势力强大，设计罢了他的官，并宣判他死刑。

他的女儿是他唯一的亲人，她去监狱安慰他。不幸，他没有救他于危难之时的儿子。年轻的女孩完全没有办法找到陷害他父亲的坏人。

但是她是一个女英雄，她有自己的办法。她深知一切必须靠自己，她下定决心，如果她能不屈不挠，她的父亲就不会死。（她）一次次地向最近的地方官申诉，请求他帮助她还她父亲清白，但是地方官毫不留情地拒绝了她。她没有钱贿赂权贵，而且只是一个小姑娘，男人轻视她，拒绝给她任何帮助。

最后她开始感到巨大的恐慌。距父亲死亡的日子越来越近。他所有有权势的朋友都避之唯恐不及，她所有的营救计划一律失败。最严重的事情是，对此案有重审权并且可以证明父亲无辜的官员，不再允许她求见。

身陷绝境，她毅然决然去京城向皇帝呈情，恳求还她父亲以公正。争分夺秒，她踏上了艰辛之旅。这是件危险的事。她年轻而且是个女人，路上险情丛生。她对此非常明白，却义无反顾。她父亲命在旦夕，她必须拯救，不管花多大的代价。她坚信，凭她的决心和勇气纵有千军万马也阻挡不了她去京城。

话说回来，她的故事在她所经之处家喻户晓。人们爆发出空前的热情，男人心怀崇敬，女人满脸同情，他们相互转诉："她要去见皇上救她父亲。"在整个地区，没有什么比这个话题更能打动各个阶层的人心了。空气中充满祝福，男人和女人互相激励，希望这个了不起的女儿能成功。

终于，她到达京城，向皇宫走去。她进入金碧辉煌的大门，正不知该往哪条路才能接近皇帝陛下时，一个年老的绅士和颜悦色地穿过庭院。他看见一个举止窘迫的年轻女人在皇宫里，他问她可以帮助她吗？

她立即向他解释到京城来的原因，请求他告诉她怎样才能让皇上接见她。她非常幸运碰到这位绅士，因为他是一个高官，深得皇帝的信任。他请她坐下，就离开了，告诉她他一会儿就会回来。一会儿，他果然回来，带她到一个富丽堂皇的房间，里面坐着一个相貌轩昂的人,他就是皇帝本人。

(皇帝)允许她呈情,她父亲如何被诬陷,针对她父亲的指控,她父亲绝对是无辜的。她娓娓道来,皇帝被深深打动,转身要求大臣(引荐她给皇帝的人)为她负责,指示得力官员调查此案,以使真相大白。被控诉的官员如果真的无罪,要官复原职,恢复名誉。

事情的结果是,父亲的品德清白无瑕,他彻底从对他的指控中平反。

皇帝对此案大感兴趣,更被这个富有自我牺牲精神舍身救父的女儿深深感动。他宣布将亲自接见并嘉奖她。

"我很高兴,"皇帝说,"你父亲被证明无罪,我将采取一切办法让全国都知道他是被诬陷的。他遭受的冤屈会被平反,你会因为作为子女挺身而出使结果皆大欢喜而终生满意。"

"但是,还有一件事情,"他继续说,"这个案子让我极其难过,并向我揭示的事情是,我治下的臣民明显地遭遇不公平,像你父亲一样。而我的一些官员,我授权给他们,却拒绝履行我赋予他们为民申冤的权力。"

"因此,我要颁布一项法令,每个衙门和法庭的入口处,必须悬挂一鼓于正大门前,无论什么时候鼓声响起,不管是白天还是晚上,地方官必须立即着官服,亲自升堂受理案件。"

皇帝说到做到,十八个省和每一个衙门的正大门,都挂了一个鼓,遇有紧急情况,随时可以击鼓喊冤。

免除了冗长的法律程序,不需要行贿,官员不敢腐败,低级官吏也不敢敲诈勒索,衙门前只要鼓声响起,官员就得刻不容缓地升堂,为任何一个身陷不幸的人提供帮助。

女儿还父亲以尊严,救他死于非命,这个故事广泛流传,给那些身陷奇冤的人以解救之道。直到今天,在整个中国还行之有效,挽救了许多悲惨家庭和悲伤的心。

八、王太太听闻福音

在第四章,你已经知道王先生和他的家庭。现在王先生死去两三年了。他富有活力,性情忠厚,虽然脾气火爆,但对妻子儿女无微不至,家庭非常和睦。他的死使这个家庭的幸福荡然无存。

王太太深信偶像,现在她丈夫死了,她花了大量的时间来供奉他们,特别是观音菩萨。她对死亡心怀恐惧。她目睹她丈夫突然遭受热病致命一击,使她本能地对驱赶她到神秘可怕的阴间(每个中国人都相信死后必去的地方)的致命疾病惊若寒蝉。她对偶像的崇拜从来没有动摇。许多时候她对偶像的供奉是如此独特,以致时有失败或稍有怀疑也立即烟消云散。她十分虔诚,但对他们心中从来没涌出爱的感情,同样她也不会得到来自偶像的爱。

偶像蒙着神秘的面纱,有强大的力量,每一个人都相信,它可以控制另一个世界看不见的力量。可以为它所愉悦的人带来财富、儿子和权力。它对人类的幸福漠不关心,它高居神龛,面无表情,对家贫如洗视而不见。它让人们悲上加悲,让女人泪流满面,让男人心如铁石。

不安的灵魂占据了王太太。她对家里供的神很不满意。她花大把钱变成一串串辟里啪啦的炮竹声,她试图通过特别的供奉赢得女神的垂怜。取代初一、十五烧香,她买了大卷偶像喜欢的香料,摆在偶像面前点燃。整整一个月,日日夜夜,香火不断,烟雾缭绕,一日不绝。

尽管如此,她心犹未足。一天她到外地的一个寺庙,朝拜一尊近来名声卓著的神。同她一样,四面八方涌过来的人群,指望得到神的特别青睐。她排了老长的队才站在这尊陌生面孔声名鹊起的偶像面前,恳求它赐予她心灵平静。

她走过这陌生小镇的街道,疲惫而脚痛,看到一扇开着的门,她走进去坐在靠近门口的一张长条凳上,想休息一会儿。稍远处,一个男人和坐在他前面的两三个人,正说得热烈。她一点都没注意他们,她疲劳至极,只想休息一会儿,赶紧踏上漫漫回家路。

她很想知道女孩阿柳(Girl and Willow)会怎么样?她渴望再见到他们,希望充满了她的心灵,她刚才所崇拜的神会给他们所有人带来好运。此时,那人的话引起了她的注意。他在讲一个伟大的人,叫救世主,他宣布用他的生命拯救全人类。他会给予相信他的人内心平静,他说,他会原谅世人之罪,他可以让心灵平静如水。

最后一句话特别击中她要害,"对呀,这就是我要寻求的。"她喃喃地对自己说。

A Chinese Evangelist addressing an audience that has come in out of the street to listen to the preaching of the Gospel. Some are seated, whilst a good many are standing ready to move on when they feel inclined. The speaker is evidently popular, for some faces are beaming with smiles.

图 28

一个中国传道者正在发表演讲,听众们从街上进来聆听福音。一些人坐着,大多数人站着,觉得不对劲时就一走了之。演讲人证明很受欢迎,因为有人脸上容光焕发。

"这是我到这个城市最大的收获。"她激动得从凳子上站起来,朝说话的人靠拢过去,她急切地问道:"你们说的人是谁?可以给每一个请求他的人平静的心灵?我一直求这个,但从没有在任何一个菩萨那找到,我拜了很多,谁可做到这点?那个人是谁?不需要烧香,或送钱,就可以给我准备那么大的礼物,我求了这么多年都得不到的。"

得救的时刻到来了,王太太曾虔心以求却徒劳无益。她旅途劳顿,不辞辛苦来到这个镇就是为了得到平静。她现在得到了,不是从菩萨那里,而是从一个她从未听说过名字,但却是她从今往后至高无上的神和主人。

她端坐良久，神情渴望，眼中闪着光芒，听讲道者讲耶稣怎样满足她所有心灵的愿望。真理灌注到她的心灵。他向她证明遍布全国的偶像对她的祸福吉凶毫无关系，她又惊又喜。然后奇迹发生了。两三个小时过去了，王太太完全被讲道者说服了，她表示悔改，从此她再也不信菩萨，而只信救世主，那个为救世人罪而牺牲的人。

像这样迅速的结果，在中国人福音传播中并不普遍，但没办法知道。他们经常需要时间做出决定。在他们愿意宣布信偶像还是信上帝前，几个星期或者几个月过去了。在我的经验中，我曾遇到坏品性的男人被基督灵命感动，在听过简短的布道后，接受他作为他们的救世主。

当她回到家里，她不讲别的，只对她的孩子们说，奇妙的救世主灌注了她的生命的福音，神给予了她菩萨给予不了的喜乐。她建议他们清除家里的偶像，以后改信上帝。这个建议得到了同意。虽然决定在前行动在后，观音肯定会被问及是否满意他们的背弃，和对耶稣上帝的信仰。

抛弃生活中的迷信和习惯难免心怀内疚。多少年来，观音是他们所有人心中的信仰，虽然母亲看到了更伟大的一位，他及时地、完全地占据她的生命，但那个有着半个印度面孔的女神仍然让她将信将疑。

从街上的一家商店买了一束香和一长串纸钱后，王太太站在神的面前。女孩阿柳（Girl and Willow）站在她旁边屏住呼吸满怀兴趣地注视着改变了他们整个生活性质的过程。他们几乎没明白那是什么意思。妈妈从拜菩萨回来，那个菩萨屡有奇迹全国有名。妈妈热情澎湃，滔滔不绝，向他们讲述了一个新的神，一个讲道者在一个基督教堂向她启示的新神。他们已隐隐约约听人们讲起这种新的信仰，但是他们却对此一无所知，直到他们的妈妈，他们衷心热爱的妈妈，向他们宣布她正成为上帝的信徒。现在事到关头，几分钟后观音就将对这件事情的观点给出答案。

长长的香柱已在神像前燃成香灰，房间里香烟缭绕，观音慈悲的面庞在烟雾中注视着她面前的人群，王太太向她祷告道：

"我最后一次站在这儿，"她说，"为了朝拜你，我最近听说了一个救世主，叫耶稣，我对他全心信服，所以我觉得我不能再信你了。从今天起，我和我的孩子不再尽忠于你。但我真的不想看到你不高兴。许多年来你赐福予我的家庭，我今天感谢你为我们所做的一切，我必须离开你，不管过去所有的记忆，因为一个比你更伟大的神召唤了我，我无法拒绝他的感召。我认为，你会乐于放弃。告诉我你愿意我永远离你而去，改信耶稣？"然后她取出观音前面的卦，把它们扔向空中，哗啦一声卦落地上，他们紧张地盯着地上的竹卦，他们看到答案是"可以"。

同一天，崇拜偶像的每一件物品都被小心地从房间里搬走。不留一点痕迹。灶神爷被无情地赶出去，它再也不能向天庭奏报这家人的所作所为了。观音已宣布偶像崇拜应该被放弃，从今往后，耶稣才是王太太和她儿子和女儿的主人。因此一次对过去的清扫在所难免。房子里的每一个房间都打扫和装饰一遍，为迎接新的主人大驾光临。

很快，他就神迹毕现，神奇的变化在这个偶像已绝迹的家中出现。中国人对鬼怪邪魔的恐惧，给人带来痛苦悲伤的神秘力量彻底从他们思想中消失了。一种新的慈爱，不会伤害任何人的力量，充满他们的生命。他的心灵得救了，对主像孩子一样信赖忠诚。

这个家庭信基督后很快又发生了另一个美好的变化。他们开始谈论死去的父亲。以

ON THE WAY TO CHURCH, SINGAPORE.
A mother with two little ones who cannot walk far. They are all going to church. The roads are bad. They are rough and uneven. The babies are very pleased to be carried in this way.

图29 去教堂的路上（新加坡）

一个母亲和两个不能走远路的小孩，他们都在赶往教堂。路很糟糕，粗砺不平。这样"走路"孩子们很开心。

前，他们几乎不敢提起他的名字，就算他们偶有提起（或者如果他们这样做了），他们只敢小声地，阴沉着脸，眼里含着泪水。所以异教徒说，甚至当他们自己到了阴间，他们也见不到他，他们将从不相遇，或者相互注视，重新开始被死亡切断的爱。

而现在他们开始高兴地谈论他们的父亲。不管他在哪里，他都是他们称呼的伟大的父亲。他死时还不了解耶稣，但是他现在知道了。也许基督在狱中为他布道，而且他也像他们一样得救了。他们新的信仰让死者重获生命，他们敢于思考未来，破碎的家庭有朝一日再度团圆，而异教徒做梦都不敢。

九、阿柳的婚事

时间一晃数年。阿柳已长大成人。她18岁了，在华南这个年纪的女孩，是该考虑男婚女嫁了。到了这个国度任何一个女孩都该承担责任的年龄了。

总的来说她是一个非常好的姑娘。她不是很漂亮，但脸上有一种东西让她独具魅力，她微笑的时候尤其如此，那一刻她简直是容光焕发。

她心智超群，习惯以她安静的方式想自己的问题，通常在她这个年纪都是别人替她拿主意的。

她让人印象深刻，因为她母亲的非同寻常的转变，也因为观音菩萨默许她们转信基督耶稣作为他们的救世主。从那时起，她用心学习新的信仰，她从基督徒那儿得到了关于基督教的一切信息，最后成为一个热心的慕道友，日常生活与基督徒联系紧密。

就在这个时候，她的生活出现一个危机，我们都为她着急。因为从中国人的观点看，似乎没有解决的办法，那就是她的婚姻大事。

中国人的婚事与西方完全不同。在中国两个当事人不允许有任何接触。不管是男孩还是女孩都不敢跟对方说一句话，甚至他们的父母对于婚姻，也不敢多言。这是中国人约定俗成的社会规则，在我居住中国期间从来没有听说过有人违背。

比如，一个年轻女孩，到了订婚的年龄。他所有的时间都和她妈妈在一起，因为过了一个年龄之后，她就再也不能到外面去散步，也不能拜访她的任何一个朋友。她妈妈是她的坚定的伙伴，她心中的每一个秘密，除了她什么时间要嫁给什么人之外，她妈妈都了如指掌。当妈妈的知道女儿心中所想，她心中闪过浪漫的幻想，因为她已经情窦初开，但说出口会使她羞红了脸，而且会成为他们今后生活的障碍。

这个伟大的国家的四亿人民发明了一种方法，请一个媒婆，她的责任是负责打听所在地区所有的适婚的男女青年。一有人要她作媒，这些信息就对她很有用了。

这种女人在人们的社会生活中扮演了如此显要的角色，她是时代的产物，因为品性非常有趣而倍受尊重。她非常精明，非常圆滑，判断敏锐。只要有可能，她还是能够对双方公平相待，但一旦有机可趁，她就会撒谎和欺骗，没有任何恐惧，不怕任何报应地坑蒙拐骗，因为中国没有任何对婚姻的胡作非为问责的法律。这是她的生计，到最后没出纰漏，她就可以从双方拿到好处费。她会说得天花乱坠，把小伙子说得完美无瑕，而实际上他可能是镇上最大的流氓。这个女人的品性大家都知道，但每个地方的人们还是会请她。他们自己没有办法，因为她是解决他们儿女婚姻大事的唯一办法。

我的一个女性朋友有一个儿子，她希望他赶紧结婚。他是一个英俊的小伙子，受过高等教育。为了让儿子满意，母亲觉得普通的姑娘配不上她儿子。一个中年妇女被叫过来，几个星期的调查后，一个女孩被挑选出来，媒婆宣称（这个女孩）贤慧能干，是理想的妻子。

我的朋友很小心，在问题最后决定前，她说她要去她家拜访一下看看这个女孩到底怎样。这个要求当然被欣然接受。她按约定的时间到达的时候，她发现姑娘正忙着刺绣，她对女孩洁净的外表很满意，女孩很秀美但没有盛装打扮。她的头发梳得符合良家妇女的艺术风格，别上鲜花和金银长发夹，使她平添魅力。

待人谦和给我的朋友留下很深的印象。她走近女孩时，女孩一下子站起来，而且一直站着直到请她坐下。两位母亲交谈的时候，她不插一句话，可以证明她从小教养良好，这是多么理想的儿媳啊。

现在剩下的事情就交给媒婆了。这可是件了不得的大事，完全操纵于精明的媒婆手中。与在家里的表现不同，女孩相当不适应那个要成为像她丈夫那样强壮英俊男人的妻子。我敢肯定，小伙子也有同样的感觉。当他在由我主持的婚礼上第一眼看见她，失望之色露于言表，他母亲居然会挑选这样一个女人作他的妻子。

媒婆这一风俗延续至今，确保中国的每一个女人都能结婚，而却会让英国的任何一对夫妇望而却步。这一行没有老妪、蠢妇，也没有美人诸如此类的人，通过古人的"奇思妙想"，这些神通广大的中年妇女，准能为女人们找到丈夫。

在王太太和她孩子还没成为基督徒以前，阿柳就和一个门当户对的小伙子订了婚。不幸的是,他长成了一个无赖,毁坏他和阿柳的生活。异教徒对此毫无办法,没有什么改革措施让他成为一个品性如此贤良的女子的合格丈夫。

但是能做什么呢?解除婚约是不可能的。那样的事情没有听说过。当我向一个当地的牧师这样建议,他变得非常愤怒,请求我再也不要提这个主意,因为这为中国人深恶痛绝,从未实现过。然而,对此事我感觉如此强烈,如果阿柳一旦与那个已订婚的男人结婚,她将不得不过上糟糕的生活,我决不放弃把她从中解救出来的决心。因为没有人支持我取消婚约的建议,我下决心竭尽全力拖延这桩事情,希望上帝能从中阻挠,以我无法预见的方式,救这个女孩于水火之中。

到了年底,经常婚事都在这个时间举行。当年轻人的父母要求阿柳过门到未来丈夫的家并结婚,他们被告知我决定婚礼推迟到来年举行。他们略有微词倒也同意,婚礼得以成功延迟。这是一个巨大的成就,因为在下一个十二个月里,有许多事可能发生,很有可能把阿柳从这不愉快的婚姻中解脱出来。但是什么也没有发生,催请她过门的正式婚帖在第二年年底再次递过来。我故伎重演,跟他们说阿柳还得再过一年才被允许去他们家。

又一年过去了,我知道阿柳还得做出决定,我已经阻挠了这个婚姻两年,但我感到我不能再这样做了。我正在绞尽脑汁想知道现在是否该做点牺牲,却是阿柳自己的决定扭转了整个局面。她对她母亲说:"我准备接受你和我爸对我做的安排,把我许配给那个人的儿子,他很快就会来逼婚了。你满心为我的幸福打算,你也预料不到事情会像现在这样。我不抱怨,实际上我也不敢抱怨。当新娘轿子把我从你这儿抬走,我会穿好新娘装参加婚礼,但你将再也见不到我。我不能与一个浪荡子生活在一起,那天还没结束我就会找一个最近的井跳下去。"

谣言迅速在准新郎的家传开,因为这片土地上没有秘密可言,引起了一阵骚乱。如果女孩坚决要自杀,那么反对这桩婚姻,并阻止了两年的外国人就会要求地方官予以调查这件事,去发现一个新嫁娘为什么要选择在丈夫家跳井的原因。他会宣称,那里面一定有与之相关的悲剧需要调查。

除了新郎品性不端,没有任何可指证的,但是任何调查的结果都会使新郎家倾家荡产。以此为生的县令和他的师爷、衙役、衙门里的娄罗,会榨干他们的每一个铜板。因此,他们权衡之下,决定妥协。接受一定数目的赔偿金,撕毁婚约。这可能是华南地区所知第一例,新娘从她所惧怕的人那里重获自由。为了避免任何未来的纠纷,阿柳在一个月内与一个教内兄弟结婚。每一个人都为阿柳能得到解脱而感到欣喜。基督教是可以阻止阿柳毁于不幸婚姻的唯一力量。异教徒既然对该怎么避免横加在阿柳面前的悲剧束手无策,阿柳就不得不去面对并终生忍辱负重。

十、基督能为中国做什么？

图 30　马约翰在厦五十周年纪念留影
中坐者是本书作者，身穿当地官袍，出席厦门教会为他举行的传教五十周年纪念活动。他们代表教会的其余部分人员正式出席。

回想当年我们初到中国，时日遥远，恍如隔世。对于这片土地上熙熙攘攘永不间断的人群，要改变他们的思想和习俗，我们多么无能为力。

我们遇到的每一个男人和女人，看着我们不仅是怀疑，简直就是轻蔑。"洋鬼子"，已经是响亮而尊贵的称呼了，并不经常使用，我至少报之以微笑。我们到处被攻击的叫法是"蛮夷"，这集中反映了中国人对我们最本质的看法。无论我们走到哪，这就是对我们打招呼的回应。我们经过时，男人们窃窃私语。一个母亲脸上会挂着笑容，牵着孩子，尖着嗓子说："看蛮夷"。街头巷尾随处会有此遭遇。正在大呼小叫玩得不亦乐乎的男孩子们，只要看陌生的外国人进入他们的大门，他们会在游戏最关键的时候停下来，大声地叫着这个"国骂"。天南地北不管他们来自何处，这个民族的一些天才思维无处不在。

但是我们很快发现更致命更充满敌意，而且我们必须面对的是，一个蓬头垢面、衣衫褴褛的人，每一个词都燃烧着绝望的火焰。这种力量被叫做"鸦片"。

在所有方面，我们遭遇的恶行令人惊骇。他的窝点可以在每一个城市的主街道找到，但他们在穷街陌巷和贫民窟极尽繁荣，男人们在那儿神出鬼没。当夜色降临，成为他们最好的庇护所。

鸦片的奴隶，也无处不在。他们混迹于人来人往，形成聚集在传教士周围的部分听众，他宣称他将在这个中央帝国建立一个新的王国。他们从来就不会误会。他们表情怪异木讷。当他们靠近"蛮夷"并听他讲有一种可以拯救中国的福音，愤怒的火焰似乎在他们胸膛燃烧。他们既不谨慎表达他们的观点，因为国家道德沦丧，而导致毒品（这种可怕的药物）

到处肆掠,也不试图隐藏其名。

一种自我安慰的想法是,早些时候,没有啤酒店也没有酒吧。除了通商口岸,根据条约,那儿允许洋人居住和经商,旅馆和酒店随着他们的到来遍地开花,而没有洋人的广大内陆地区就没有类似的地方。

其结果是,传教士需要无所畏惧地面对听众中跌跌撞撞的醉鬼,他们不时制造骚乱给"蛮夷"致命一击。他可以独行在杳无人烟的小路,延着山路,或者在从来没有见过外国人的村庄,他从来不担心有酒汉突然挑起事端。如果中国是一个酗酒成性的地方,它的复兴就会推迟很多年,但,幸运的是,它是一个清醒的国家。

These seven little Chinese children are very good specimens of the children of the better class—they are all boys.

图 31
这七个中国小男孩,是上层阶层孩子的范本。

传教士的工作进展很慢,非常慢。不是传道者不能招来听众。他们总是可以做到这点。一个人站起来讲基督,男人们会本能地靠近他竖起耳朵听他讲什么,这种传教是新事物,寺庙里的和尚从来没这么干过,孔夫子的信徒也从来没有出现在街上或任何公共场合去讲解圣人的教义。

布道是一门新艺术,对民众很有魅力。生活通常很单调,因为书籍很少,报纸还在遥远的未来,新思想远未在人们中传播。传教士是改变多少世纪以来沉闷现实的奠基人。如果传道者仅仅是一个中国人,我相信福音的故事会怎样深深地打动前来听讲的人。这一巨大的革命将取代多少年以前帝国泱泱大众所受的影响。

但是这样的变化没有使人心情愉悦,他们不得不面对面地站着,带着多少世纪以来的没有信仰的铁石心肠,无动于衷地站在他们面前。他们友好而幽默,对英国,及其山脉天空和风俗有一肚子的问题,他们从传道人的新福音书中得以一窥之见,但是没有一个人更进一步。

有一次,我下决心要去一个未知的地方旅行,那里的新思想从来不为所知,除了父子相传祖祖辈辈一层不变的风俗习惯。

我选的地方是一个古老的城镇,山清水秀,风景如画。小镇依山而建,从平原延着山体缓缓而上,错落有致。几乎每一个夜晚,景色之美无与伦比。云层似乎急于抓住落日最后的余辉。景色瞬息万变,山脉若隐,如诗如画。

云变幻着美丽的衣裳,在伟大的大自然艺术家手下五彩缤纷精彩纷呈。我身临其境,恍若仙境。

我选的这个城镇是诗书之乡,富有艺术气息的男人们,由于一年到头,每个夜晚的夜色之美,他们的心灵超越了枯燥单调的过去。但我很快就发现了情况并不是这样。这是一个沉闷守旧的地方,陈年的积尘铺满街道和房屋,也堆积于人们的心灵和思想。没有人知道他们的衣服式样始于何时。

他们的爷爷奶奶穿旧了就足够了。只有女孩发上别朵芳香的鲜花走在街上,才有那么一点现代的气息。但是即使是她们也得受制于过去,因为插花的角度,得按她们奶奶当年的样子。

我们开始布道,这个死气沉沉的城镇被新的革命唤醒。这样的思想以前从未听说过。讲道厅里挤满了人,他们的眼睛穿越过去。

一年过去了,一个信徒也没有出现。又一年过去了,一年又一年,一晃十年过去了。希望渐逝,黄昏落日不过是对失败的无情嘲笑。在这个布满尘埃的古老城镇,我们徒劳心碎。就在此时,一个农夫出现了,带着一脸我们从未在别的听道友脸上看见的表情。他是那些走进教堂的人中最优秀的一个。"我必须来,"他说,"我再也不能逃避,我不想声称对基督的忠诚,但是没有他就寝食难安。我的心灵空虚,他是唯一让我感到充实的人,所以我到这儿来向您坦诚相告。"

几年过去了,虽然每个地方都少有转变者,但我们分明感到空气中有一种神秘力量,人们的思想正发生巨大的变革。

有一天,内地另一个城镇,我们日常福音传道服务的一个听道友,一脸羞怯,黑色的眼睛闪着光,告诉我镇上的学者,对我在这个著名的城镇做一个公共教师非常愤怒。他们认为他们才是有资格当教师的人,而我应该坐在他们脚边好好向他们学习。

他们于是下决心组织他们自己的授课服务。他们真的租了一所大房子,择吉日开张。那一天要人云集,群贤毕至。镇长居中而坐,当地的重要学者,得意洋洋分坐于两侧。

其中最德高望重者起来发言。向济济一堂的听众显示他们自己有足够的信仰,自有伟大的圣人万世垂范,不需要蛮夷来代劳。与中国学者相比,他们一无所知,然后他念了一段从著名的《太上感应录》摘录出的一段散文。这本书据说是几世纪前一个杰出的满族皇帝写的,题目是"孝经"。一阵热闹后,接着宣布了一个月活动几次,就散会了。

一个多月过去了,那些弃我而去的听道友,开始不止一次地溜回他们的地盘听讲福音。"你又会回来了。"我对一个人说。"为什么?""噢,难道你不知道?"他满脸惊奇地回答,"那个学堂已被解散了。他们再也不会举办了。""为什么?"我问。"呃,是这样的,"他回答道,"山长不得不停办,因为过了一段时间没几个人去他们那儿了。他们到底告诉我们什么?他们说我们应该遵守教道,但我们早已知道不需要他们教导。他们说我们不应该再吸鸦片,要做有道德的良民和和睦相处的邻居。这些都对,但我们不需要到他们那儿知道这些事情。有一件事情他们从来没教我们,就是我们怎么获得履行这些美德的能力。您不一样,您也告诉我们怎么生活,但您总是同时也告诉我们这个世界的上帝和救世主,在我们为生存而奋斗的时候,他将会帮助我们。因此我们回来找您,我们今后也会如此。因为城里最有名望的学者老师从来没有告诉我们怎么克服日常生活的诱惑,而您做到了。"

伟大的战争已经在厦门打了50多年。我到达那儿时的五六个教堂,到我离开时,已经发展到近100个。缠足注定走向死亡,杀婴也已终止。1913年4月17日,回应中国政府之邀,在18个省一起为共和国的新国民生活向上帝祈祷。现在经过漫长和疲惫的等待,不道德的鸦片贸易已经结束,在伟大的中国土地上,以及她的四亿人民,承诺成为东方伟大的基督国家。

鼓浪屿简史

H. A. 翟理斯著　何丙仲译*

【译者按】赫伯特·艾伦·翟理斯（Herbert Allen Giles，1845—1935），英国人，近代著名外交家、汉学家，季羡林先生誉之为在中国近代"东学西渐"中，值得注意的两个外国人中的一位（另一位为卫礼贤 Richard Wilhelm）。翟理斯于1878年4月由广州被派往厦门任代理领事，1881年离任。在厦门期间，他通过田野调查，撰写了《鼓浪屿简史》（*A Short History of Koolangsu*），1878年出版。这本书的门类包括：位置、名称、气候、历史（方志记载，鼓浪屿历史）、地方政府、土地所有权、人口、教堂、寺庙、冢墓、碑铭、风水、航运与贸易、家事、俱乐部和娱乐等，诚为近代鼓浪屿不可多得的一部地方志。2010年，译者曾将这本书译成中文，辑入《近代西人眼中的鼓浪屿》一书，作为"鼓浪屿申请世界文化遗产系列丛书"之一，由厦门大学出版社于同年5月出版。出版以来，仍发现有一些不尽人意的地方。于是，又对照英文原书，重新校译并刊登于此，以就正有道。

一、位置

鼓浪屿位于北纬24°27′，东经118°3′45″。形状不规则；周长2.85英里，长1.1英里，宽0.72英里；与众不同的是一大堆花岗岩石堆积在岛上，岛的中部偏南那块岩石最高，海拔有302英尺。

二、名称

确切地说，Koolangsu 是三个分开的单词，Koo 即鼓，lang 是海浪，而 su 就是岛屿。它之所以得名为"鼓浪屿"，是由于海浪在其西海岸某处发出一种特别像鼓的声音。因而把它叫作"鼓浪屿岛"是错了。

---

* 何丙仲：厦门地方文史专家、文博研究员　福建　厦门　361000

三、天气

鼓浪屿是中国天气最好的地方之一。夏天差不多有四个月昼夜的平均温度为华氏86度;冬天的三个月夜间温度降到华氏45度,而白天则升至华氏68度;其余五个月温暖宜人。大致说来一年有五个月份是好天气,三个月潮湿,四个月变幻无常。年均降雨量大约44英寸。(岛上可用的水很丰富,还大量运到厦门出售)。很少台风。

前五年鼓浪屿降雨量(英寸)

年度	降雨量
1873年	34—61
1874年	41—90
1875年	38—53
1876年	55—09
1877年	53—12

四、历史

提起笔来写中华帝国的这个最微不足道的地方之前,建议你先看看当地人士已写过的同类著作。因为十八个行省的每一平方英寸的地形地貌几乎已经被如此详细和精确地描述过①,需要的话只要翻译过来就可以。不过,这不是我们目前调查的课题,把这个特别让异乡人愉悦的岛屿近几年来在政治和商业方面雨后春笋般发展的轮廓勾勒出来才是重点。1839年刊行的《厦门志》没有提及外国人,理由很简单,由于当时厦门岛为一些蒙昧者所居,而鼓浪屿只是住着一些四海为家的渔夫和僧人。在这里,要把历史真相呈献给我们英国的读者们,而且,我们会不畏艰难地把历史脉络中断处赓续起来,使迄今的历史记载得以完整。

1839年刊行的《厦门志》第二卷摘录

"鼓浪屿,厦门东南五里,在海中,长里许。上有小山、民居、田园、村舍(《方舆纪要》②:'在大嶝西,旧有民居。洪武二十年,悉迁内地,成化渐复其旧')。郑氏屯兵于此(上有旧砦遗址)。③ 左有剑石、印石浮海面,下有鹿耳

---

① 原注:经过仔细查核,我们可以说,中国各州各县的地志要是一本一本叠起来,将会像香港的太平山一样高。而地志毕竟只是中国文学的一个边远分支而已。
② Geographical Memoranda;原注:Fang Yu Chi Yao,即《方舆纪要》。
③ Kuxinga,即郑成功。原注:著名的中国将领和台湾的治理者,17世纪将荷兰人驱逐出该岛。

礁、燕尾礁。"(见《鹭江志》)(9),郑成功屯兵的遗迹仍可见到。①)

"东为日光岩(亦曰'晃岩'。上有龙头石。俗名'龙头山'②。池直夫居其下③,有晃园,极花竹之胜。)石刻'鼓浪洞天'四大字④。有寺,乾隆间僧瑞琳募修(《县志》)。旧惟石室一间,后建高楼及旭亭,旁有小洞,堪避暑。"(引自《嘉禾名胜纪》,今寺圮。)

"屿之西有瑞晥庵,与水仙宫隔水相对⑤,俗呼'三邱田'(又名'三和宫',今改'法海院'⑥,颇壮丽。庵后石壁有王得禄题记)⑦。负山临海,舟可直抵其下(《鹭江志》)。有鸡鸣石,海中有警辄鸣。后有金带水(宋幼主投金带处)⑧,多浮石。有泉名'拂净泉',味甘,海舶取汲焉。里人以小舟载水鬻于市。又有三片石,产海苔,味淡,以为珍品。"

以下的章节摘自同一部方志的卷十六。它们虽然没有全部涉及到鼓浪屿,但与记载着西洋人来到周边地区的各种中文记载一样有意义。

"(明嘉靖)二十六年,佛郎机番船泊浯屿,巡海副使柯乔发兵攻之,不克。"(这段文字下面有一个注释告诉我们,漳、泉商人甚至许多士卒都热衷于和不受欢迎的洋夷进行贸易,但这是官府所禁止的,以至于捕获90多人就地处斩决。⑨)

"天启二年(1622年),红毛夷据澎湖,犯中左所,逼圭屿,海澄知县刘斯徕守计甚备,旋引去。"

"三年,红夷复入中左所曾家澳,官军御却之。秋,红夷犯鼓浪屿,浯铜游把总王梦熊击破之。"(增注:众多夷船被焚烧,夷酋牛文来律钦被擒。)

---

① "剑石"原注:毗邻德记洋行(Tait & Soo)的大石头。"印石"原注:英国领事馆与厦门港中间的礁石。"鹿耳礁"原注:邻近德国领事馆前的大石头。"燕尾礁"原注:此石我们已无法辨认。《厦门志》原注:这本书的原刻版据说已毁于太平军起义之手,连抄本也得不到。
② 原注:龙头山这个名称已被转称英国领事馆所在的小山。译者注:据厦门博物馆馆藏鼓浪屿出土的清道光五年(1825)《黄植甫墓志铭》所附堪舆地形图,今升旗山时称作"龙头山"。
③ Chih Chih-fu,即池直夫。原注:当地一位有名望的学者,1622年中举。他很迷信,是一位慷慨的僧侣护法。
④ 原注:这几个字后来增加到八个字。译者按:可见后来"鹭江第一"四字乃书于1839—1872年之间。
⑤ Abode of the Water Spirit,即水仙宫,原注:厦门岛上的一座庙宇。
⑥ The temple of "Ocean-like Law",即法海寺,原注:意即法或菩萨的真理像海洋一样无边无际。
⑦ 原注:这座岩石上为不久后的"闲乐居"(Anathema Cottage)。
⑧ 原注:公元1278年,宋朝最后的继承人在得胜的蒙古征服者到来之前的逃亡中,发现自己的金腰带太重,把它解下来投入鹭江。
⑨ 原书为1821年,而《厦门志》记载该历史事件发生于明嘉靖二十六年(1547年)。

"（崇祯）三年（1630年），红毛犯中左所,游击郑芝龙焚走之。"

"（崇祯）六年（1633年），红毛突入中左所,巡抚邹维琏击走之。"

"（顺治）四年（1647年），郑成功屯兵鼓浪屿。"

这部刊行于1839年的《厦门志》没有记载其后鼓浪屿的历史。三年后,鼓浪屿被英军占据（原注:也称1842年的鸦片战争期间）,文惠廉先生（M. Boone）和雅裨理（D. W. Abeel）两位传教士住在鼓浪屿中国人的房子里①。英军撤走时,他们也离开了②,直到1859年,美国领事海雅先生（Hyatt）从厦门过来自建现在称作榕林别墅（The Villa of Banyans）的房子——岛上第一座洋人公馆③,在此之前还不曾有外国人想住在鼓浪屿。现在的 Eekee Junior Mess④是第二座,从那时起,各式各样的建筑,包括大量宽敞而坚固的楼房,以及商人、传道士和官员们的私宅星罗棋布于这个岛上,商人们每天过海到厦门做事。

下面的那一篇是从海军医院和舰队的督察官约翰·威尔逊医学博士的《在华行医记》第118页摘录出来的,1842年他就住在鼓浪屿这个岛上,把它放在这里或许有助于了解。

五、鼓浪屿史

"鼓浪屿在厦门西边,隔海相对,其最近距离约四分之一英里。该岛东南至西北长约一英里；东至西最宽处有半英里,地域范围很小。和厦门一样,它是一块不高的裸露花岗岩,上面只有一小层适合耕种的表层土壤。鼓浪屿南部海边靠近陆军第18团的营房之处,有一些小块的田里种植着稻谷、番薯和靛青,有一块同样大小的空地在营房的西面,可这一大块地却不肯给吃苦耐劳的劳动者和急需营养的中国人一点面子。靠近东南部的海边,离营房不远有一块五六英亩的地,正好在两座小山之间,其中一座山上有一座炮台,另一座上面正在建医院。这块地直对着营房的上风,从前是一块稻田,现在已经荒芜了,由于死水加上草木自然的生长与腐烂,严格说来它已退化成了一块烂泥田。营房范围内,还有一小片烂泥地,正在被开垦之中。

"大体说来,鼓浪屿是一个贫瘠的不适合生产的地方,尽管它极其美丽,但毫无用处。在英军攻陷并有条件地占据鼓浪屿之前,岛上密布着较好的房屋和村舍,据说居民有3000人。鼓浪屿成了和厦门城区不太一样的海盖特（Highgate）或里士满（Richmond）,市民到那里休闲,呼吸新鲜空气,观看比闹市造成的又脏又挤的街道更好看的东西。机会就像利益一

---

① 原文为 Messrs Beal,当即雅裨理（D. W. Abeel）。
② 原注:西北部的泥滩已被占用,离开这个当时被认为是中国最有损健康的一个地方有多高兴。
③ 据中国第一历史档案、福建师范大学历史系合编《清季中外使领年表》:美国第一任驻厦门领事（1849—1854）为俾列利查斯威林（C. W. Bradley）；第二任领事（1854—1862）为海雅多马士夏（T. H. Hyatt）。
④ Eekee Junior Mess,很可能是英商德记洋行。黄光域《近代中国专名翻译词典》的天津德记洋行为：Tec Chee & Co. 今在1880年鼓浪屿的老照片上可见到显目的德记洋行公馆。

样诱人,鼓浪屿人住的房子不会因互相拥挤而挡住新鲜空气和自然景观。这些房子的位置总是令人称心如意,通常坐落于浪漫的自然美景中。有的是在峭壁之下,四周都是巨大的石头;有的是在小小的谷地里,常常点缀着开花的灌木丛,时而掩映着成片的野树。现在,除了那些被英军占住的以外,都是些无人居住的没屋顶和遭到炮击而倒塌的房子。如今,鼓浪屿尽管疮痍满目,但还有许多令人艳羡之处。

沿着整齐而有规则的道路走到英国官兵留下来的除兵营以外的地方,沿着破烂不堪而高低不平的地面,所看到的是形状古怪的岩石堆积起来的景象,像是莫里斯堡的废墟①,到处是撒拉逊式样的拱门和一段段的墙垣②,一堆堆随意叠在一起,"随手扔下的岩石、圆丘和小山,最初世界的碎片"。③

由是观之,鼓浪屿有着明亮的海湾,星罗棋布着众多岛屿包括那个以塔得名的毗邻小岛的海洋景色,以及那朦胧而壮丽的内地群山,其影响力不单单是近年来时局的整体变革所带来的,同时,也要归功于其优美秀丽的自然景观。

六、地方政府

鼓浪屿的地方政府是个不完全没有权力的下属机构,因为它是一部维持2835位居民的社会生活正常运作的机器。我们将从被他们的父母官称为"布衣"、"百姓"或"子民"的这些人入手探究这个问题。这个百姓之上,负责地方安宁而直接听命于厦门海防厅的,是一个被称作"地保"或杂差的官员。这个人因为是老居民,或因有地产、地位和声誉,一般在他的百姓里头有名气。他不总是,而是有时候会带着一颗木头印章,所有的土地转让或民事诉讼和类似刑事等案子,在送呈上级法院之前必须由他盖章。因为在这些职责以及类似的职责里面,他作为仲裁人的重要性不小,因而从中收取相当的酬金。若不是需要负责,而且有风险的话,这倒是一个称心的闲职。但如果有些事办糟了,第一个被问责的便是地保。当竹板雨点般地打在他这个当事人身上,他恨不得把那些酬金、印子、地位和责任全都推给别人。鼓浪屿的地保是一位可敬的何姓绅士,他认为当地保的收入足够支付日常开支,甚至买得起某些生活奢侈品。此外,每10家还有一个头目,或一个"乡耆",名义上他对其小圈子里所发生的事向地保负责,但他是社会人士而不是属于官府的人,承担调解纠纷的事。

鼓浪屿的"马快"是一个姓叶的名流。他的职业相当于侦探,其职责是捕盗和抓捕其他暴徒,然后交给厦门海防厅。因此,他总是巴结地保,适当给这两个官吏一些钱,丢失的财物往往可以找到,除非这个贼全然是一个已经带着赃物逃逸的外地人。

地保和"马快"的上级是道台的代理,他是一个下级官员,道台派他去听断盗用私占等简单的小案子,或解决寻常乡下人的纠纷。当争执的事无须道台亲自来处理,地保和"马快"这两个人就会找他疏通。道台的代理每天早上拜见道台,报告岛上发生或即将发生的

---

① Moorish castles,莫里斯堡,典故未详。
② 撒拉逊,即古代叙利亚及附近地区的游牧民族。
③ 这两句诗句出自英国诗人司各特(Sir Waltter Scott)的《湖上夫人》(The Lady of the Lake)这部长诗。

每一件值得关注的事。现任道台的代理姓许。

鼓浪屿上还有一个小小的饷关,它每年把许多税收承包出去,掌握饷关的人从税饷等级的些微变动中得到好处。

众所周知,盐业是被中国政府垄断的行业,但也被承包出去。持执照的商家有权把别的经营这项日常生活必需品的人抓起来交给官府惩办。

除此以外,鼓浪屿还设立一个相当于鸦片办事处的机构,检查在厦门和漳州之间进行的毒品走私贸易。鼓浪屿实际上是鸦片的一个货栈和走私活动的基地。这个机构同样也承包出去,因为这几乎是中国普遍的惯例,承包能带来不薄的利润。

这就是鼓浪屿的地方政府,我们从纯朴的老百姓那一张张心满意足的脸(虽然肮脏)上断定,他们的管理好像还算公道。

七、土地所有权

为了弄清楚鼓浪屿当地土地所有权制度的有效实施情况,有必要回顾亚当出生之前的年代。精确地算是迄今 2,269,395 年以前。① 自从上帝创造宇宙以来就安排众所周知的天子在地上处置万物。土地和地上的一切从此归其所有,人民只有通过他,才能得到为果腹而种地的权利。他索取一大堆的款项作为回报,除此之外,每亩地一年还要为皇家所需而被迫缴纳许多粮食。于是,当任何人租用(而不是买)一块地时,地方官吏就发给他一份盖了章的地契,从这个时候起这块地便归他所有,他只要按税率定期纳税便可随其使用。万一没有钱向国库缴税,这块地便收归皇帝所有,不是归皇帝个人所有,而是皇帝以上天托管人的名义收缴这块土地。这种制度一直沿用至今。想要开垦一块无主荒地的人,就得义不容辞地先付一大堆钱,以后每年适当提高缴纳的地税。然后,他就会得到一张中国人所说的"红契"(盖过章),反之为一张"白契",或没盖过章的契约,准确地说,后者非正式文件,没有任何价值。

白契是这样产生的。一个擅自占地的人,他耕种并定期缴税,而这张税费收据被贪官暗中行诈,贪官强辩说,假若一定要耕种者登记土地和缴纳例费,后者如果选择退地,那么他这个官吏就既拿不到费也拿不到税了。

闽南地区和鼓浪屿的中国地主手里所有的地契几乎全是白契,要不是有更多的解释可以从根本上改变这个状况,这将是一个很严重的问题。

现已证实,太平军造反时,大部分原先代代相传的红契不是被毁掉就是丢失了,档案机构也在那时被毁,到目前为止官府已认可这种说法,并允许所有的人以无可争议的所有权保留以前的土地。

这些土地所有者通常依靠记忆把他们能够记得的旧契约写下来,当然全都缺少有效的印章,原契约的更新件因为上述官方档案的毁坏而不可能上缴。伪造契约对中国人来说,是并不生疏的犯罪行为。想要在厦门港购买地产的外国人最好对卖方的契约进行调查研究。

---

① 原注:"创始"的日期,乃根据《汉书》(Chronology of the Han dynasty)。译者按:《汉书》并无具体记载"创始"的时间。

八、人口

鼓浪屿最近有一场非常好看的场面和重要的仪式——对中国民众进行人口普查。道台接到上级省当局要在其辖区内进行人口普查的命令,他指定一名代理来调查鼓浪屿岛上的当地人口。这位代理立刻着手在岛上挨家挨户地拜访,在每幢住宅的大门口用大字写上一个登记号码以及住在里面的户数。随后,他拿出一份一式两张的空白表格,填上每个家庭的基本细节,他带走一份而留下一份作为该家庭已被访问过的记录。表格上说明户主的姓名、年龄、籍贯、所从事的职业以及其祖父、父亲、叔伯、兄弟、儿子、侄子、孙子、雇工、仆人、房客以及一应女眷的姓名。空出一栏留给和尚、尼姑、沙弥和寺庙打杂的人来填写。另一栏填写日期。这次人口普查不像我们那样一个人在一天之内完成,因此很可能不准确。以下是这名代表的工作成果,它可能算是正确的统计。鼓浪屿分为10个甲①,共有:

居民户:629户;
男性:1588人(全部足龄);
女性:1247人(全部足龄);
中国居民总数:2835人;
鸦片馆4间;
寺庙4座。
居住在厦门和鼓浪屿所有有国籍的外国人,总数为252人,本书之后列有完整的表格。

九、礼拜堂

鼓浪屿最引为豪的是有一座能容得下200多人的基督教新教的礼拜堂。岛上各种各样教派的传教士们用它来做礼拜。每隔一周的星期日晚上6点钟举行英国教会式的礼拜。边阿兰先生(A. W. Bain)担任风琴的主要演奏者。

为了更好地处理与外国殖民地宗教管理有关的诸多事务,1875年2月18日,礼拜堂举行会议,通过了10项决议,成立一个称为"厦门联合教会"的组织。签名的有这些人:牧师打马字(J. V. N. Talmage);执事约翰施敦力(J. Stronach)、倪为霖(W. McGregor)。其他人经过申请即可参加。

同时还为本地人建了四座基督教新教的教会学校,但没有任何罗马天主教的机构组织。

十、寺庙

为了顺应鼓浪屿岛上中国民众信奉宗教的需要,除基督教新教的机构外,在这个岛上还

---

① 原文 Ward 为古代英国北部和苏格兰的分区,相当一百户。这里译为清代保甲制的"甲"。

有四个拜神的地方。其中最重要的是兴贤宫①,它坐落在棒球场边上,在两棵繁茂的榕荫底下。

据说兴贤宫的历史可以追溯到遥远的元代,属于道教,有一个道号为清波的道士住在里面照看②。奉祀的神是"保生大帝"③。我们从庙中悬挂的一幅匾额得知,这位神的圣地原在青礁④,从青礁再移到鼓浪屿。另一边对应的匾额我们看到的是"泽被苍生,慈济万民"。另一幅题词则记载着该庙最后重修于咸丰皇帝驾崩的1851年。中殿进口处的两侧各有一个不小的塔形炉,信众们可以把"字纸"的这些碎片拿到那里烧掉,要不然会在地上被脚踩踏,这是对使人类文明化的上天赋予的艺术品的最大亵渎。正对着神龛之处有一座固定戏台,在某些宗教节日里,猥亵的戏剧偶尔被商家雇来表演。在中国,宗教和戏剧的关系正如手和手套一样,直到现在,前者的道士们还是觉得和后者的戏迷们打成一片很合适,因为这样一来,这些圣徒们得到的钱财就会大为增多。戏台后面有两个门,分别标着"入相"和"出将",这两扇门的宽度正好足以应付中国人演出的紧急需要。

兴贤宫的外墙贴着各种告示、官府布告和不具名的招贴等等,同时也公布各种庆典节日的捐款者的姓名以及每个人的捐款数额。

种德宫是吸引客人到鼓浪屿的第二座大型宗教庙宇⑤,它位于鼓浪屿西海岸,内厝澳的信众们每天都要从那里经过⑥。尽管就其建筑年代来说,只能追溯到公元1832年,但它与兴贤宫是"姐妹"宫庙,并且祀奉同一尊神明。人们担心这两个宫庙会因为显灵的事惹起一场没完没了的争论,但由于福田广植,兴贤宫的灵验同样也会在种德宫相应或加倍地显现出来。庙中墙上的画值得我们顺便浏览一下。陌生人会受到一位道号叫"玄黄"的住持道士的热情款待。⑦

现在我们来到日光岩的僧院,它靠近岛上自然景观最引人注目的那堆巨岩的中部。这座建于元代的寺庙供奉四海闻名的慈悲女神观音,现在由一位名叫"智聪"的单身和尚在这里住持。

鼓浪屿岛上四座被认可的拜神之处的最后一座,是一座小庙,供奉道教的福德正神。庙里没有道士。这座小庙在岛的东部,被称为"石头宫"(Palace of the Rock)。

除了上面所说的几座庙宇,路边以及海边还有一些小庙,疲惫的过客年纪大了,会停下来向这些地方神明求祷、祈拜或烧香,以获得新的勇气。里面可能会看到的不外乎这四个汉

---

① The Palace of Flourishing Virtue,即兴贤宫,原址在今鼓浪屿的马约翰广场。

② 原注:慕道者在披薙仪式上割断与尘世的关系,其中包括他不能再用在家的姓名,而代之以某些富有想象力的名称。译者注:元代始于1271年。但原文为始于1206年,今从略。道士名Wrinkled Wave,今意译为清波。

③ Lord Protector of the People,保生大帝,即闽台两岸民众所敬仰的北宋民间名医吴夲,后世尊为神明,称吴真人、保生大帝,至今香火不断。

④ 原注:大概是青礁。

⑤ 原文The Palace for the Cultivation of Happiness,直译为种福宫,而鼓浪屿与兴贤宫相伯仲者只有种德宫,而无种福宫。故译作种德宫。

⑥ 原文Short Round,从内容上进行分析,可能是当时在鼓浪屿的外国人对内厝澳所取的地名。

⑦ 原文Primeval Yellow,暂译作"玄黄";另一道士Veteran Intelligence,暂译作"智聪",其真正法号待考。

字:"有求必应"(Ask and ye shall receive)。M. 比兹利先生的公馆也可以看到一座袖珍小庙,据说是一些在附近落水而脱险的虔诚的船夫们用感恩的手在礁石上建造的。

十一、冢墓

中国人在鼓浪屿没有公墓这样的设施。他们死后在整个岛上草草埋葬。本地人说,有些坟墓的日期最早可以追溯到终结于公元1368年的宋代,但即使提出赏金,也没有人能够带我们到这样有趣的地方看看。

小山脚下牧师打马字博士公馆的路边,距离道弗尔先生的住宅和花园不远的地方,有一块大石头,上面的铭文已几乎湮没。这是一通中国人的墓碑,它记录如下:"明天启四年(公元1624年)立,行素黄公暨室曾氏墓"。

"行素"这个词其实不完全是死者的姓名,而只是他死后一个体面的别号,在这里与"生来尽其本分行事"的意思相同。因此这位已故绅士今应称之为"黄本分"先生才好。

鼓浪屿东北部海边有一片混杂着一些古旧墓碑的外国人葬地,有些碑石确因年代和天气的原因而字迹全都模糊,难以卒读。以下几篇铭文是从紧靠着孟逊医生公馆那里被找到的:

"兹长眠着成功号前指挥官史狄芬·巴克上尉的遗体。亡故于1700年10月18日。享年49岁。"

"兹长眠着特朗布尔号指挥官亨利·道菲尔德之子约翰·道菲尔德的遗体。亡故于1698年9月6日。"

"庞嘉锡兰的多明戈和其他两个菲律宾的印度人之墓。亡故于1759年10月某日。"①

传教士公墓隐蔽在黄氏宗祠后面的一个静静的角落,宗祠前面的路边立着一座年代为1610年的墓碑。一位高尚卓越的人——著名的《厦门方言中英文字典》的编纂者杜嘉德牧师(Rev. Carstairs Douglas)的遗体也埋葬在那儿。迄今为止好像还没有为纪念这位杰出的学者建立墓碑。

三座以上的外国人墓葬,刚好在公墓大门外数步之遥的地方。

自从外国人永久性占据以来,有一位单身的印度袄教徒死于鼓浪屿岛上。他的遗体长眠在与道弗尔先生公馆相连的私人袄教徒公墓。

还有一处没有墓碑的单独的马来西亚人的墓地。

总之,除了上述这些墓葬,尤为重要的是安葬那些去世于鼓浪屿或厦门港的那座外国人公墓②。它的门口有一座小小的追思礼拜堂,两侧可以看到许多造型优美的墓碑,大部分由

---

① 原注:第三行可能是庞嘉锡兰,菲律宾一个省的名称。
② 鼓浪屿老地名为"番仔墓"。其原址今建造为鼓浪屿音乐厅。

形状不一的圆柱和方尖碑组成。以下是其中所找到的最为引人注目的几通碑文：

"纪念英国皇家舰队'睢鸠号'舰海军上尉、国家天文学会会员奥古斯都·普西瓦尔·格林纳。1844 年 12 月 2 日亡故于海外航行途中。享年 26 岁 9 个月又 3 天。"（一通英国皇家舰队"威尔士人号"舰水手长碑石上的年代为 1842 年）

"为纪念 1866 年 6 月 12 日之夜在查普尔岛的台风中英国'珍珠号'双桅船上所有亡故者建造此纪念碑。"

"纪念 1874 年 9 月 22 日在洗澡时溺亡的前美国海军船长理查德·A·布雷克。享年 26 岁。美国船'扬提斯'号同僚立。"

许多墓碑上都刻着"祈勿毁坏"四个汉字。

十二、碑铭

鼓浪屿岛上的居民肯定见惯了深深镌刻在巨岩上的各种中文碑铭，这些石头形成了这一带海滨风景的迷人景色。大体说来，这些碑铭都是出自于虚荣之心，但有些时候是出自于虔诚而镌刻的，个别有钱人渴望为自己留下一点最后的纪念，或者想告诫其同胞在当今这个邪恶的世界里千万不要骄奢淫逸。我们从德意志帝国领事的公馆附近的大石头上随便挑出一幅石刻。这幅石刻是一副对联，意思是："鼓浪洞天，鹭江第一"①。上联当然暗指的是鼓浪屿，下联则针对鹭江而言②。鼓浪屿或鼓浪屿岛相传因海浪轰激着它的海岸发出鼓一样的声音而得名，厦门长久以来因其附近发现有许多白鹭而被称作鹭江或鹭岛。上述石刻附有一位林氏人士的姓名③，在李让礼将军任美国领事期间④，这位林氏人士是社会上公认的语言学家。

建造在怡记洋行（Messrs. Elles & Co.）⑤地产上那座俗称为"闲乐居"（Anathema Cottage）⑥的带走廊的小平房，无疑是鼓浪屿最奇特而又最具有吸引力的人工景观之一。它建在绝顶上，边沿紧靠着一块高五六十英尺的巨岩上，这座空中楼阁般的公馆因为有夏天季

---

① 原文是：The Drum Wave Island is a paladise upon earth; The Egret River is second to none. 现为鼓浪屿日光岩上最引人注目的摩崖石刻之一。"鼓浪洞天"四个字系明万历元年（1573）泉州府同知丁一中的题刻，左边的"第一"四个字和"林鍼"的两字名款分别镌刻于清代道光、咸丰年间。

② 原文为 Xiamen river，实即鹭江，今称作厦鼓海峡。

③ 这位林氏人士即厦门人林鍼，1847 年曾应邀到美国，著有《西海纪游草》，被誉为近代中国民间赴美访问的第一人。

④ 1867 年—1873 年李让礼将军（General C. W. Le Gendre，或译作李仙得）任美国驻厦门领事。

⑤ 怡记洋行（Messrs. Elles & Co.），1861 年前丹麦驻厦门领事伊理士创办，嗣后逐渐转移至台湾府，由荷兰驻打狗（今高雄）领事边阿兰接办，更名为 Bain & Co.。

⑥ 原注：这个词语的解释比议会颁布的东西还逗笑。译者按：原文 Anathema Cottage，是诙谐语，意思是极令人讨厌的小屋。今按原意试译为"闲乐居"。

风那诱人的阵阵吹拂,使人深感舒适。它建于1876年,之前许多持反对意见的中国官员根据"风水"相克的原理不赞成选址在这里①,——我们有理由相信,这些反对意见在一些细心使用墨西哥银元者的和风细雨的影响下,已经像雪融化掉那样消失了。对文物爱好者来说,所有最引起好奇的是那幅深深刻在岩石表面上的中文石刻,不久前,石刻前面还有一座供奉着圣母的漂亮的庙宇,圣母别称天妃,是海上水手和海商们的守护女神。呜呼,世风不古!当下有一个野蛮的医生经常在这座曾经是庄严的寺庙里举办令人讨厌的酒会,纵情饮乐,外国恶棍的笑声在这个短短数年前,还只能听到谦卑的恳求者祈求女神保佑的喃喃祷告声的所在,发出了邪恶的回响。除了石刻本身告诉我们它的历史之外,兰德尔·派依先生还热心地提供给我们一份抄件,原文如下:

重兴鼓浪屿三和宫记

窃惟天心丕显,群瞻霄汉之光;帝运遐昌,共丽车书之统。故河神效顺,海若输诚。而圣母之昭昭灵应,不啻有桴鼓之捷,风草之征。余盖尝于吾身亲见之也。自昔年由邑庠招集义勇,剿捕林逆,蒙恩擢用。嗣因蔡、朱二逆猖獗,亲带舟师追捕,于嘉庆八年间收抵三和宫前休修葺战舰,见庙廊之就敝,顿起募建之思,翼神听自可通,默许重兴之愿。由是,舟师所向屡立微勋,累迁至水师提军。己巳秋,渠魁扑灭,海氛以次底定,蒙恩晋封子爵,赏戴双眼花翎。回思向日祈祷之诚,其昭应真有历历不爽者矣。神光既普,庙貌宜新。谨捐廉俸,鸠工庀材,而行户巨商亦各喜擅施,共襄盛举。今已落成矣,但见栋宇垣墉,崇闳坚致。西来山色千重,翠黛拥雕梁;东向波光万顷,琉璃辉宝座。此余所以酬圣母之恩而明明对越,惕惕凝诚,余心终有不能自已也。

时嘉庆癸酉孟冬之月,钦命提督福建全省水师军务、统辖台澎水陆官兵、世袭二等子王得禄谨题。乡进士、拣选知县王圭璋书丹。

十三、风水

中国人看重土地和水的布局,相信这种有力的影响会对人类的事物起作用。这是众所周知的事,在此不必赘言,倒不如对我们所在的鼓浪屿想象中的形状多加留意。鼓浪屿被人们比喻成一条龙,它的头所在之处俗称"龙头",其实中文词语的准确翻译是"龙的头"。龙的尾巴是在鼓浪屿的另一头,M.比兹利先生地产所在的岩岬上。岛上的这个部分通常被称作"田尾"或"稻田的末尾部分",这样来为它命名,很可能"尾巴"是属于自然的龙,而不是我们大家爱看的那种舞动的人造俗物。

我们有些人把鼓浪屿看成是一艘船,把它的三座石丛中的高岩充当桅杆,舵和船尾则在海边靠近德记洋行(Messrs. Tait & Co.)地产的位置上。但对比起来,大多数人是支持鼓浪屿像龙的说法。

---

① 原注:我们推测大部分读者所知道的"风水",是中国人占卜土地的公开形式,现在已常被引用来作为建设铁路、电报线杆等等的阻碍物。这个题目太泛太玄,不可能在此讨论。但我们可以说,一座城市或一个家庭运气的吉凶,是根据其自然和人为的环境所特有的和谐来测定的。

十四、航运与贸易

严格说来,鼓浪屿的历史对厦门港的贸易无足轻重,但以下海关《贸易利润》(Returns of Trade)的摘要有助于了解我们港口航运以及贸易的重大事情,因此,毫无疑问会引起许多人的兴趣。

表格(1877年)

进港汽船			进港帆船		
国别	数量	吨位	国别	数量	吨位
英国	377	254510	英国	93	28513
德国	4	3168	美国	8	3711
法国	2	2262	德国	105	27216
丹麦	1	337	法国	6	2254
西班牙	18	8741	丹麦	13	3471
中国	27	21668	荷兰	10	2960
			瑞典	2	548
			暹罗	6	2172
总计	429	290686	总计	243	70845

轮船与帆船总计(1877年)

国别	数量	吨位
英国	470	283023
美国	8	3711
德国	109	30384
法国	8	4516
丹麦	14	3808
荷兰	10	2960
西班牙	18	8741
瑞典	2	548
暹罗	6	2172
中国	27	21668
总计	672	361531

各国纳税数额(1877年)

国别	海关(两)
英国	378110.4.0.5
美国	8672.4.4.3
德国	64534.5.8.6
法国	8907.2.5.1
荷兰	5907.0.6.9
丹麦	9873.6.7.3
西班牙	23394.3.5.2
瑞典及挪威	109.9.8.0
暹罗	7719.1.4.6
中国	12279.1.3.9
鸦片	192937.5.5.4
总计	712445.5.9.8

从这些资料的分析可以清晰地看到,英国掌握了全部贸易的一半以上。

十五、家事

如同中国所有的港口那样,鼓浪屿的生活必需品并不便宜。各种欧洲商品都很容易从外国人和本地人开的零售店里以公平合理的价钱买到。乔治·史密斯洋行有一座公馆代理酒和其他饮料的销售。浆洗次等质量的衣服,无论大小件每一百件需工钱1.50银元,工钱可以另议。面包每磅7分。以下是家庭消费最主要物品大概的价格清单。

市场价格

一元大约值3/9便士;
每一元兑换1100至1120个铜钱;
一斤相当于1又1/3磅;
一担相当于100斤;

家畜肉类

牛肉:每磅8分;
小公牛(阉牛)舌:每个20分;
小公牛(阉牛)心:每个20分;
小公牛(阉牛)蹄:(每个)4～5分;
小公牛(阉牛)肝:每磅8分;
小公牛(阉牛)腰子:每个7～8分;

小牛头和牛蹄:每副75分;

羊肉:每磅25分;

猪肉:每磅10分;

小羊头和蹄:每副50～75分;

乳猪:每只1.50～2.00银元;

小牛肉:每磅12～14分;

家禽

阉鸡:每只30～50分;

童子鸡:每只12～20分;

鸭:每只20～40分;

鹅:每只50～75分;

火鸡:每只4～7银元;

雌火鸡:每只1.50～2.00银元;

野鸭:每只35～50分;

野鹅:每只70分～1银元;

沙鹬鸡:每打50分～1银元;

鱼

鱼每斤80～120文铜钱,它包括鲽、鲳、鲢(Samli)、石鳕、海虾等许多品种。

水果

杨梅:每斤12～16个铜钱;

香蕉:每斤30～56个铜钱;

柠檬:每斤32～64个铜钱;

鲜荔枝:每斤30～40个铜钱;

荔枝干:每斤110～130个铜钱;

中国芒果:每斤16～40个铜钱;

桔子:每斤32～160个铜钱;

桃子:每斤24～32个铜钱;

梨子:每斤24～40个铜钱;

柿子:每斤16～32个铜钱;

李子:每斤24～40个铜钱;

椰子果:每个50～100个铜钱;

菠萝:每个30～70个铜钱;

柚子:每个20～40个铜钱;

蔬菜

地瓜:每担1.50～3.50银元;

笋:每斤30～112个铜钱;

豆:每斤60～90个铜钱;

萝卜:每个20～30个铜钱;

甘蓝:每个 40～60 个铜钱;
花椰菜:每个 40～250 个铜钱;
莴苣:每个 10～16 文铜钱;
孟买洋葱:每斤 80～150 个铜钱;
胡萝卜:每斤 25～30 个铜钱;
胡瓜:每斤 40～100 个铜钱;
菠菜:每斤 24～32 个铜钱;
西红柿:每斤 25 个铜钱;
芜菁:每斤 48～50 文铜钱;
山药:每斤 48～50 个铜钱;

大米:每斤 30～40 个铜钱;
牛奶:每瓶 80～110 个铜钱;
西谷米:每斤 80 个铜钱;
通心粉:每斤 66～88 个铜钱;
面包:每磅 80 个铜钱;
木炭:每斤 10～15 个铜钱;
柴火:每担 30～40 个铜钱;
洋油:每罐 1.25～1.75 银元;
中国油:每斤 8～10 分;
稻谷:每担 1.60～2.00 银元;
香港糖:每磅 10 分;
新咖啡:每磅 20 分;

时令果品

一月:苹果、香蕉、栗、葡萄、桔、梨、柿、菠萝、柚;
二月:苹果、香蕉、栗、桔、柿、菠萝、柚、梨;
三月:苹果、杨梅、香蕉、桔、柿、菠萝、柚、梨;
四月:苹果、杨梅、香蕉、枇杷、芒果、柿、菠萝、梨;
五月:香蕉、枇杷、芒果、杨梅、菠萝;
六月:香蕉、荔枝、芒果、桃、梨、李、西瓜;
七月:香蕉、荔枝、芒果、桃、梨、李、西瓜;
八月:香蕉、番石榴、芒果、葡萄、龙眼、李、西瓜、黄皮;
九月:香蕉、番石榴、葡萄、龙眼、菠萝、黄皮;
十月:香蕉、葡萄、菠萝、柚、桔、柿;
十一月:香蕉、葡萄、桔、菠萝、柚、柿;
十二月:苹果、香蕉、栗、葡萄、桔、柿、柚;

  工钱是合理的。厨师每个月 6 至 12 银元;男仆或管家 6 至 10 银元;家务勤杂工、轿夫或园丁这些工人 4 至 6 银元;保姆 7 至 10 银元。按照中国惯俗,上述所有的仆役做事是自觉的。一般说来,他们为了本身的好处会想办法把事情做好,但他们职责以内要做的事,我们却要付出比实际多了半倍的代价。厦门和鼓浪屿的当地人只是二等仆役,许多人宁肯雇用广东人。不过,厦门和鼓浪屿的当地人和他们的同胞一样,通常都有一种美德:他们不偷东西。

十六、共济会

早先在鼓浪屿设立共济会的尝试失败以后,有赖于住在岛上的弟兄们之力,于1878年创立并实现"厦门共济会会所"的计划,现在它已在正常运作了。兹附上原来会员的姓名:

主席:席福弟兄[①];
代理执行长:阿查立[②];
高级监事:博伊德弟兄[③];
初级监事:赖依弟兄(A. Leigh);
秘书:翟理斯弟兄[④];
寺库、司琴:边阿兰弟兄[⑤];
高级执事:克洛伊克斯弟兄(W. De. St. Croix);
初级执事:钱尔德弟兄[⑥];
内部监管:彭洛斯弟兄(J. H. Penrose);
门监:麦士乃弟兄[⑦]。

以上几位是今年的高级职员,下面几位弟兄也是共济会成员和申请书的签名者:穆和德、哥嘉、葛果德、哥达[⑧]。

厦门共济会于1878年9月21日晚上如期举行会议,并以古典礼仪宣告成立。在吸收毛勒(N. Moalle)和恒宁生两位先生入会之后,有五位候选者被正式介绍入会,他们是派伊(R. H. Pye)、华质美、哈克尼斯(T. G. Harkness)、考尔萨德(J. R. Coulthard)和布德,同年10月8日还有亨德逊(J. J. Hendson)、弥乐石、贾士和阿斯壮等四位先生。可以设想,厦门共济

---

① 席福(H. A. Sidford),英国人,1862年任职中国海关。
② 阿查立(Chaloner Alabaster, 1838—1898),又作阿查理、阿查利,英国外交官,1855年来华。
③ 博伊德(T. D. Boyd),英国商人,1867年以店东身份承顶接办英商新梅(F. D. Syme)1846年在厦门创办的和记洋行,并在台南、淡水等地先后设立和记洋行的分号。
④ 翟理斯(Herbert Allen Giles, 1845—1935),一作翟理思,英国外交官,汉学家,1867年来华,1880—1894年先后任英国驻厦门、淡水和宁波领事。
⑤ 边阿兰(A. W. Bain),英国商人,1877年兼任荷兰驻台南领事。
⑥ 钱尔德(W. C. Howard),英国人,1864年进中国海关。
⑦ 麦士乃(J. Mesney, ?—1884),英国人,1866年进中国海关。
⑧ 穆和德(R. B. Moorhead, ?—1903),英国人,1868年进中国海关;哥嘉(T. E. Cocker),英国人,1869年进中国海关;葛果德(J. Kirkwood),英国人,1872年进中国海关;哥达(G. A. Corder),英国人,1877年进中国海关。

会很快就会成为远东最兴盛的一个分会①。

十七、俱乐部

"俱乐部"的分部现在所在的这座宽畅建筑物建于1876年,在这个分部发展到现在这个规模之前的几年,俱乐部的房子很差。这座建筑物里面有一个中等图书馆,一个有着国外和当地各种最好的报纸的阅览室,一个有两张桌子的台球室,一个保龄球场,一间备有饮料和牡蛎的酒吧间,以及一间最近每晚7点半用来聚餐的委员会会议室。大厅里公布着各沿海口岸轮船来往的最新电报消息,还挂了一架精确的晴雨表,为留心天气变化的人提供信息。

十八、娱乐

紧挨着俱乐部有一座小剧院,冬季有许多精彩的表演在这里举行,许多女士们欣然给予赞助。与剧院并排的是一个有围墙的硬地网球场,对所有能坚持严格练习的人乃是用不完的保健资源。不远处有一个活动场(Recreation Ground),冬天的几个月可以在场上观看到一些好看的板球比赛。在厦门的海边每年举办一次为期两天的赛马会。极称心的是到附近狩猎,兴许可以捕获到大量的鹅、鸭子、水鸭和鹬。草地网球赛可在活动场公开举行,也可在那些拥有适用草地的有钱人的公馆里私下举行。厦门港很适合于驾驶帆船,环绕着鼓浪屿散步即使有些单调,但还是惬意的。

夏天的月份里,黄昏在美丽的沙滩上散步和聊天,接着在暮色四垂的时候到海中游泳。一份由厦门两家印刷局中的一家所印制的日报——《厦门公报与航运报》(The Amoy Gazette)每天黄昏时候就送到餐桌上来②,以《闲话双月刊》(Waffle's Bi-monthly)为刊名的一本画有连环漫画的出版物也在冬季里发行③。鼓浪屿生产各种各样的冰和汽水,还以有一家向居民供应"纯净不掺水的牛奶"(Pure un-watered milk)的"公司"而引以为豪。

除此之外,鼓浪屿还有物价低廉和商品多样化的市场,有益健康的气候以及周围美丽的风光,并且有直达电报通向全球大多数的地方,"鼓浪洞天,鹭江第一"的确名不虚传。

---

① 恒宁生(J. Henningsen),丹麦电信企业家,1871年前后来厦;华质美(J. C. Wardlaw),英国商人,1861年前来华,1867年起先后兼任葡、法、荷驻厦门领事或副领事;布德(A. J. Booth,?—1893),英国人,1875年进中国海关;弥乐石(E. Rocher,1846—1924),法国人,1865年来华,1875年进中国海关;贾士(J. Gratton Cass),旅华商人,1874年兼署美国驻淡水领事;阿斯壮(J. Armstrong),英国人,1877年进中国海关。

② The Amoy Gazette,初称《厦门航运报》,1872年英国人在厦门出版的英文报刊,由福建印字馆发行,主要内容为贸易、船期消息和广告。1878年由马卡尔主编,改名《厦门公报与航运报》,成为一份真正的新闻报纸。辛亥革命时仍在继续出版,何时终刊不详。

③ Waffle's Bi-monthly,这本杂志从未见过介绍,暂译作《闲话双月刊》。

1878年10月10日厦门和鼓浪屿外国居民一览表

姓名（英文）	译名及其他	人数	姓名（英文）	译名及其他	人数
Abendroth H.	阿本德罗思夫妇	2人	Luhrss W.	吕尔斯（居厦）	1人
Alabaster C.	阿拉贝斯特夫妇暨二子	4人	Luz D. M. da	卢茨	1人
Andersen L. A.	安德森	1人	Luz F. M. da	卢茨	1人
Anderson J. L.	安德逊	1人	Maher J. A.	马厄（居厦）	1人
Angelo V.	安杰罗（居厦）	1人	Manson P.	曼逊夫妇暨二女与护士	4人
Ayres C. A. S.	艾耳斯	1人	Marcal A. A.	马珂（居厦）	1人
Ayres L. P.	艾耳斯	1人	Marcal D. F. R.	马珂（居厦）	1人
Azevedo L. G.	阿泽弗杜（居厦）	1人	Marcal J. F.	马珂（居厦）	1人
Bain A. W.	巴恩	1人	Mateling G.	马特琳	1人
Balzano M.	巴尔扎诺	1人	McGregor W.	麦克雷戈夫妇暨一子、一女	4人
Bayly G. J.	贝利	1人	McIntosh J.	麦金托什（居厦）	1人
Beazeley M.	比兹利夫妇暨一子	3人	McQuire F.	麦夸尔（居厦）	1人
Belgiere Ida	贝尔吉尔.艾达（居厦）	1人	Mehta B. S.	梅塔（居厦）	1人
Best C.	贝斯特	1人	Merrill H. F.	梅里尔	1人
Bismarck C.	璧斯玛（注：德领）夫妇暨二子	4人	Mesny W.	麦斯尼夫妇暨五女	7人
Boyd T. D.	博伊德夫妇暨一女与护士	4人	Michelsen L. P.	米切尔森（居厦）	1人
Boyol H. V.	博约尔（居厦）	1人	Miyazaki S.	米耶扎基	1人
Brown F. C.	布朗	1人	Moalle N.	莫勒夫妇（居厦）	2人
Bruce F. W.	布鲁士	1人	Moorhead R. B.	莫尔黑德夫妇暨二子、四女	8人
Bruce J.	布鲁士	1人	Moran R.	莫兰夫妇暨一女	3人
Bruce R. H.	布鲁士	1人	Nicholls B.	尼科尔斯	1人
Burno G.	布瑙（居厦）	1人	Niemann F.	尼曼（居厦）	1人
Buschmann J.	布希曼夫妇暨一女	3人	Nunes A. A.	努涅斯夫妇暨一女	3人
Calver E. V.	卡尔弗	1人	Nutter G.	纳特（居厦）	1人
Campbell S.	坎贝尔	1人	Oakey F.	奥基	1人
Cass F.	范嘉士（注：比领）	1人	Ollia N. D.	奥利亚（居厦）	1人
Cass J. G.	卡斯	1人	Orr W. S.	奥尔	1人

续表

姓名(英文)	译名及其他	人数	姓名(英文)	译名及其他	人数
Chomley F.	乔姆利	1人	Pasedag C. J.	巴士楠(注:荷领)	1人
Christy W.	克里斯蒂	1人	Paterson D.	佩特森	1人
Collaco A.	克拉科夫妇暨一女与嫂嫂	4人	Paulsen C.	保尔森夫妇暨一女	3人
Colomer R.	科洛默(居厦)	1人	Penrose E. H.	彭罗斯夫妇	2人
Corner A. W.	科纳(居厦)	1人	Perera E. de	佩雷拉夫妇暨一女与护士	4人
Coulthard J. R.	库尔撒德	1人	Piehl A.	派尔(居厦)	1人
Covil T.	科维尔	1人	Playfair H. S.	普莱费尔	1人
Danielsen J. W.	丹尼尔森夫妇暨一子	3人	Powell C. S.	鲍威尔夫妇	2人
Darling D. A.	达林夫妇暨二女	4人	Price C. J.	普赖斯	1人
Dauver H. R.	道弗夫妇	2人	Pye Randall H.	派伊.兰德尔夫妇暨女仆	3人
Delestre E.	德莱斯特雷夫妇	2人	Quioga Malcampo	夸沃佳·马尔坎波夫妇暨二子、一女	5人
Drishaus G. O.	德里肖斯夫妇	2人	Rogno Carolina	罗格诺.卡罗琳娜(居厦)	1人
Dutras J.	达特拉斯(居厦)	1人	Remedios C. C.	雷米戴奥斯(居厦)	1人
Edwards J. H.	爱德华兹夫妇暨一女	3人	Rocher E.	罗奇尔	1人
Elwell F. F.	阿鳌化(注:挪、瑞领)夫妇	2人	Ronnekamp W. H.	隆尼坎普	1人
Feindel C.	范德尔	1人	Rose E. N.	罗斯	1人
Fenton R. B.	芬顿	1人	Rost M.	罗斯特暨二子及姐妹(居厦)	4人
Ferrari Maria	费拉里·玛丽亚(居厦)	1人	Rozario P. A.	罗扎利奥	1人
Fukushima K.	福山夫妇暨一子	3人	Sadler J.	萨德勒夫妇暨一子	3人
Giles H. A.	翟理思夫妇暨三子与护士	6人	Sauger P. M.	绍佳	1人
Gordon R.	戈东夫妇暨二女	4人	Shimidsu R.	夏密德苏	1人
Gowland T. G.	高兰德	1人	Silva F. F.	席尔瓦	1人
Guixa N.	奎夏(居厦)	1人	Sidford H. ?.	西得福德夫妇暨一子	3人
Haalcke W.	哈尔克(居厦)	1人	Simoens C. P.	西蒙斯	1人
Hams Mrs.	哈姆斯太太	1人	Sivart J. T.	西瓦特	1人
Hansen C.	汉森(居厦)	1人	St Croix W. de	圣·克罗伊克斯	1人

续表

姓名(英文)	译名及其他	人数	姓名(英文)	译名及其他	人数
Harkness T. G.	哈克尼斯	1人	Stevens N. C.	史蒂文斯	1人
Hasting R.	哈斯廷斯(居厦)	1人	Stricker R.	斯特里克	1人
Hauenstein G.	豪恩斯蒂恩	1人	Swanson W. S.	斯旺森	1人
Head F. S.	黑德	1人	Talmage J. V. N.	打马字夫妇暨一子	3人
Heather H.	希瑟(居厦)	1人	Talmage D. M.	打马字	1人
Henderson J. J.	恒德森(注:美领)夫妇暨一女	3人	Talmage Miss K.	打马字.K姑娘	1人
Henningsen J.	亨宁森夫妇暨二女	4人	TalmageMissM.E	打马字.M.E姑娘	1人
Hollander J. H.	霍兰德(居厦)	1人	Tebbutt J. L.	特巴特(居厦)	1人
Howard W. C.	霍华德夫妇暨三子、二女	7人	Thompson H.	汤普逊夫妇暨一女	3人
Irminger F.	艾尔明格	1人	Tolatce M. B.	托拉蒂(居厦)	1人
Johansen C. H.	约翰森	1人	Tomiyama K.	托米雅马	1人
Johnston W. C.	约翰斯顿夫妇暨一女	3人	Trotter D. A.	特罗特	1人
Kip L. W.	基普夫妇暨一女	3人	Wada Y.	瓦塔	1人
Kopp C. O.	柯普夫妇暨一子	3人	Wayett Mary	瓦伊特·玛丽(居厦)	1人
Krug A.	科鲁格(居厦)	1人	Wardlaw J. C.	华质美(注:葡领)夫妇	2人
Leigh A.	利兹夫妇(居厦)	2人	Wilson w.	威尔逊夫妇	2人
Leyton de W.	莱屯	1人	Yamakuchi G.	雅马库奇	1人
Liddel A.	李德尔夫妇暨一子、一女(居厦)	4人	Zielke J.	齐尔科	1人
Loftus L.	洛夫特斯(居厦)	1人			
总计			(住鼓浪屿者193人)	(住厦门者58人)	251人

1878年厦门和鼓浪屿外国居民成分分析(1)

	人数
成年男性	135人
成年女性	60人
男孩	26人
女孩	30人
总计	251人

1878 年厦门和鼓浪屿外国居民成分分析(2)

	人数
已婚男性	51 人
已婚女性	45 人
独身男性	81 人
鳏夫	3 人
寡妇	2 人
成年未婚女性	13 人
儿童	56 人
总计	251 人

1878 年厦门和鼓浪屿外国居民成分分析(3)

国籍	人数
美国	21 人
英国	133 人
法国	3 人
德国	38 人
意大利	6 人
日本	8 人
葡萄牙	19 人
西班牙	16 人
总计	251 人

（以上一览表和提要能够准确无误，乃得到西蒙君的帮助。翟理思记）

重塑鼓浪屿人文社区，再造人文版美丽之岛

厦门市委党校课题组[*]

"活化利用文化遗产"，恢复鼓浪屿的文化创造能力，重塑鼓浪屿人文社区，再造人文版美丽之岛，不仅仅是我们这一代厦门人对厦门先民的历史交代，也是对鼓浪屿文化孕育和滋养我们的回报，更是我们当代厦门人的历史责任。

自1988年鼓浪屿—万石山风景名胜区被国务院审定为国家重点风景名胜区以来，鼓浪屿旅游业的发展取得了长足的进步，特别是近十年来，鼓浪屿从游客不足、收入不足转变为每年游客过千万人次、旅游收入大幅度增长。鼓浪屿成为厦门城市的窗口和旅游业发展的龙头。但是，20多年的快速变迁，使鼓浪屿原有的特色发生了巨大的变化：原居民的大量外迁、高端文化艺术人才的出走与服务业从业人员、板车工、野导游的涌入，改变了鼓浪屿的居民结构；医院、学校的外迁和公共服务设施建设的不足，使鼓浪屿人文社区的功能不断退化，居民生活很不便利；过度发展的商业、油烟飘散的烧烤、杂乱无序的地摊、长期盘踞的野导、欺诈坑宰游客的冲洗（照片）店，让鼓浪屿变得拥挤杂乱；在家庭旅馆爆炸式增长的同时，部分特色风貌建设被乱破墙、乱搭盖，"万国建筑博物馆"伤痕累累；代代皆有杰出人才的鼓浪屿面临着业态商业化、人口低端化的现状，文化传承令人担忧；商业文化的恶俗化发展使"二奶铺"、"晓三开的奶茶房"、"爆奶杯奶茶"、"艳福酒吧"等一个个哗众取宠、低级恶俗的店名在网络上广泛传播，降低了鼓浪屿的文化品位。对照鼓浪屿盛产文学大师、体育教育家、医学名人、世界钢琴家、现代诗人的辉煌历史，对照林语堂、马约翰、卢戆章、林巧稚、殷承宗、舒婷的人文贡献，当代厦门在过度消费鼓浪屿人文资源的同时，显得苍白低俗和急功近利。鼓浪屿的发展由此引起了社会各界的担忧。

近年来，在中央电视台曝光鼓浪屿野导横行和旅游业乱象以后，厦门市下大力气整治鼓浪屿野导游、冲洗店坑宰游客、占道烧烤、恶俗店名等乱象，目前已经有了明显的改善。2014年6月，厦门市公布了《鼓浪屿整治提升总体方案》，就突出问题、无证导游、卫生保洁、消费环境、市场监管、家庭旅馆、海上营运、交通秩序、户外广告、交通安全开展"十大专项整治行动"，已经产生了一定的整治成效。

但是鼓浪屿文化旅游的退化、人文生态的破坏、文化传承与建设的难以为继，依然让我们忧心忡忡。《总体方案》提出，围绕"科学定位、理顺体制、综合整治、整合资源、完善功能、提升品位"，按照"整治、整合、提升"的战略步骤，实施美好环境与和谐社区共同缔造行动，达到共建、共管、共享的良性社会治理效果，并通过整合资源，引入市场机制，走出一条鼓浪屿文化创意与旅游产业共荣、社区生活与景区管理共治的可持续发展之路，特别强调要"活

---

[*] 课题负责人：彭心安　厦门市委党校　福建　厦门　361000
　　课题组成员：吕丹、戴良平

化利用文化遗产"、"恢复鼓浪屿历史上多元而先锋的文化生产力",将鼓浪屿建设成高尚、优雅、精致的"世界级文化艺术名岛",成为"美丽厦门"的精华版。如何来落实《总体方案》,环境整治相对容易,人文建设相对艰难,绝对不是一个方案就能解决的。

我们要鼓浪屿的风景秀丽,我们也要鼓浪屿的风华绝代。鼓浪屿的风华绝代是文化的风华绝代,是人才辈出的风华绝代,我们不应该让风华绝代的鼓浪屿文化到我们这代厦门人手中就风华散尽、文脉"绝代"了。

为此,本课题围绕重塑鼓浪屿人文社区,共同缔造美丽之岛,着力于研究如何让风景名胜区、人文社区、文化保护区相辅相成,着力于研究旅游发展模式与社区发展模式在矛盾中的兼容并蓄,着力于研究"文化遗产地"与"旅游目的地"的互相支撑,着力于研究社区功能的恢复、人文内涵的提升对鼓浪屿旅游业态发展的影响,着力于研究重塑鼓浪屿人文社区、共同缔造美丽之岛的体制机制与基本路径,在社科界以往研究成果的基础上,进一步提出对策建议,供市委市政府决策参考,发挥社科界聚智咨政的作用。

一、在矛盾的对立统一中给鼓浪屿综合定位、科学定位

重塑鼓浪屿人文社区并不是今天才提出的研究项目,过去几年来,厦门社科界一些专家学者、厦门部分人大代表和政协委员年年呼吁重视鼓浪屿人文生态建设,鼓浪屿管委会、一些民主党派围绕鼓浪屿发展乱象提出了一些整治思路,一些学者和文化名人为此痛心疾首,并提出对策建议。如民进厦门市委员会赖妙宽建议想方设法吸引高端的艺术人才上岛,传承与发展鼓浪屿的艺术文化,使之再次成为一个精神和文化交流的艺术之乡,彭维斌建议改变鼓浪屿过度商业化的现状,从根本上杜绝各种短视、破坏性行为。民盟厦门市委朱奖怀建议限制游客上岛人数,释放鼓浪屿人文资源的能量。著名文史专家洪卜仁建议保护老建筑,恢复岛上医院、学校、商店等设施,将鼓浪屿建设成为高层次的文化社区。厦门市社科院詹朝霞在《鼓浪屿战略地位和发展策略》一文中强调将鼓浪屿定位成一个人文社区,认为鼓浪屿的人文社区和风景名胜区应该是皮与毛的关系,人文社区是皮,风景名胜区是毛,皮之不存,毛将焉附,并提出二者和谐共生的期望。鼓浪屿申遗顾问彭一万提出要对鼓浪屿的商业和文化布局进行统一规划,划定区域进行文化展示。北京清华城市规划设计研究院文化遗产保护研究所副所长魏青建议大力建设鼓浪屿"社区博物馆",使鼓浪屿成为一座整体的"博物馆岛"。这些独到的见解和建议,无疑是我们珍贵的财富。

鼓浪屿发展到今天,有些问题已经是覆水难收,有些问题已经处在矛盾交织之中,如何在旅游经济与文化传承、风景区与人文社区、人口低端化流动与高端化愿景、人文社区功能配套的公共责任与成本核算等多种矛盾的对立统一中,找到重塑人文社区、共同缔造美丽之岛的路径,很值得系统研究。

(一)鼓浪屿的定位本身就不可能是单一的,而是多面的统一体,甚至是矛盾的统一体

谁都明白,要解决鼓浪屿的问题首先要解决鼓浪屿的定位问题。问题在于,定位本身不能二选一或者三选一,鼓浪屿是风景名胜区、人文社区、文化保护区的统一。在鼓浪屿申报

世界文化遗产的工作中,厦门市将鼓浪屿定位为"世界级的文化遗产地和旅游目的地",这个定位还是比较合理的。没有人文社区的依托,这个"文化遗产地"就只能是"文化遗留地"。

(二)鼓浪屿人文魅力延续到今天已经有很多覆水难收的无奈,我们应从实际出发,舍弃那些不现实的愿景

完全按照旅游模式来管理鼓浪屿、建设鼓浪屿是肯定不行的。反过来,想恢复鼓浪屿旅游业大发展之前那种"以生活社区为主、旅游景区为辅"的发展模式,也是不现实的。现在提出恢复袖珍型的鼓浪屿区,再设区政府,也是不现实的。鼓浪屿的居民不可能大幅度增加,建设非常完备的公共服务设施如医院、各种完全建制的学校等,目前也是不现实的。任何一个文化遗产地的发展,都会体现一定的规律性,尊重规律、尊重现实是应有的态度,同时我们又应对人文鼓浪屿的发展抱有信心。

(三)正确认识和处理鼓浪屿建设发展中的四个矛盾关系

一是景区与社区的矛盾关系。有人经常问:"鼓浪屿到底是人文社区还是风景名胜区?"提这个问题本身就是一个问题。难道只能有一个选择?二者是对立统一的关系,处理不好,人文社区与风景名胜区就会产生矛盾;处理好了,人文社区与风景名胜区就会相辅相成、相得益彰。

二是旅游生态与社区人文生态的矛盾关系。鼓浪屿经过多年的发展,已经成为全国知名的旅游风景区,每年上岛游客逾千万人次,很多游客来厦门正是慕鼓浪屿之名而来,鼓浪屿的经济价值绝不仅仅是每年的船票收入、门票收入,鼓浪屿的经济价值远大于鼓浪屿自身的旅游收入。鼓浪屿是厦门旅游业态发展的展示窗口,是厦门旅游业链条的龙头,要求鼓浪屿回到"传统的人文社区",逐步淡化旅游风景区特色,享受安静的生活,是不现实的。而从另一个角度来看,无视鼓浪屿人文社区的衰退,看不到鼓浪屿文化特质的淡化,看不到鼓浪屿正逐步退化为旅游观光景区和消费区的态势,也是短视的。鼓浪屿不是单纯的旅游观光景区,它有其独特的历史元素、文化元素和社区风情元素,这些是鼓浪屿的灵魂,也是鼓浪屿作为美丽厦门展示窗口、厦门旅游业旗帜得以持久发展和永葆魅力的核心内涵。

三是鼓浪屿商业开发与商业控制的矛盾关系。鼓浪屿规范的商业经营应该得到保护。游客到鼓浪屿旅游,观光、文化体验和旅游消费是一个整体,没有理由也没有必要过度限制商业经营。鼓浪屿龙头路二三十年的繁华正说明了其生命力。但是过去几年商业发展过度、商业文化恶俗化已经影响到鼓浪屿的文化品位,必须加以整治。

四是鼓浪屿开发与保护的矛盾关系。当代的厦门人和每年超过千万的游客消费了鼓浪屿,我们也应该回报鼓浪屿、珍惜鼓浪屿,为鼓浪屿的美丽和人文魅力添彩加油。这是义务,也是责任。现在的鼓浪屿一直在消耗,文化遗产的保护、人文资源的再造却跟不上步伐。这样的鼓浪屿只能一步步退化为普通景区,而不是人文荟萃、风华绝代、人才辈出、扬名于世的人文风景区。

二、重塑人文社区必须坚持多视角的综合治理

（一）鼓浪屿人文生态和人文社区建设面临的诸多难题

重塑鼓浪屿人文社区是指在鼓浪屿的建设发展中正确处理旅游生态与人文生态的对立统一关系，以人为核心，兼顾宜居宜游两大愿景，在完备社区功能建设、整治社区环境、加强社区公共服务、提高便民宜居条件的基础上，修复人文生态，突出鼓浪屿文化特色，延展鼓浪屿文脉，发展文化艺术事业，优化社区人口结构，重新培育人才辈出的人文环境，通过多方努力共同缔造美丽之岛。

鼓浪屿人文生态和人文社区建设面临着很多难题，如过度发展的商业氛围严重挤兑了人文社区空间；杂乱无序的商业环境和恶俗化倾向破坏了人文基础，降低了鼓浪屿的文化品位；人口结构低端化、文化艺术教育事业逐步外迁对鼓浪屿文脉延展犹如釜底抽薪；本地居民过少、公共服务与民生服务机构外移使鼓浪屿成为残缺社区；管理体制不灵、效率不高久拖不决；人文社区建设的软功夫难以一蹴而就，需要创造性思维和长期的努力。

（二）整治、优化商业环境和人文环境，要把正面引导扶持和负面清单管理结合起来

例如对待鼓浪屿家庭旅馆的发展，要辩证地认识和处理。一方面是正面认识、正面引导。一定量的家庭旅馆增加了鼓浪屿的魅力，是展示鼓浪屿人文历史的窗口，要扶持它，引导家庭旅馆提升文化品位。这种引导不要政府包办或者替经办，效果不好。要以奖代补，鼓励其凸显文化特色，政府评比，予以奖励。另一方面要负面清单管理，把鼓浪屿兴办家庭旅馆的禁止性要求明确公示，严格监管。要监督家庭旅馆经营业者做好老建筑的保护工作，特别是在建筑功能改造和外观装修阶段，要严格检查，相关部门不能长期坐办公室，不能固守"民不报官不究"的落后思维方式。当前最重要的是要摸清鼓浪屿家庭旅馆的兴办出现了哪些问题，破坏了哪些特色风貌建筑，这是管理问题，不是家庭旅馆的存废问题。

（三）提升鼓浪屿人文品位要把短期效益工程与长期效益工程结合起来

重塑鼓浪屿人文社区，提升人文品位，必须做到长短结合。整治鼓浪屿的商业环境，控制、优化鼓浪屿商业业态，清除烧烤、地摊，杜绝野导和坑宰游客的不法经营者，乃至在鼓浪屿开展美丽家园共同缔造，房前屋后栽花种草，这些都是比较容易见效的工程，关键在市委市政府下决心，出实招，动真格。我们采取一些措施，增加鼓浪屿文化建设项目，提升文化旅游，发展文化事业，就需要着眼于长远效益，特别是推动人口素质提升，改变鼓浪屿居民低端化倾向，打造鼓浪屿人文基础，为鼓浪屿重新诞生文化名人和文化精品创造条件，是不可能一蹴而就的，需要综合规划和系统推进。从历史的眼光来看，或许鼓浪屿某些文化基因的流失已经"覆水难收"，但也还没有到"望洋兴叹"、"穷途末路"之时。事在人为，集思广益，聚集民智，即使达不到"世界级文化艺术名岛"的高度，把鼓浪屿打造成一个"美丽厦门精华版"和"人文版美丽之岛"，还是大有可为的。

三、重塑鼓浪屿人文社区的对策建议

(一) 建议将鼓浪屿文化的活态保护与标本保护相结合, 发展鼓浪屿文化艺术事业, 促进文化人才积聚

鼓浪屿老建筑是物质文化遗产与非物质文化遗产都具备的"双遗产", 具有物质与人文双形态。鼓浪屿的其他文化元素既有物化的历史凝结, 也有动态的文化传承, 犹如鼓浪屿音乐文化, 既有钢琴之岛的形象展示和人才辈出的钢琴家, 也有鼓浪屿空气中跳动的音符。保护鼓浪屿文化, 要把静态保护与标本保护结合起来。静态保护主要是对文化成果、文化遗迹进行记录、收集、保存、陈列、修缮, 必要的时候能够再现, 我们也称为"标本"式保护。而活态保护则要让文化生态在流传中继承, 在展示中保护, 在利用中发展, 在活动中实现社会价值。在对鼓浪屿建筑风貌、名人故居、文化古迹开展静态保护的同时, 要重视活态保护, 使鼓浪屿文化不仅仅以历史的形态存在, 同时也表现为当代鼓浪屿文化的鲜活成果。

人是重塑人文社区、恢复人文生态的核心。鼓浪屿原居民是创造鼓浪屿文化的中坚力量, 我们不能让鼓浪屿原居民因为"拆出一个鼓浪屿"、"只许出不许进"而在我们这代厦门人手中都"散伙了"、"出走了"。失去了鼓浪屿原住民的生存方式和生活方式, 鼓浪屿文化就会失去原有的韵味, 进而失去灵魂。为了达到鼓浪屿文化的活态保护, 必须把文化传承、文化事业发展、文化人才培育融进鼓浪屿的发展和鼓浪屿居民的生产方式、生活方式之中。

鼓浪屿文化活态保护的支撑点是鼓浪屿文化艺术事业的发展和鼓浪屿文化艺术人才的积聚。通过活态保护, 即使达不到历史上鼓浪屿文化的风华绝代, 也要实现文化人才辈出, "活化利用文化遗产", "恢复鼓浪屿历史上多元而先锋的文化生产力", 将鼓浪屿建设成高尚、优雅、精致的"世界级文化艺术名岛", 成为"美丽厦门"的精华版。

建议紧紧抓住发展鼓浪屿文化艺术教育事业这个龙头, 把就地发展好鼓浪屿(福州大学)工艺美术学院和厦门市音乐学校、中央音乐学院鼓浪屿钢琴学校作为主要抓手, 使这些学校的根留在鼓浪屿, 即使在厦门本岛和岛外建立分校, 也要把这些特色学校的核心部分留在鼓浪屿。如果这些学校完全外迁, 象征性地留点门面, 必然会对鼓浪屿文化艺术进行最后的釜底抽薪, 使建设"世界级文化艺术名岛"的目标流于空谈。

建议对鼓浪屿尚存的地块进行刚性规定, 不再进行商业开发, 改变商业开发过度的局面, 使宝贵而有限的土地资源用于发展鼓浪屿文化艺术教育事业。通过文化艺术教育事业发展积聚文化艺术人才, 在保留鼓浪屿(福州大学)工艺美术学院和厦门市音乐学校、中央音乐学院鼓浪屿钢琴学校师生的前提下, 把原第二中学建成附属中学, 把闲置的小学建成附属小学。

(二) 建议彰显三大人文特色, 突出鼓浪屿文化品牌, 进一步提高鼓浪屿的文化知名度

分析鼓浪屿的人文特色, 杰出人物与文化贡献以及特殊的人文生态, 都是建设人文社区的宝贵元素。鼓浪屿具有很高的文化品位, 是具有"万国建筑博览"、"钢琴之岛"、"音乐之

乡"美誉的小岛,汇集着诸多民族英雄,鼓浪屿人才辈出,人文气息浓厚。仔细分析,鼓浪屿人文特色很多,我们需要彰显三大人文特色,通过举办一些高等级的艺术活动和集中一段时间的媒体宣传突出一些文化品牌。

建议开发"万国建筑博物馆"旅游项目,按照"串珠成链"的方式,选择一些经典建筑,设置旅游线路,印制专项推介材料,彰显万国建筑博物馆的文化艺术魅力。自鸦片战争后厦门被迫进入"五口通商"以来,很多西方国家在鼓浪屿建设领事馆,鼓浪屿现有的5000多栋建筑中,有很多建于20世纪初至30年代,有自己的建筑风格和特色。目前已经认定的历史风貌建筑近400幢,建筑面积近25万平方米。各国在鼓浪屿租借大建领事馆的过程中,各种建筑风格精彩纷呈,号称世界建筑史上三大柱式的陶立克柱式、科林斯柱式、爱奥尼克柱式各展雄姿。除此以外,哥特式尖顶的钟楼、伊斯兰圆顶建筑和教堂、民居彩色玻璃等建筑风格,也相继在岛上出现。东南亚华侨在鼓浪屿大兴土木的热潮中,各种别墅不仅深受中华文化的熏陶,又受到欧美和东南亚一带文化的影响,建筑物很多都显示出"中西合璧"的特点,不仅有闽南特色,也结合东南亚风格、东洋风味、欧陆经典、美式风情,堪称近代中国社会经济文化发展历程的见证及缩影。鼓浪屿1.87平方公里面积的弹丸之地,每平方公里就有200多幢历史风貌建筑,而且集中在鼓浪屿的中部、东南部和东北部,集中度高,很容易形成特色风貌区、历史建筑风貌区。如何来挖掘"万国建筑博物馆"的旅游潜力,凸显"万国建筑博物馆"的文化魅力,需要综合设计文化建设项目,开发新的旅游线路,做好特色推介。同时,要坚决制止家庭旅馆开墙破屋、毁坏风貌建筑的行为,加大惩处力度,严禁以罚代惩,确保修旧如旧。

建议在鼓浪屿举办高等级的艺术活动,彰显"钢琴之岛"、"音乐之岛"的特色。鼓浪屿作为钢琴之岛,包括两个方面:一方面是因为从鼓浪屿走出了一大批钢琴家和音乐家,其中有周淑安(中国第一位女指挥家)、李嘉禄(全美荣誉金钥匙奖)、殷承宗(1959年维也纳世界青年钢琴比赛第一名,莫斯科柴可夫斯基国际钢琴比赛亚军)、许斐平(国际钢琴比赛6次参赛获奖7次)等;另一方面是因为鼓浪屿钢琴密度为全中国之最,因此也有"琴岛"的美誉,在一万多人的小岛上曾有500架以上的钢琴,即使是世界上面积相当的城镇也少有这样的密度。鼓浪屿的钢琴博物馆、风琴博物馆在业界闻名遐迩,前者为主,后者为次。如果鼓浪屿不能再产生一批又一批的钢琴家和音乐家,仅仅靠钢琴的存岛量、密度和钢琴博物馆,很快就会失去"钢琴之岛"的特质。必须大力发展钢琴专业特色教育和钢琴特色艺术展演,特别是在鼓浪屿举办一些高等级的钢琴表演艺术活动,才能让钢琴之岛名副其实,并展示出新的魅力。

建议整理开发鼓浪屿文化名人资源,增加文化点缀项目和人文景点,彰显鼓浪屿文化名人的特色。鼓浪屿虽然不足两平方公里,却与众多名人息息相关。郑成功、林语堂、马约翰、林巧稚、舒婷、郑小瑛等等,鼓浪屿不仅诞生过一批侨界精英,也诞生过1956年诺贝尔物理学奖获得者沃尔特·布拉顿(Walter H. Brattain)。要利用名人故居,开发更多更好的博物馆、纪念馆,增加文化内容,提升设计水平,提高文化档次。

如何发挥鼓浪屿三大文化品牌效应,整合这些文化资源,开发文化旅游和文化体验,还有很大的空间。

建议通过专业公司的规划设计,开展文化体验旅游线路。把鼓浪屿旅游线路分成大众旅游精品线A、B、C线和专项文化艺术体验式旅游A、B、C线,如万国建筑博物馆文化体验精品线、钢琴之岛艺术文化体验精品线、鼓浪屿文化名人故居精品线等等,供游客自己选择和分类组合。在今后的分类文化旅游资源开发中,一定能扩展新的空间。

(三)建议将文化点缀与文化积淀相结合,既重视点上的人文景区、人文景点建设,也重视面上的人文社区建设

提升鼓浪屿人文生态,做好文化点缀工作是创意强、见效快、形式活泼、游客欢迎的工程,建议组织力量开展鼓浪屿文化创意活动,在开发好现有人文景区和景点的同时,经过充分发动、政策鼓励、精挑遴选,在鼓浪屿主要旅游线路上增加一些具有新创意的文化点缀,体现当代鼓浪屿的文化产品创造能力和文化精品。

从文化点缀走向文化积淀是今后鼓浪屿人文社区建设的最终目标。建设鼓浪屿人文社区,追求的是文化在社区内沉淀,而不仅仅是文化在社区内点缀、漂浮。如何来丰富社区人文内涵呢?建议组织社科界专家和文化艺术名人,沉下心来进入鼓浪屿开展社区调研,与鼓浪屿原居民共同努力,积聚智慧,从鼓浪屿每个社区的历史、特色出发,建设新的文化项目,开展文化活动,建立文化主题标示栏、标示牌和标示性社区艺术作品,让鼓浪屿的社区充满文化气息、艺术气息、历史气息。

(四)建议搬迁腾出厦门鼓浪屿干部疗养院,为发展鼓浪屿文化艺术事业提供宝贵的空间

发展鼓浪屿文化艺术事业,留出宝贵的土地资源支持文化艺术事业的发展,可以适当约束各种干部疗养院,坚决杜绝再建或者拓展干部疗养院,坚持"少建一所干部疗养院,多建一片文化艺术学校",以事业聚集人才,以平台留住人才。出台一些特殊政策,吸引文化名人居住鼓浪屿。

建议将"厦门鼓浪屿干部疗养院"迁往岛外,选址另建。"厦门鼓浪屿干部疗养院"处在游客流动的主干道上,在游人如织的风景名胜区内显得格外扎眼,也不符合目前整治党风的政治氛围,迟早会被整治或搬迁。游客对"厦门鼓浪屿干部疗养院"设在鼓浪屿评价不高,且由于鼓浪屿游人众多、嘈杂拥挤,也不适合疗养,因而对本地干部吸引力不强。本课题在调研中采访过一些局级领导干部,他们大部分认为厦门干部疗养院没有必要在鼓浪屿上争地盘,完全可以在岛外生态比较好的地区选址另建。如果此项建议暂时不可行,建议在原址上做一些技术性处理,不要体现"干部疗养院"几个字。

(五)建议继续整治鼓浪屿的商业环境,控制、优化鼓浪屿商业业态,提升人文品位

从2013年开始,市委市政府集中力量整治鼓浪屿旅游环境,至今已取得了明显的成效。但是目前仅仅处在"整治乱象"阶段,主要是恢复鼓浪屿上良好的秩序,割掉其中长期寄生的毒瘤,如野导成群、假货欺骗、照相宰客、小船私渡、建筑破坏等等。当然我们看到,整治鼓浪屿商业环境,提升鼓浪屿人文品味,还有很大的空间可为。

建议在鼓浪屿全岛禁止烧烤,不仅禁止室外烧烤,也禁止室内烧烤,净化环境。鼓浪屿弹丸之地,文化艺术名岛,烧烤污染与鼓浪屿文化艺术气息相排斥,也影响旅游环境,禁止烧烤合情合理,也很有必要。

建议在鼓浪屿建立"商业标示文化检查"机制,并借鉴曾厝垵搭建"公共议事会"平台开展商户自我管理的经验,建立鼓浪屿商业文化自查互查机制。一年多来,虽然对鼓浪屿商业文化的恶俗化发展进行了检查和遏制,"二奶铺"、"晓三开的奶茶房"、"爆奶杯奶茶"等一个个哗众取宠、低级恶俗的店名不再在网络上传播,减少了对鼓浪屿文化品位的损伤,但还存在少数"蝦扯蛋"、"鼓浪屿私奔吧"、"艳福酒吧"等恶俗店名需要清理。一方面要组织一些文化专家开展检查,为商家提供一些更名建议,另一方面要通过自查互查机制为此提供长期保障。

(六)建议增加鼓浪屿社区建设文化内涵,共同缔造人文版美丽社区

鼓浪屿应该是游客的乐园、居民的家园、艺术的圣地、建筑的展堂。要把这些结合在一起,揉合到鼓浪屿人文社区建设中,达到综合性的建设成效。

建议采取切实有效的措施,重新健全社区功能,恢复社区公共服务,增加人文内涵。整合鼓浪屿医疗力量,建设好鼓浪屿医院,一些应急专科是必备的,比如应对接生的妇产科、应对食物中毒的消化内科、应对一般性突发外伤的外科、应对儿童病患的儿科等,而长线治疗的专科则由厦门本岛的大医院来解决。

重新健全社区功能与发展鼓浪屿文化艺术教育事业是紧密相关的。只有通过发展鼓浪屿文化艺术教育事业,保证鼓浪屿一定量的人口沉淀,才有可能具备发展基本医疗机构的条件。建设好鼓浪屿工艺美术学院和音乐学校,与之相适应,也要建设好鼓浪屿九年制义务教育学校,恢复鼓浪屿完备的社区功能。

建议围绕"美丽之岛、共同缔造",发动居民共同建设人文社区,使鼓浪屿居民安居乐业,在建设美丽的步道、社区健身公园、社区公共聚集场所、便民服务中心等的同时,提高鼓浪屿社区建设的文化内涵和人文色彩,增加鼓浪屿旅游的文化吸引力,提升旅游的文化品位和美誉度。

图书在版编目(CIP)数据

鼓浪屿研究/厦门市社科联主编. —厦门:厦门大学出版社,2015.4
ISBN 978-7-5615-5455-5

Ⅰ.①鼓… Ⅱ.①厦… Ⅲ.①社会科学-文集 Ⅳ.①C53

中国版本图书馆 CIP 数据核字(2015)第 052566 号

厦门大学出版社出版发行

(地址:厦门市软件园二期望海路 39 号　邮编:361008)
总 编 办 电 话:0592-2182177　　传真:0592-2181253
营销中心电话:0592-2184458　　传真:0592-2181365
网址:http://www.xmupress.com
邮箱:xmup @ xmupress.com

厦门大嘉美印刷有限公司印刷

2015 年 4 月第 1 版　2015 年 4 月第 1 次印刷
开本:787×1092　1/16　印张:14.75　插页:2
字数:350 千字　印数:1～1 000 册
定价:40.00 元

本书如有印装质量问题请直接寄承印厂调换